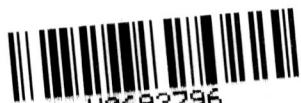

後漢書

宋 范曄撰
唐 李賢等注

第九册

卷七四至卷八一（傳八）

中華書局

後漢書卷七十四上

袁紹劉表列傳第六十四上 紹子譚

袁紹字本初，汝南汝陽人，司徒湯之孫。父成，五官中郎將，〔一〕（紹）壯健好交結，大將軍梁冀以下莫不善之。

〔一〕袁山松書曰：「紹，司空逢之孽子，出後伯父成。」魏書亦同。英雄記：「成字文開，與梁冀結好，言無不從。京師諺曰：『事不諧，問文開。』」

紹少爲郎，除濮陽長，遭母憂去官。三年禮竟，追感幼孤，又行父服。〔一〕服闋，徙居洛陽。紹有姿貌威容，愛士養名。〔二〕既累世台司，賓客所歸，加傾心折節，莫不爭赴其庭，士無貴賤，與之抗禮，輜軿柴轂，填接街陌。〔三〕內官皆惡之。中常侍趙忠言於省內曰：「袁本初坐作聲價，好養死士，不知此兒終欲何作。」叔父太傅隗聞而呼紹，以忠言責之，紹終不改。

〔一〕英雄記曰，凡在冢廬六年。

〔二〕英雄記曰：「紹不妄通賓客，非海內知名不得相見。又好游俠，與張孟卓、何伯求、吳子卿、許子遠皆爲奔走之友。」

〔三〕說文曰：「輧車，衣車也。」鄭玄注周禮曰：「輧猶屏也，取其自蔽隱。」柴轂，賤者之車。

後辟大將軍何進掾，爲侍御史、虎賁中郎將。中平五年，初置西園八校尉，以紹爲佐軍校尉。〔一〕

〔一〕樂資山陽公載記曰：「小黃門蹇碩爲上軍校尉，虎賁中郎將袁紹爲中軍校尉，屯騎校尉鮑鴻爲下軍校尉，議郎曹操爲典軍校尉，趙融爲助軍左校尉，馮芳爲助軍右校尉，諫議大夫夏牟爲左校尉，淳于瓊爲右校尉：凡八人，謂之西園軍，皆統於碩。」此云「佐軍」，與彼文不同。

靈帝崩，紹勸何進徵董卓等衆軍，脅太后誅諸宦官，轉紹司隸校尉。語已見何進傳。及卓將兵至，騎都尉太山鮑信說紹曰：〔一〕「董卓擁制強兵，將有異志，今不早圖，必爲所制。及其新至疲勞，襲之可禽也。」紹畏卓，不敢發。頃之，卓議欲廢立，謂紹曰：「天下之主，宜得賢明，每念靈帝，令人憤毒。〔二〕董侯似可，今當立之。」紹曰：「今上富於春秋，未有不善宣於天下。若公違禮任情，廢嫡立庶，恐衆議未安。」卓案劍叱紹曰：「豎子敢然！天下之事，豈不在我？我欲爲之，誰敢不從！」紹詭對曰：「此國之大事，請出與太傅議之。」卓復言「劉氏種不足復遺」。紹勃然曰：「天下健者，豈惟董公！」橫刀長揖徑出。〔三〕懸節於上東門，〔四〕而奔冀州。

〔一〕魏書曰：「信，太山（陽）平〔陽〕人也。少有大節，寬厚愛人，沈毅有謀。說紹不從，乃引軍還鄉里。」

〔二〕毒，恨也。

〔三〕英雄記曰：「紹揖卓去，坐中驚愕。卓新至，見紹大家，故不敢害。」

〔四〕洛陽城東面北頭門也。山陽公載記曰：「卓以袁紹弃節，改第一葆爲赤旄。」

董卓購募求紹。時侍中周珌、城門校尉伍瓊爲卓所信待，瓊等陰爲紹說卓曰：「夫廢立大事，非常人所及。袁紹不達大體，恐懼出奔，非有它志。今急購之，埶必爲變。袁氏樹恩四世，門生故吏徧於天下，若收豪傑以聚徒衆，英雄因之而起，則山東非公之有也。不如赦之，拜一郡守，紹喜於免罪，必無患矣。」卓以爲然，乃遣授紹勃海太守，封邟鄉侯。〔一〕紹猶稱兼司隸。

〔一〕前書潁川有周承休侯國，元帝置。元始二年更名邟，音口浪反。

初平元年，紹遂以勃海起兵，（以）〔與〕從弟後將軍術、冀州牧韓馥、〔一〕豫州刺史孔伷、兗州刺史劉岱、陳留太守張邈、廣陵太守張超、河內太守王匡、山陽太守袁遺、東郡太守橋瑁、〔二〕濟北相鮑信等同時俱起，衆各數萬，以討卓爲名。紹與王匡屯河內，伷屯潁川，馥屯鄴，餘軍咸屯酸棗，約盟，遙推紹爲盟主。紹自號車騎將軍，領司隸校尉。

〔一〕馥字文節，潁川人也。

〔三〕英雄記曰，孔伷字公緒，陳留人也。王匡字公節，泰山人也。袁遺字伯業，紹從弟術字公路，汝南汝陽人也。橋瑁字元瑋，橋玄族子，先爲兗州刺史，甚有威惠。魏氏春秋云劉岱惡而殺之。

董卓聞紹起山東，乃誅紹叔父隗，及宗族在京師者，盡滅之。〔一〕卓乃遣大鴻臚韓融、少府陰循、執金吾胡母班、將作大匠吳循、越騎校尉王瓌譬解紹等諸軍。紹使王匡殺班、瓌、吳循等，〔二〕袁術亦執殺陰循，惟韓融以名德免。

〔一〕獻帝春秋曰：「太傅袁隗，太僕袁基，術之母兄，卓使司隸宣璠（尺）〔盡〕口收之，母及姊妹嬰孩以上五十餘人下獄死。」卓別傳曰：「悉埋青城門外東都門內，而加書焉。又恐有盜取者，復以屍送郿藏之。」

〔二〕海內先賢傳曰：「韓融字元長，潁川人。」楚國先賢傳曰：「陰循字元基，南陽新野人也。」漢末名士錄曰：「胡母班字季友，泰山人，名在八廚。」謝承書曰：「班，王匡之妹夫。匡受紹旨，收班繫獄，欲殺以徇軍。班與匡書，略曰：『足下拘僕於獄，欲以釁鼓，此何悖暴無道之甚者也？僕與董卓何親戚？義豈同惡？足下張虎狼之口，吐長蛇之毒，恚卓遷怒，何其酷哉！死者人之所難，然恥爲狂夫所害。若亡者有靈，當訴足下於皇天。夫婚姻者禍福之幾，今日著矣。曩爲一體，今爲血讎，亡人二女，則君之甥，身沒之後，愼勿令臨僕尸骸。』匡得書，抱班二子哭，班遂死於獄。」

是時豪傑既多附紹，且感其家禍，人思爲報，州郡蜂起，莫不以袁氏爲名。韓馥見人情歸紹，忌（方）〔其〕得衆，恐將圖己，常遣從事守紹門，不聽發兵。橋瑁乃詐作三公移書，傳驛州郡，說董卓罪惡，天子危逼，企望義兵，以釋國難。馥於是方聽紹舉兵。乃謀於衆曰：「助袁氏乎？助董氏乎？」治中劉惠勃然曰：「興兵爲國，安問袁、董？」〔一〕馥意猶深疑於紹，每貶節軍糧，欲使離散。

〔一〕英雄記曰：「劉子惠，中山人。兗州刺史劉岱與其書，道『卓無道，天下所共攻，死在旦暮，不足爲憂。但卓死之後，當復回師討文節。擁強兵，何凶逆，寧可得置』。封書與馥，馥得此大懼，歸咎子惠，欲斬之。別駕從事耿武等排閤伏子惠上，願幷見斬，得不死，作徒，被赭衣，埽除宮門外。」

明年，馥將麴義反畔，馥與戰失利。紹既恨馥，乃與義相結。紹客逢紀謂紹曰：〔一〕「夫舉大事，非據一州，無以自立。今冀部強實，而韓馥庸才，可密要公孫瓚將兵南下，馥聞必駭懼。幷遣辯士爲陳禍福，馥迫於倉卒，必可因據其位。」紹然之，益親紀，卽以書與瓚。瓚遂引兵而至，外託〔討〕董卓，而陰謀襲馥。紹乃使外甥陳留高幹及潁川荀諶等〔二〕說馥曰：「公孫瓚乘勝來南，而諸郡應之。袁車騎引軍東向，其意未可量也。竊爲將軍危之。」馥懼，曰：「然則爲之柰何？」諶曰：「君自料寬仁容衆，爲天下所附，孰與袁氏？」馥曰：「不如也。」「臨危吐決，智勇邁於人，又孰與袁氏？」馥曰：「不如也。」「世布恩德，天下家受其惠，又孰與袁氏？」馥曰：「不如也。」諶曰：「勃海雖郡，其實州也。〔三〕今將軍資三不如之埶，久處其上，袁氏一時之傑，必不爲將軍下也。且公孫提燕、代之卒，其鋒不可當。夫冀州天下之重資，若兩軍幷力，兵交城下，危亡可立而待也。夫袁氏將軍之舊，且爲同盟。當今之計，莫若舉冀州以讓袁氏，必厚德將軍，公孫瓚不能復與之爭矣。是將軍有讓賢之名，而身安於太山也。願勿有疑。」馥素性恇怯，因然其計。馥長史耿武、別駕閔純、騎都尉沮授聞而諫曰：〔四〕「冀州雖鄙，帶甲百萬，穀支十年。袁紹孤客窮軍，仰我鼻息，譬如嬰兒在股掌之上，絕其哺乳，立可餓殺。柰何欲以州與之？」馥曰：「吾袁氏故吏，且才不如本初。度德而讓，古人所貴，諸君獨何病焉？」先是，馥從事趙浮、程渙將強弩萬人屯孟津，聞之，率兵馳還，請以拒紹，馥又不聽。〔五〕乃避位，出居中常侍趙忠故舍，遣子送印綬以讓紹。

〔一〕英雄記曰：「紀字元圖。初，紹去董卓，與許攸及紀俱詣冀州，以紀聰達有計策，甚親信之。」逢音龐。

〔二〕魏志云諶，荀彧之弟。

〔三〕言土廣也。

〔四〕獻帝傳曰：「沮授，廣平人。少有大志，多謀略。」英雄記曰：「耿武字文威。閔純字伯典。後袁紹至，馥從事十人棄馥去，唯恐在後，獨武、純杖刀拒，兵不能禁，紹後令田豐殺此二人。」

〔五〕英雄記曰：「紹在朝歌清水口，浮等從後來，船數百艘，衆萬餘人，整兵駭鼓過紹營，紹甚惡之。浮等到，謂馥曰：『袁本初軍無斗糧，各欲離散，旬日之閒，必土崩瓦解。明將軍但閉戶高枕，何憂何懼？』」

紹遂領冀州牧，承制以馥爲奮威將軍，而無所將御。引沮授爲別駕，因謂授曰：「今賊臣作亂，朝廷遷移。吾歷世受寵，志竭力命，興復漢室。然齊桓非夷吾不能成霸，句踐非范鑫無以存國。今欲與卿戮力同心，共安社稷，將何以匡濟之乎？」授進曰：「將軍弱冠登朝，播名海內。值廢立之際，忠義奮發，單騎出奔，董卓懷懼，濟河而北，勃海稽服。〔一〕擁一郡之卒，撮冀州之衆，〔二〕威陵河朔，名重天下。若舉軍東向，則黄巾可埽；還討黑山，則張燕可滅；〔三〕回師北首，則公孫必禽；震脅戎狄，則匈奴立定。横大河之北，合四州之地，〔四〕收英雄之士，擁百萬之衆，迎大駕於長安，復宗廟於洛邑，號令天下，誅討未服。以此爭鋒，誰能御之！比及數年，其功不難。」紹喜曰：「此吾心也。」〔五〕即表授爲奮武將軍，使監護諸將。

〔一〕稽音啓。

〔二〕廣雅曰：「撮，持也。」

〔三〕黑山在今衞州衞縣西北。九州春秋曰「燕本姓褚。黄巾賊起，燕聚少年爲羣盜，博陵張牛角亦起與燕合。燕推牛角爲帥，俱攻癭陶。牛角爲飛矢所中，被創且死，大會其衆，告曰：『必以燕爲帥。』牛角死，衆奉燕，故改姓張。燕性剽悍，捷速過人，故軍中號曰『飛燕』。其後人衆寖廣，常山、趙郡、中山、上黨、河内諸山谷皆相通，號曰『黑山』也。

〔四〕四州見下。

〔五〕左傳秦伯曰：「是吾心也。」

魏郡審配，鉅鹿田豐，〔一〕並以正直不得志於韓馥。紹乃以豐爲别駕，配爲治中，甚見器任。馥自懷猜懼，辭紹索去，〔二〕往依張邈。後紹遣使詣邈，有所計議，因共耳語。馥時在坐，謂見圖謀，無何，如廁自殺。〔三〕

〔一〕先賢行狀曰：「配字正南。少忠烈慷慨，有不可犯之節。紹領冀州，委腹心之任。豐字元皓。天姿瓌傑，權略多奇。紹軍之敗也，土崩奔走，徒衆略盡，軍將皆撫膺啼泣曰：『向使田豐在此，不至於是。』」

〔二〕英雄記曰：「紹以河內朱漢爲都官從事。漢先時爲馥所不禮，內懷忿恨，且欲徼迎紹意，擅發城郭兵圍守馥第，拔刃登屋，馥走上樓，收得馥大兒，搥折兩脚。紹亦立收漢殺之。馥猶憂怖，故報紹索去。」

〔三〕九州春秋曰：「至廁，因以書刀自殺。」

其冬，公孫瓚大破黃巾，還屯槃河，〔一〕威震河北，冀州諸城無不望風響應。紹乃自擊之。瓚兵三萬，列爲方陳，分突騎萬匹，翼軍左右，其鋒甚銳。紹先令麴義領精兵八百，強弩千張，以爲前登。瓚輕其兵少，縱騎騰之，義兵伏楯下，一時同發，瓚軍大敗，斬其所置冀州刺史嚴綱，獲甲首千餘級。麴義追至界橋，〔二〕瓚斂兵還戰，義復破之，遂到瓚營，拔其牙門，〔三〕餘衆皆走。紹在後十數里，聞瓚已破，發鞍息馬，唯衞帳下強弩數十張，大戟士百許人。瓚散兵二千餘騎卒至，圍紹數重，射矢雨下。田豐扶紹，使却入空垣。紹脫兜鍪抵地，曰：「大丈夫當前鬭死，而反逃垣牆閒邪？」促使諸弩競發，多傷瓚騎。衆不知是紹，頗稍引却。會麴義來迎，騎乃散退。三年，瓚又遣兵至龍湊挑戰，紹復擊破之。瓚遂還幽州，不敢復出。

〔一〕爾雅有九河，鉤槃是其一也。故河道在今德州昌平縣界，入滄州樂陵縣，今名枯槃河。

〔二〕九州春秋曰：「還屯廣宗界橋。」今貝州宗城縣東有古界城，此城近枯漳水，則界橋蓋當在此之側也。

〔三〕眞人水鏡經曰：「凡軍始出，立牙竿必令完堅；若有折，將軍不利。」牙門旗竿，軍之精也。即周禮司常職云「軍旅會同置旌門」是也。

四年初，天子遣太僕趙岐和解關東，使各罷兵。瓚因此以書譬紹曰：「趙太僕以周、邵之德，銜命來征，宣揚朝恩，示以和睦，曠若開雲見日，何喜如之！昔賈復、寇恂爭相危害，遇世祖解紛，遂同輿並出。釁難既釋，時人美之。自惟邊鄙，得與將軍共同斯好，此誠將軍之〔羞〕〔眷〕，而瓚之願也。」紹於是引軍南還。

三月上巳，大會賓徒於薄落津。〔一〕聞魏郡兵反，與黑山賊干毒等數萬人共覆鄴城，殺郡守。〔二〕坐中客家在鄴者，皆憂怖失色，或起而啼泣，紹容貌自若，不改常度。〔三〕賊有陶升者，自號「平漢將軍」，〔四〕獨反諸賊，將部衆踰西城入，閉府門，具車重，〔五〕載紹家及諸衣冠在州內者，身自扞衞，送到斥丘。〔六〕紹還，因屯斥丘，以陶升爲建義中郎將。六月，紹乃出軍，入朝歌鹿腸山蒼巖谷口，〔七〕討干毒。圍攻五日，破之，斬毒及其衆萬餘級。紹遂尋山北行，進擊諸賊左髭丈八等，皆斬之，又擊劉石、青牛角、黃龍、左校、郭大賢、李大目、于氏根等、復斬數萬級，皆屠其屯壁。遂與黑山賊張燕及四營屠各、鴈門烏桓戰於常山。燕精兵數萬，騎數千匹，連戰十餘日，燕兵死傷雖多，紹軍亦疲，遂各退。麴義自恃有功，驕縱不軌，紹召殺之，而幷其衆。

〔一〕歷法三月建辰，己卯退除，可以拂除災也。韓詩曰：「溱與洧，方洹洹兮。」薛君注云：「鄭國之俗，三月上巳之辰，兩水之上招魂續魄，拂除不祥，故詩人願與所說者俱往也。」酈元水經注曰：「漳水經鉅鹿故城西，謂之〔薄〕落津。」續漢志癭陶縣有薄落亭。

〔二〕管子曰，齊桓公築五鹿、中牟、鄴，以禦諸侯。

〔三〕獻帝春秋曰：「紹勸督引滿投壺，言笑容貌自若。」

〔四〕英雄記曰：「升故爲內黃小吏。」

〔五〕重，輜重也。

〔六〕斥丘，縣，屬鉅鹿郡，故城在今相州成安縣東南。十三州志云：「土地斥鹵，故曰斥丘。」

〔七〕朝歌故城在今衞縣西。續漢志曰：「朝歌有鹿腸山。」

興平二年，拜紹右將軍。其冬，車駕爲李傕等所追於曹陽，沮授說紹曰：〔一〕「將軍累葉台輔，世濟忠義。今朝廷播越，宗廟殘毁，觀諸州郡，雖外託義兵，內實相圖，未有憂存社稷卹人之意。且今州城粗定，兵強士附，西迎大駕，卽宮鄴都，挾天子而令諸侯，稸士馬以討不庭，誰能禦之？」〔二〕紹將從其計。潁川郭圖、淳于瓊曰：〔三〕「漢室陵遲，爲日久矣，今欲興之，不亦難乎？且英雄並起，各據州郡，連徒聚衆，動有萬計，所謂秦失其鹿，先得者王。〔三〕今迎天子，動輒表聞，從之則權輕，違之則拒命，非計之善者也。」授曰：「今迎朝廷，於義爲得，於時爲宜。若不早定，必有先之者焉。夫權不失幾，功不猒速，願其圖之。」帝立既非紹意，竟不能從。

〔一〕左傳，周襄王出奔於鄭，狐偃言於晉文公曰：「求諸侯莫如勤王，諸侯信之，且大義也。繼文之業而信宣於諸侯，今爲可矣。」文公從之，納襄王，遂成霸業。

〔二〕九州春秋圖字公則。

〔三〕史記曰，蒯通曰：「秦失其鹿，天下共追之，高才者先得焉。」

紹有三子：譚字顯思，熙字顯雍，尚字顯甫。譚長而惠，尚少而美。紹後妻劉有寵，而偏愛尚，數稱於紹，紹亦奇其姿容，欲使傳嗣。乃以譚繼兄後，出爲青州刺史。沮授諫曰：「世稱萬人逐兔，一人獲之，貪者悉止，分定故也。〔一〕且年均以賢，德均則卜，古之制也。〔二〕願上惟先代成（則）〔敗〕之誡，下思逐兔分定之義。若其不改，禍始此矣。」紹曰：「吾欲令諸子各據一州，以視其能。」於是以中子熙爲幽州刺史，外甥高幹爲并州刺史。

〔一〕愼子曰：「兔走於街，百人追之，貪人具存，人莫之非者，以兔爲未定分也。積兔滿市，過不能顧，非不欲兔也，分定之後，雖鄙不爭。」子思子、商君書並載，其詞略同。

〔三〕左傳曰：「王后無嫡則擇立長，年鈞以德，德鈞以卜。」

建安元年，曹操迎天子都許，乃下詔書於紹，責以地廣兵多而專自樹黨，不聞勤王之師而但擅相討伐。紹上書曰：

臣聞昔有哀歎而霜隕，〔一〕悲哭而崩城者。〔二〕每讀其書，謂爲信然，於今況之，乃知妄作。何者？臣出身爲國，破家立事，至乃懷忠獲釁，抱信見疑，晝夜長吟，剖肝泣血，曾無崩城隕霜之應，故鄒衍、杞婦何能感徹。

〔一〕淮南子曰：「鄒衍事燕惠王盡忠，左右譖之，仰天而哭。夏五月，天爲降霜。」

〔二〕齊莊公攻莒，爲五乘之賓，而杞梁獨不預。歸而不食，其母曰：「食！汝生而無義，死而無名，則雖非五乘，孰不汝笑？生而有義，死而有名，則五乘之賓盡汝下也。」及與莒戰，梁遂鬬殺二十七人而死。妻聞而哭，城爲之阤而隅爲之崩。見說苑。

臣以負薪之資，〔一〕拔於陪隸之中，〔二〕奉職憲臺，擢授戎校。常侍張讓等滔亂天常，侵奪朝威，賊害忠德，扇動姦黨。故大將軍何進忠國疾亂，義心赫怒，以臣頗有一介之節，可責以鷹犬之功，故授臣以督司，諮臣以方略。臣不敢畏憚強禦，避禍求福，與進合圖，事無違異。忠策未盡而元帥受敗，〔三〕太后被質，宮室焚燒，陛下聖德幼沖，親遭厄困。時進既被害，師徒喪沮，臣獨將家兵百餘人，抽戈承明，竦劒翼室，〔四〕虎叱羣司，奮擊凶醜，曾不浹辰，罪人斯殄。〔五〕此誠愚臣效命之一驗也。

〔一〕負薪謂賤人也。禮記曰：「問士之子長幼，長曰能負薪矣，幼曰未能負薪。」

〔二〕陪，重也。左傳曰：「王臣公，公臣卿，卿臣大夫，大夫臣士，士臣皁，皁臣隸，隸臣僚，僚臣僕，僕臣臺。」又曰：「是無陪臺也。」陪隸猶陪臺。

〔三〕元帥謂何進。

〔四〕山陽公載記曰：「紹與王匡等并力入端門，於承明堂上格殺中常侍高望等二人。」尚書曰：「延入翼室。」孔安國注：「翼，明也。室謂路寢。」

〔五〕浹，帀也。左傳曰：「浹辰之閒。」杜預曰：「十二日也。」

會董卓乘虛，所圖不軌。臣父兄親從，並當大位，〔一〕不憚一室之禍，苟惟寧國之義，故遂解節出奔，創謀河外。〔二〕時卓方貪結外援，招悅英豪，故即臣勃海，申以軍號，〔三〕則臣之與卓，未有纖芥之嫌。若使苟欲滑泥揚波，偷榮求利，〔四〕則進可以享竊祿位，退無門戶之患。然臣愚所守，志無傾奪，故遂引會英雄，興師百萬，飲馬孟津，歃血漳河。〔五〕會故冀州牧韓馥懷挾逆謀，欲專權埶，絕臣軍糧，不得踵係，至使猾虜肆毒，害及一門，尊卑大小，同日并戮。鳥獸之情，猶知號呼。〔六〕臣所以蕩然忘哀，貌無隱戚者，〔七〕誠以忠孝之節，道不兩立，顧私懷己，不能全功。斯亦愚臣破家徇國之二驗也。

〔一〕謂叔隗爲太傅，從兄基爲太僕。

〔二〕河外，河南。

〔三〕卽謂就拜也。山陽公載記曰：「董卓以紹爲前將軍，封邟鄉侯。紹受侯，不受前將軍。」

〔四〕滑，混也。楚詞：「滑其泥，揚其波。」

〔五〕獻帝春秋曰：「紹合冀州十郡守相，衆數十萬，登壇歃血，盟曰：『賊臣董卓，承漢室之微，負兵甲之衆，陵越帝城，跨蹈王朝，幽鴆太后，戮殺弘農，提挈幼主，越遷秦地，殘害朝臣，斬刈忠良，焚燒宮室，蒸亂宮人，發掘陵墓，虐及鬼神，過惡烝皇天，濁穢薰后土。神祇怨恫，無所憑恃，兆人泣血，無所控告，仁賢之士，痛心疾首，義士奮發，雲興霧合，咸欲奉辭伐罪，躬行天誅。凡我同盟之後，畢力致命，以伐凶醜，同奬王室，翼戴天子。有渝此盟，神明是殛，俾墜其師，無克祚國！』」

〔六〕禮記曰：「凡生天地之閒者，有血氣之屬必有知，有知之屬莫不知愛其類。今是（夫）〔大〕鳥獸則失喪其羣匹，越月踰時焉，則必反巡過其故鄉，翔回焉，鳴號焉，蹢躅焉，踟躕焉，然後乃能去之。小者至於燕爵，猶有啁噍之頃焉，然後乃能去之。」

〔七〕隱，憂也。

又黄巾十萬焚燒青、兖，黑山、張楊蹈藉冀域。臣乃旋師，奉辭伐畔。金鼓未震，狡敵知亡，故韓馥懷懼，謝咎歸土，張楊、黑山同時乞降。臣時輒承制，竊比竇融，以議郎曹操權領兗州牧。〔一〕會公孫瓚師旅南馳，陸掠北境，臣即星駕席卷，與瓚交鋒。假天之威，每戰輒克。臣備公族子弟，生長京輦，頗聞俎豆，不習干戈；加自乃祖先臣以來，世作輔弼，咸以文德盡忠，得免罪戾。臣非與瓚角戎馬之埶，爭戰陣之功者也。誠以賊臣不誅，春秋所貶，〔二〕苟云利國，專之不疑。〔三〕故冒踐霜雪，不憚劬勤，實庶一捷之福，以立終身之功。社稷未定，臣誠恥之。太僕趙岐銜命來征，宣明陛下含弘之施，蠲除細故，與下更新，奉詔之日，引師南轅。〔四〕是臣畏怖天威，不敢怠慢之三驗也。

〔一〕竇融行西河五郡大將軍事，以梁統爲武威太守。

〔二〕公羊傳曰：「趙盾弒其君夷皐。弒者趙穿也，曷爲加之趙盾？不討賊也。趙盾曰：『天乎！予無辜。』史曰：『爾爲仁爲義，人弒爾君，而復國不討賊，非弒如何？』」

〔三〕左傳曰：「苟利社稷，專之可也。」

〔四〕左傳曰：「令尹南轅反旆。」杜預曰：「回軍南向。」

又臣所上將校，率皆清英宿德，令名顯達，登鋒履刃，死者過半，勤恪之功，不見書列。而州郡牧守，競盜聲名，懷持二端，優游顧望，皆列土錫圭，跨州連郡，是以遠近狐疑，議論紛錯者也。臣聞守文之世，德高者位尊；倉卒之時，功多者賞厚。陛下播越非所，洛邑乏祀，海內傷心，志士憤惋。是以忠臣肝腦塗地，肌膚橫分而無悔心者，義之所感故也。今賞加無勞，以攜有德；〔一〕杜黜忠功，以疑衆望。斯豈腹心之遠圖？將乃讒慝之邪說使之然也？臣爵爲通侯，位二千石。殊恩厚德，臣既叨之，豈敢闚覬重禮，以希彤弓玈矢之命哉？〔二〕誠傷偏裨列校，勤不見紀，盡忠爲國，翻成重愆。斯蒙恬所以悲號於邊獄，〔三〕白起歔欷於杜郵也。〔四〕太傅日磾位爲師保，任配東征，而耗亂王命，〔五〕寵任非所，凡所舉用，皆衆所捐弃。而容納其策，以爲謀主，令臣骨肉兄弟，還爲讎敵，交鋒接刃，搆難滋甚。臣雖欲釋甲投戈，事不得已。誠恐陛下日月之明，有所不照，四聰之聽有所不聞，乞下臣章，咨之羣賢，使三槐九棘，議臣罪戾。〔六〕若以臣今行權爲釁，則桓、文當有誅絕之刑；〔七〕若以衆不討賊爲賢，則趙盾可無書弒之貶矣。臣雖小人，志守一介。若使得申明本心，不愧先帝，則伏首歐刀，褰衣就鑊，臣之願也。惟陛下垂尸鳩之平，〔八〕絕邪諂之論，無令愚臣結恨三泉。〔九〕

〔一〕攜，離也。

〔二〕左氏傳曰：「王命尹氏策晉文公爲侯伯，賜之大路之服，戎路之服，彤弓一，彤矢百，玈弓十，玈矢千。」

〔三〕史記曰，胡亥遣使者殺蒙恬，恬不肯死，使者即以屬吏，繫於陽周。恬喟然太息曰：「恬罪當死矣。起臨洮屬之遼東，城萬餘里，此其中不能無絕地脉，此乃恬之罪也！」遂吞藥自殺。

〔四〕史記曰，秦王免白起爲士伍，遷之陰密。白起既行，出咸陽西門十里，至杜郵，秦王乃使使者賜之劍，自裁。

〔五〕三輔決錄注曰：「馬日磾字翁叔，馬融之族子。少傳融業，以才學進，歷位九卿，遂登台輔。」獻帝春秋曰：「日磾假節東征，循撫州郡。術在壽春，不肅王命，侮慢日磾，借節觀之，因奪不還，從術求去，而術不遣，既以失節屈辱，憂恚而死。」

〔六〕周官曰：「三槐，三公〔四〕〔位〕焉。左九棘，孤卿大夫位焉。右九棘，公侯伯子男位焉。」鄭玄注曰：「槐之言懷也，言懷來人於此欲與謀也。樹棘以爲位者，取其赤心而外刺，象以赤心有刺也。」

〔七〕齊桓、晉文時，周室弱，諸侯不朝，桓、文權行征伐，率諸侯以朝天子。

〔八〕尸鳩，鴶鵴也。詩國風曰：「尸鳩在桑，其子七兮，叔人君子，其儀一兮。」毛萇注曰：「尸鳩之養其子，旦從上下，暮從下上，平均如一。言善人君子執義亦如此。」

〔九〕三者，數之小終，言深也。前書曰：「下錮三泉。」

於是以紹爲太尉，封鄴侯。〔一〕時曹操自爲大將軍，紹恥爲之下，〔二〕僞表辭不受。操大懼，乃讓位於紹。二年，使將作大匠孔融持節拜紹大將軍，錫弓矢節鉞，虎賁百人，〔三〕兼督冀、青、幽、并四州，然後受之。

〔一〕獻帝春秋曰：「使將作大匠孔融持節之鄴，拜太尉紹爲大將軍，改封鄴侯。」

〔二〕太尉位在大將軍上。初，武帝以衞青征伐有功，以爲大將軍，欲尊寵之，故置大司馬官號以冠之。其後霍光、王鳳等皆然。明帝以弟東平王蒼有賢材，以爲驃騎大將軍，以王故，位公上。和帝以舅竇憲征匈奴，還遷大將軍，在公上，以勳戚者不拘常例焉。

〔三〕禮含文嘉曰：「九錫一曰車馬，二曰衣服，三曰樂器，四曰朱戶，五曰納陛，六曰虎賁之士百人，七曰斧鉞，八曰弓矢，九曰秬鬯。」春秋元命苞曰「賜虎賁得專征伐，賜斧鉞得誅」也。

紹每得詔書，患有不便於己，乃欲移天子自近，使說操以許下埤〔一〕溼，洛陽殘破，宜徙都甄城，〔二〕以就全實。操拒之。田豐說紹曰：「徙都之計，既不克從，宜早圖許，奉迎天子，動託詔令，嚮號海內，此筭之上者。不爾，終爲人所禽，雖悔無益也。」紹不從。四年春，擊公孫瓚，遂定幽土，事在瓚傳。

〔一〕埤亦下也。音婢。

〔二〕甄音絹。

紹既并四州之地，衆數十萬，而驕心轉盛，貢御稀簡。主簿耿包密白紹曰：「赤德衰盡，袁爲黃胤，宜順天意，〔一〕以從民心。」紹以包白事示軍府僚屬，議者以包妖妄宜誅。紹知衆情未同，不得已乃殺包以弭其迹。於是簡精兵十萬，騎萬匹，欲出攻許，以審配、逢紀統軍事，田豐、荀諶及南陽許攸爲謀主，顏良、文醜爲將帥。沮授進說曰：「近討公孫，師出歷年，百姓疲敝，倉庫無積，賦役方殷，此國之深憂也。宜先遣使獻捷天子，務農逸人。若不得通，乃表曹操隔我王路，然後進屯黎陽，漸營河南，益作舟船，繕修器械，分遣精騎，抄其邊鄙，令彼不得安，我取其逸。如此可坐定也。」郭圖、審配曰：「兵書之法，十圍五攻，敵則能戰。〔二〕今以明公之神武，連河朔之強衆，以伐曹操，(兵)〔其〕埶譬若覆手。〔三〕今不時取，後難圖也。」授曰：「蓋救亂誅暴，謂之義兵；恃衆憑強，謂之驕兵。義者無敵，驕者先滅。〔四〕曹操奉迎天子，建宮許都。今舉師南向，於義則違。且廟勝之策，不在彊弱。〔五〕曹操法令既行，士卒精練，非公孫瓚坐受圍者也。今弃萬安之術，而興無名之師，〔六〕竊爲公懼之。」圖等曰：「武王伐紂，不爲不義；況兵加曹操，而云無名！且公師徒精勇，將士思奮，而不及時早定大業，所謂『天與不取，反受其咎』。〔七〕此越之所以霸，吳之所以滅也。監軍之計，在於(將軍)〔持牢〕，而非見時知幾之變也。」紹納圖言。圖等因是譖沮授曰：「授監統內外，威震三軍，若其浸盛，何以制之！夫臣與主同者(昌，主與臣同者)亡，此黃石之所忌也。〔八〕且御衆於外，不宜知內。」〔九〕紹乃分授所統爲三都督，使授及郭圖、淳于瓊各典一軍，未及行。

〔一〕獻帝春秋曰：「袁，舜後。黃應代赤，故包有此言。」

〔二〕十倍則圍之，五倍則攻之。

〔三〕前書陸賈謂南越王曰：「越殺王降漢，如反覆手耳。」

〔四〕前書魏相上書曰：「救亂誅暴，謂之義兵。兵義者王。敵加於己，不得已而起者，謂之應兵。兵應者勝。爭恨小故，不勝憤怒者，謂之忿兵。兵忿者敗。利人土地貨寶者，謂之貪兵。兵貪者破。恃國家之大，矜人庶之衆，欲見威於敵者，謂之驕兵。兵驕者滅。此非但人事，乃天道也。」

〔五〕淮南子曰：「運籌於廟堂之中，決勝乎千里之外。」

〔六〕前書曰，新城三老說高祖曰：「順德者昌，逆德者亡。兵出無名，事故不成。」音義曰：「有名，伐有罪也。」

〔七〕史記范蠡謂句踐曰：「天與不取，反受其咎。」

〔八〕臣與主同者，權在於主也。主與臣同者，權在臣也。黃石者，即張良於下邳圯上所得者，三略也。圯音以之反。

〔九〕淮南子曰：「國不可從外理，軍不可從中御。」

五年，左將軍劉備殺徐州刺史車胄，據沛以背曹操。操懼，乃自將征備。田豐說紹曰：「與公爭天下者，曹操也。操今東擊劉備，兵連未可卒解，今舉軍而襲其後，可一往而定。兵以幾動，斯其時也。」紹辭以子疾，未得行。豐舉杖擊地曰：「嗟乎，事去矣！夫遭難遇之幾，而以嬰兒病失其會，惜哉！」紹聞而怒之，從此遂疏焉。

曹操畏紹過河，乃急擊備，遂破之。備奔紹，紹於是進軍攻許。田豐以既失前幾，不宜便行，諫紹曰：「曹操既破劉備，則許下非復空虛。且操善用兵，變化無方，衆雖少，未可輕也。今不如久持之。將軍據山河之固，擁四州之衆，外結英雄，內修農戰，然後簡其精銳，分爲奇兵，〔一〕乘虛迭出，以擾河南，救右則擊其左，救左則擊其右，使敵疲於奔命，人不得安業，我未勞而彼已困，不及三年，可坐剋也。今釋廟勝之策而決成敗於一戰，若不如志，悔無及也。」紹不從。豐強諫忤紹，紹以爲沮衆，遂械繫之。乃先宣檄曰：

〔一〕孫子兵法曰：「凡戰者以正合，以奇勝也。」注云：「正者當敵，奇者擊其不備。」

蓋聞明主圖危以制變，忠臣慮難以立權。曩者強秦弱主，趙高執柄，專制朝命，威福由己，終有望夷之禍，汙辱至今。〔一〕及臻呂后，祿、產專政，擅斷萬機，決事禁省，下陵上替，海內寒心。於是絳侯、朱虛興威奮怒，誅夷逆暴，尊立太宗，故能道化興隆，光明融顯。此則大臣立權之明表也。〔二〕

〔一〕始皇崩，胡亥立，趙高爲丞相。胡亥夢白虎齧其左驂馬，殺之，心不樂。問占夢，卜涇水爲祟，胡亥乃齋望夷宮。趙高令其壻閻樂逼胡亥使自殺。張華云：「望夷之宮在長陵西北長平觀，東臨涇水，作之以望北夷。」事見史記。

〔二〕呂后專制，以兄子祿爲趙王、上將軍，產爲梁王、相國，各領南北軍。呂后崩，欲爲亂，絳侯周勃、朱虛侯劉章等共誅之，立文帝，廟稱太宗。左傳閔子馬曰：「下陵上替，能無亂乎？」

司空曹操祖父騰，故中常侍，與左悺、徐璜並作妖孽，饕餮放橫，傷化虐人。〔一〕父嵩，乞匄攜養，〔二〕因臧買位，輿金輦寶，輸貨權門，竊盜鼎司，傾覆重器。操（姦）〔贅〕閹遺醜，本無令德，僄狡鋒俠，好亂樂禍。〔三〕幕府董統鷹揚，埽夷凶逆，〔四〕續遇董卓侵官暴國，〔五〕於是提劍揮鼓，發命東夏，廣羅英雄，弃瑕錄用，故遂與操參咨策略，謂其鷹犬之才，爪牙可任。至乃愚佻短慮，輕進易退，傷夷折衄，數喪師徒。〔六〕幕府輒復分兵命銳，修完補輯，表行東郡太守、兗州刺史，被以虎文，〔七〕授以偏師，獎就威柄，冀獲秦師一克之報。〔八〕而遂乘資跋扈，肆行酷烈，割剝元元，殘賢害善。〔九〕故九江太守邊讓，英才儁逸，以直言正色，論不阿諂，身被梟懸之戮，妻孥受灰滅之咎。自是士林憤痛，人怨天怒，一夫奮臂，舉州同聲，故躬破於徐方，地奪於呂布，〔一〇〕彷徨東裔，蹈據無所。幕府惟強幹弱枝之義，且不登畔人之黨，〔一一〕故復援旍擐甲，席卷赴征，金鼓響震，布衆破沮，〔一二〕拯其死亡之患，復其方伯之任。是則幕府無德於兗土，而有大造於操也。〔一三〕

〔一〕貪財爲饕，貪食爲餮。悺音烏板反。

〔二〕續漢志曰：「嵩字巨高。靈帝時賣官，嵩以貨得拜大司農、大鴻臚，代崔烈爲太尉。」魏志曰：「嵩，騰養子，莫能審其生出本末。」曹瞞傳及郭頒代語並云嵩，夏侯氏子，惇之叔父。魏太祖於惇爲從父兄弟也。「匄」亦「乞」也。

〔三〕方言曰：「僄，輕也。」魏志曰：「操少機警有權數，而任俠放蕩，不修行業。」鋒俠言如其鋒之利也。僄音方妙反。或作「剽」，劫財物也，音同。

〔四〕謂紹誅諸閹人，無少長皆斬之。

〔五〕左傳：「侵官冒也。」

〔六〕字書曰：「佻，輕也。」魏志曰：「操引兵西，將據成皋，到滎陽汴水，遇卓將徐榮，戰不利，士卒死傷多，操爲流矢所中，所乘馬被創。曹洪以馬與操，得夜遁，又爲呂布所敗。」

〔七〕續漢志曰：「虎賁將，冠鶡冠，虎文單衣。襄邑歲獻織成虎文衣。」

〔八〕秦穆公使孟明視、西乞術、白乙丙伐鄭，晉襄公敗諸殽，執孟明等。文嬴請而舍之，歸於秦。穆公復用孟明伐晉，晉人不敢出，封殽尸而還。事見左傳。

〔九〕太公金匱曰：「天道無親，常與善人。今海內陸沈於殷久矣，何乃急於元元哉？」

〔一〇〕魏志曰：「陶謙爲徐州牧，操初征之，下十餘城。後復征謙，收五城，遂略地至東海。還過郯，會張邈與陳宮畔迎呂布，郡縣皆應。布西屯濮陽而操攻之，布出兵戰，操兵奔，陣亂，馳突火出，墜馬燒左手掌，司馬樓異扶操上馬，遂得引去。」

〔一一〕強幹弱枝，解見班固傳。左傳宋大夫魚石等以宋彭城畔屬楚，經書「宋彭城」，傳曰「非宋地，追書也，且不登畔人也」。杜預注曰：「登，成也。」

〔一二〕左傳曰：「擐甲執兵。」杜預注曰：「擐，貫也。」前書楊雄曰：「雲徹席卷，後無餘災。」魏志曰：「操襲定陶未拔，會布至，擊破之。布將薛蘭、李封屯鉅野，操攻之。布救蘭敗，布走。布復與陳宮將萬餘人(乘)〔來〕戰，操時兵少，設伏縱奇兵擊，大破之。布夜走，東奔劉備。」

〔一三〕左傳使呂相絕秦曰：「秦師克還無害，則是我有大造於西也。」杜預注曰：「造，成也。」

會後鑾駕東反，羣虜亂政。時冀州方有北鄙之警，匪遑離局，〔一〕故使從事中郎徐勳就發遣操，使繕修郊廟，翼衞幼主。而便放志專行，威劫省禁，卑侮王僚，敗法亂紀，坐召三臺，專制朝政，〔二〕爵賞由心，刑戮在口，所愛光五宗，所怨滅三族，〔三〕羣談者受

顯誅，腹議者蒙隱戮，〔四〕道路以目，百辟鉗口，〔五〕尚書記期會，公卿充員品而已。〔六〕

〔一〕北鄙之儆謂公孫瓚攻紹也。左傳曰：「局部也。」杜預注曰：「遠其部曲爲離局。」

〔二〕晉書曰：「漢官尚書爲中臺，御史爲憲臺，謁者爲外臺，是謂三臺。」

〔三〕五宗謂上至高祖，下及孫。三族謂父族、母族、妻族。

〔四〕大農顏異與張湯有隙，人告異，湯推異與客言詔令下有不便者，異不言，微反脣。湯遂奏，異九卿，見令不便，不入言而腹非，論死。見前書。

〔五〕國語曰：「厲王虐，國人謗王。邵公告王曰：『人不堪命矣。』王怒，得衞巫，使監謗，以告則殺之。國人莫敢言，道路以目。」周書曰：「賢哲鉗口，小人鼓舌。」何休注公羊傳曰：「柑，以木銜其口也。」「鉗」或作「柑」，音渠廉反。

〔六〕前書賈誼曰：「大臣特以簿書不報，期會之閒，以爲大故。」

故太尉楊彪，歷典二司，元綱極位。〔一〕操因睚眦，被以非罪，搒楚并兼，五毒俱至，〔二〕觸情放慝，不顧憲章。又議郎趙彥，忠諫直言，議有可納，故聖朝含聽，改容加錫。操欲迷奪時明，杜絕言路，擅收立殺，不俟報聞。又梁孝王先帝母弟，墳陵尊顯，松栢桑梓，猶宜恭肅。〔三〕操率將吏士，親臨發掘，破棺裸尸，掠取金寶，至令聖朝流涕，士民傷懷。〔三〕又署發丘中郎將、摸金校尉，所過毁突，無骸不露。身處三公之官，而行桀虜之態，汙國虐民，毒施人鬼。加其細政苛慘，科防互設，繒繳充蹊，阬穽塞路，舉手挂網羅，動足蹈機陷，是以兖、豫有無聊之人，帝都有呼嗟之怨。〔四〕

〔一〕續漢書曰：「彪代董卓爲司空，又代黃琬爲司徒。時袁術僭亂，操託彪與術婚姻，誣以欲圖廢置，奏收下獄，劾以大逆。」

〔二〕獻帝春秋曰：「收彪下獄考實，遂以策罷。」

〔三〕前書曰，孝文皇帝竇皇后生孝景帝、梁孝王武。

〔四〕管子曰：「天下無道，人在爵位者皆不自聊生。」

歷觀古今書籍所載，貪殘虐烈無道之臣，於操爲甚。莫府方詰外姦，未及整訓，加意含覆，冀可彌縫。〔一〕而操豺狼野心，潛包禍謀，〔二〕乃欲橈折棟梁，孤弱漢室，〔三〕除忠害善，專爲梟雄。往歲伐鼓北征，討公孫瓚，強禦桀逆，拒圍一年。操因其未破，陰交書命，欲託助王師，以見掩襲，故引兵造河，方舟北濟。會行人發露，瓚亦梟夷，故使鋒芒挫縮，厥圖不果。屯據敖倉，阻河爲固，〔四〕乃欲運螳蜋之斧，禦隆車之隧。〔五〕莫府奉漢威靈，折衝宇宙，長戟百萬，胡騎千羣，奮中黃、育、獲之士，〔六〕騁良弓勁弩之埶，〔七〕并州越太行，〔八〕青州涉濟、漯，〔九〕大軍汎黃河以角其前，荆州下宛、葉而掎其後。〔一〇〕雷震虎步，並集虜廷，若舉炎火以焚飛蓬，〔一一〕覆滄海而注熛炭，〔一二〕有何不消滅者哉？

〔一〕左傳曰：「彌縫敝邑。」杜預注曰：「彌縫猶補合。」

〔二〕左傳曰，楚司馬子良生子越椒，令尹子文曰：「必殺之。是子也，熊虎之狀而豺狼之聲，弗殺必滅若敖氏。諺曰『狼子野心』，是乃狼也，其可畜乎！」

〔三〕周易「棟橈之凶，不可有以輔」也。

〔四〕獻帝春秋曰：「操引軍造河，託言助紹，實圖襲鄴，以爲瓚援。會瓚破滅，紹亦覺之，以軍退，屯于敖倉。」

〔五〕韓詩外傳曰：「齊莊公獵，有螳蜋舉足將搏其輪，問其御曰：『此何蟲？』對曰：『此螳蜋也。此蟲知進而不知退，不量其力而輕就敵。』公曰：『此爲天下勇士矣。』迴車避之，勇士歸焉。」亦見淮南子。又莊子曰：「螳蜋怒臂以當車轍，不知其不勝任也。」隧，道也。

〔六〕尸子曰：「〔中〕黄伯曰：『我左執太行之獶，右執彫虎，唯象未試。』」史記范睢說秦昭王「烏獲、任鄙之力，慶忌、夏育之勇」也。

〔七〕文子曰：「狡兔得而獵犬烹，高鳥盡而良弓臧。」史記蘇秦說韓王曰：「天下之強弓勁弩，皆從韓出。」

〔八〕紹甥高幹爲并州刺史，故言越太行山而來助。

〔九〕紹長子譚爲青州刺史。濟、漯，二水名，在今齊州界。漯音他合反。

〔一〇〕賈逵注國語曰：「從後牽曰掎。」音居蟻反。左傳曰「晉人角之，諸戎掎之」是也。荆州謂劉表也。與紹交，故云下宛、葉。

〔一一〕楚詞曰：「離憂患而乃痻，若縱火於秋蓬。」

〔一二〕黄石公三略曰：「夫以義而討不義，若決河而沈熒火，其剋必也。」

當今漢道陵遲，綱弛網絕，操以精兵七百，圍守宮闕，外稱陪衛，内以拘質，懼篡逆

之禍，因斯而作。乃忠臣肝腦塗地之秋，烈士立功之會也。可不勗哉！〔一〕

〔一〕據陳琳集，此檄陳琳之詞也。魏志曰：「琳字孔璋，廣陵人，避難冀州，袁紹使典文章。紹敗，歸太祖。太祖謂曰：『卿昔爲本初移書，但可罪狀孤而已，惡惡止其身，何乃上及父祖邪？』琳謝罪。太祖愛其才而不咎也。」流俗本此下有「陳琳之辭」者，非也。

乃先遣顏良攻曹操別將劉延於白馬，〔一〕紹自引兵至黎陽。沮授臨行，會其宗族，散資財以與之。曰：「埶存則威無不加，埶亡則不保一身。哀哉！」其弟宗曰：「曹操士馬不敵，君何懼焉？」授曰：「以曹兗州之明略，又挾天子以爲資，我雖剋伯珪，衆實疲敝，而主驕將忲，軍之破敗，在此舉矣。楊雄有言：『六國蚩蚩，爲嬴弱姬。』今之謂乎！」〔二〕曹操遂救劉延，擊顏良斬之。〔三〕紹乃度河，壁延津南。〔四〕沮授臨船歎曰：「上盈其志，下務其功，悠悠黃河，吾其濟乎！」遂以疾退，紹不許而意恨之，復省其所部，并屬郭圖。

〔一〕白馬，縣，屬東郡，今滑州縣也，故城在今縣東。

〔二〕法言之文也。嬴，秦姓也。姬，周姓。方言：「蚩，悖也。」六國悖惑，侵弱周室，終爲秦所併也。

〔三〕蜀志曰：「曹公使張遼及關羽爲先鋒，羽望見良麾蓋，策馬刺良萬衆之中，斬其首還，諸將莫能當，遂解白馬圍。」

〔四〕酈元水經注曰：「漢孝文時河決酸棗，東潰金堤，大發卒塞之，武帝作瓠子之歌，皆謂此口也。」又東北謂之延津。杜預注左傳：「陳留酸棗縣北有延津。」

紹使劉備、文醜挑戰，曹操又擊破之，斬文醜。再戰而禽二將，紹軍中大震。操還屯官度，〔一〕紹進保陽武。〔二〕沮授又說紹曰：「北兵雖衆，而勁果不及南軍；南軍穀少，而資儲不如北。南幸於急戰，北利在緩師。宜徐持久，曠以日月。」紹不從。連營稍前，漸逼官度，遂合戰。操軍不利，〔三〕復還堅壁。紹爲高櫓，起土山，射營中，〔四〕〔營中〕皆蒙楯而行。〔五〕操乃發石車擊紹樓，皆破，軍中呼曰「霹靂車」。〔六〕紹爲地道欲襲操，操輒於內爲長塹以拒之。又遣奇兵襲紹運車，大破之，盡焚其穀食。

〔一〕官度在今鄭州中牟縣北。酈元水經云：「莨蕩渠經曹公壘北，有高臺謂之官度臺，在中牟城北，俗謂之中牟臺。」

〔二〕陽武，今鄭州縣。

〔三〕魏志曰：「連營稍進，前依沙塠，東西數十里爲屯。操亦分營與相當。」

〔四〕釋名曰：「樓櫓者，露上無覆屋也。」今官度臺北土山猶在，臺之東，紹舊營遺基並存焉。

〔五〕楯，今之旁排也。楊雄羽獵賦曰：「蒙楯負羽。」獻帝春秋曰：「紹令軍中各持三尺繩，曹操誠禽，但當縛之。」

〔六〕以其發石聲震烈，呼爲霹靂，即今之拋車也。拋音普孝反。

相持百餘日，河南人疲困，多畔應紹。紹遣淳于瓊等將兵萬餘人北迎粮運。沮授說紹可遣蔣奇別爲支軍於表，以絕曹操之鈔。〔一〕紹不從。許攸進曰：「曹操兵少而悉師拒我，許下餘守執必空弱。若分遣輕軍，星行掩襲，許拔則操(爲)成禽。如其未潰，可令首尾奔命，破之必也。」紹又不能用。會攸家犯法，審配收繫之，攸不得志，遂奔曹操，而說使襲取

淳于瓊等。瓊等時宿在烏巢，〔二〕去紹軍四十里。操自將步騎五千人，夜往攻破瓊等，悉斬之。〔三〕

〔一〕以支軍爲瓊等表援。

〔二〕烏巢，地名，在滑州酸棗城東。

〔三〕曹瞞傳曰：「公聞許攸來，跣出迎之。攸勸公襲瓊等，公大喜，乃選精銳步騎，皆執袁軍旗幟，銜枚縛馬口，夜從間道出，人把束薪。所歷道問者，語之曰：『袁公恐曹操鈔掠後軍，還兵以益備。』問者信以爲然。既至，圍屯，大放火，營中驚亂，大破之，盡燔其糧穀寶貨，斬督將（睢）〔眭〕元進等，割得將軍淳于仲簡鼻，殺士卒千餘人，皆取鼻，牛馬割唇舌，以示紹軍。將士皆恂懼。」

初，紹聞操擊瓊，謂長子譚曰：「就操破瓊，吾拔其營，彼固無所歸矣。」乃使高覽、張郃等攻操營，不下。〔一〕二將聞瓊等敗，遂奔操。於是紹軍驚擾，大潰。紹與譚等幅巾乘馬，與八百騎度河，至黎陽北岸，入其將軍蔣義渠營。至帳下，把其手曰：「孤以首領相付矣。」義渠避帳而處之，使宣令焉。衆聞紹在，稍復集。餘衆僞降，曹操盡阬之，前後所殺八萬人。

〔一〕魏志曰：「張郃字儁文，河閒鄚人也。郃說紹曰：『曹公精兵往，必破瓊等，則事去矣。』郭圖曰：『郃計非也，不如攻其本營。』郃曰：『曹公營固，攻之必不拔。若瓊等見禽，吾屬盡爲虜矣。』紹但遣輕騎救瓊，而以重兵攻太祖營，不能下。太祖果破瓊等。紹軍潰，圖慙，又更譖郃快軍敗，郃懼，歸太祖。」

沮授爲操軍所執，乃大呼曰：「授不降也，爲所執耳。」操見授謂曰：「分野殊異，遂用圮絕，不圖今日乃相得也。」授對曰：「冀州失策，自取奔北。授知力俱困，宜其見禽。」操曰：「本初無謀，不相用計。今喪亂過紀，〔一〕國家未定，方當與君圖之。」授曰：「叔父、母、弟懸命袁氏，若蒙公靈，速死爲福。」操歎曰：「孤早相得，天下不足慮也。」遂赦而厚遇焉。授尋謀歸袁氏，乃誅之。

〔一〕十二年曰紀。

紹外寬雅有局度，憂喜不形於色，而性矜愎自高，〔一〕短於從善，故至於敗。及軍還，或謂田豐曰：「君必見重。」豐曰：「公貌寬而內忌，不亮吾忠，而吾數以至言迕之。若勝而喜，必能赦我，戰敗而怨，內忌將發。若軍出有利，當蒙全耳，今既敗矣，吾不望生。」紹還，曰：「吾不用田豐言，果爲所笑。」遂殺之。〔二〕

〔一〕愎音平逼反。

〔二〕先賢行狀曰：「紹謂逢紀曰：『冀州人聞吾軍敗，皆當念吾；唯田別駕前諫止吾，與衆不同，吾亦慙之。』紀復曰：『豐聞將軍之退，拍手大笑，喜其言之中也。』紹於是有害豐之意。初，太祖聞豐不從戎，喜曰：『紹必敗矣。』及紹奔遁，復曰：『向使紹用其別駕計，尚未可知也。』」

官度之敗，審配二子爲曹操所禽。孟岱與配有隙，因蔣奇言於紹曰：「配在位專政，族大兵強，且二子在南，必懷反畔。」郭圖、辛評亦爲然。紹遂以岱爲監軍，代配守鄴。護軍逢紀與配不睦，〔一〕紹以問之，紀對曰：「配天性烈直，每所言行，慕古人之節，不以二子在南爲不義也，公勿疑之。」紹曰：「君不惡之邪？」紀曰：「先所爭者私情，今所陳者國事。」紹曰「善」。乃不廢配，配、〔紀〕由是更協。

〔一〕英雄記曰：「審配任用，與紀不睦，辛評、郭圖皆比於譚。」評，辛毗兄也。見魏志。

冀州城邑多畔，紹復擊定之。自軍敗後發病，七年夏，薨。〔一〕未及定嗣，逢紀、審配宿以驕侈爲譚所病，辛評、郭圖皆比於譚而與配、紀有隙。衆以譚長，欲立之。配等恐譚立而評等爲害，遂矯紹遺命，奉尚爲嗣。

〔一〕魏志曰：「紹自軍破後，發病歐血死。」獻帝春秋曰：「紹爲人政寬，百姓德之。河北士女莫不傷怨，市巷揮淚，如或喪親。」典論曰：「袁紹妻劉氏性酷妒，紹死，僵尸未殯，寵妾五人盡殺之，爲死者有知，當復見紹於地下，乃髡頭墨面，以毀其形。尚又爲盡殺死者之家。」

校勘記

二三七三頁三行 父成五官中郎將 按：集解引錢大昕說，謂華嶠漢書作「左中郎將」，見三國志注。袁安傳云「左中郎」，似失之。

二三七三頁三行　(紹)壯健好交結　殿本考證引何焯說，謂此指其父成，衍「紹」字。今據删。

二三七三頁七行　除濮陽長　按：集解引錢大昕說，謂許劭傳稱紹爲濮陽令。

二三七四頁三行　以紹爲佐軍校尉　集解引洪頤煊說，謂何進傳作「中軍校尉」，蓋勳傳、五行志俱作「佐軍校尉」。按：沈家本謂注引山陽公載記作「中軍」，獻紀注引亦同，魏志亦作「中軍」，案時有上軍、下軍，則作「中軍」是也。

二三七四頁六行　淳于瓊爲右校尉　按：何進傳作「左軍校尉」。

二三七四頁二行　未有不善宣於天下　按：校補引柳從辰說，謂袁紀「宣」作「害」。

二三七五頁一行　信太山(陽)平(陽)人也　洪亮吉謂「陽平」應如魏志鮑勳傳作「平陽」。今據改。

二三七五頁一行　乃引軍還鄉里　按：刊誤謂「軍」當作「歸」，或云「軍」字衍。

二三七五頁二行　(以)〔與〕從弟後將軍術　據刊誤改。

二三七六頁三行　少府陰循至將作大匠吳循　按：集解引錢大昕說，謂獻帝紀「循」皆作「脩」，魏志亦作「吳脩」，當以「脩」爲正。

二三七六頁六行　卓使司隸宣璠(尺)〔盡〕口收之　據汲本、殿本改。

二三七六頁八行　胡母班字季友　三國魏志注「季友」作「季皮」。風俗通卷三作「胡母季皮」。今按：作「皮」是。沈家本謂漢書敍傳，楚人謂虎班。名班字季皮，猶春秋時鄭罕虎字子皮也。

二三七六頁三行　亡人二女　按：沈家本謂魏志注作「亡人子二人」，案下文云「匡抱班二子哭」，則作「二女」者非也。

二三七六頁一五行　忌（方）〔其〕得衆　刊誤謂「方」字無義，當是「其」字。按：通志正作「其」，今據改。

二三七七頁四行　何凶逆　刊誤謂「何」當作「阿」。按：嚴可均全後漢文注「何，負也」。依嚴說，則「何」字不譌。

二三七七頁六行　紹客逢紀　按：何進傳作「龐紀」。

二三七七頁九行　外託（討）董卓　刊誤謂案文少一「討」字。按：通志正作「託討董卓」，今據補。

二三七八頁二行　騎都尉沮授　按：集解引王補說，謂魏志言諫者耿、閔外，有治中李歷，而無沮授，通鑑從之。

二三七八頁五行　程渙　按：集解引惠棟說，謂魏志「渙」作「奐」。

二三七九頁一五行　秦伯曰　按：「秦」原譌「泰」，逕據汲本、殿本改。

二三八一頁八行　此誠將軍之（羞）〔眷〕　集解引惠棟說，謂「羞」字誤，當依英雄記作「眷」。今據改。按：三國志袁紹傳注引英雄記作「眷」。

二三八一頁一〇行　大會賓徒於薄落津　校補謂「徒」當作「從」。按：魏志注引英雄記，作「方與賓客諸將共會」。

二三八一頁一〇行　黑山賊干毒　殿本「干」作「于」，下同。按：朱儁傳亦作「于」。

二三八一頁一四行　紹遂尋山北行　按：張森楷校勘記謂「尋」字無義，疑當作「循」。

二三八一頁一五行　左髭丈八　按：殿本「丈」作「文」。

二三八二頁五行　謂之〔薄〕落津　校補引柳從辰說，謂通鑑注引此作「謂之薄落津」，此脫「薄」字。今據補，與今本水經注合。

二三八二頁一三行　拜紹右將軍　按：集解引惠棟說，謂袁宏紀作「後將軍」。

二三八三頁九行　熙字顯雍　集解引惠棟說，謂「顯雍」當從魏志注作「顯奕」。按：潘眉三國志考證謂雍熙字相應，作「奕」誤。

二三八三頁一三行　願上惟先代成(則)〔敗〕之誡　集解引惠棟說，謂「則」依九州春秋當作「敗」。今據改。

二三八六頁九行　凡我同盟之後　按：刊誤謂案文當云「同盟之人，既盟之後」，此盟書常文也，誤脫四字。

二三八六頁九行　神明是殛　按：「殛」原譌「亟」，逕據汲本、殿本改正。

二三八六頁一一行　今是(夫)〔大〕鳥獸則失喪其羣匹　據殿本改，與今禮記文合。

二三八六頁一六行　張楊黑山同時乞降　按：「楊」原作「揚」，前後互歧，逕改正。

二三八七頁五行　太僕趙岐　按：「岐」原譌「歧」，逕改正。

二三八九頁四行　三槐三公(四)〔位〕焉　據汲本、殿本改。

二三八九頁一五行　以爲驃騎大將軍　按：張森楷校勘記謂案明帝紀及東平王傳並云爲驃騎將軍，「大」字蓋衍。

二三九一頁一行　(兵)〔其〕埶譬若覆手　據汲本改。

二三九一頁五行　且公師徒精勇　按：校補引柳從辰說，謂閩本「公」作「今」。

二三九一頁七行　在於(將軍)〔持牢〕　據殿本改。按：殿本考證李良裘謂　按三國志注中載獻帝傳作「在於持牢」，「將軍」二字傳寫之誤。又集解引王補說，謂通鑑亦作「持牢」，胡注猶今南人言「把穩」也。

二三九一頁八行　夫臣與主同者〔昌主與臣同者〕亡　集解引惠棟說，謂獻帝傳云「臣與主同者昌，主與臣同者亡」，傳漏「昌主與臣同者」六字。今據補。

二三九二頁二行　因臧買位　集解引惠棟說，謂「買」陳琳集作「假」。今按：文選亦作「假」。

二三九三頁三行　操(姦)〔贅〕閹遺醜　集解引錢大昕說，謂「姦」當作「贅」，三國志注及文選並是「贅」字。今據改。

二三九四頁一行　獎就威柄　集解引惠棟說，謂文選及魏志注皆作「獎蹴」，蹴，成也，就亦訓成，與蹴同義。按：殿本「就」譌「蹴」。

二三九四頁三行　身被梟懸之戮　文選「身」下有「首」字，「戮」作「誅」。按：下云「妻孥受灰滅之咎」，「身首」「妻孥」相對成文，疑此脫「首」字。

二三九五頁一一行　布復與陳宮將萬餘人(乘)〔來〕戰　據汲本、殿本改。

二三九八頁八行　〔中〕黄伯曰　據刊誤補。

二四〇〇頁三行　〔營中〕皆蒙楯而行　李慈銘謂「皆」字上當疊「營中」二字，三國志袁紹傳作「營中皆蒙楯，衆大懼」。今據補。

二四〇〇頁一〇行　曹操誠禽　按：刊誤謂「誠」案文當作「成」。

二四〇〇頁一四行　許拔則操(爲)成禽　據刊誤刪。

二四〇一頁六行　還兵以益備　按：校補謂魏志注引曹瞞傳，「還兵」作「遣兵」。

二四〇一頁七行　斬督將(睢)〔眭〕元進等　集解引惠棟說，謂「睢」當作「眭」，卽眭固也。今據改。

二四〇三頁四行　配〔紀〕由是更協　據集解引蘇輿說補。

二四〇三頁六行　七年夏薨　按：魏志袁紹傳「夏薨」作「憂死」。

後漢書卷七十四下

袁紹劉表列傳第六十四下 紹子譚

譚自稱車騎將軍，出軍黎陽。尚少與其兵，而使逢紀隨之。譚求益兵，審配等又議不與。譚怒，殺逢紀。

曹操度河攻譚，譚告急於尚，尚乃留審配守鄴，自將助譚，與操相拒於黎陽。自九月至明年二月，大戰城下，〔一〕譚、尚敗退。操將圍之，乃夜遁還鄴。操進軍，尚逆擊破操，操軍還許。譚謂尚曰：「我鎧甲不精，故前爲曹操所敗。今操軍退，人懷歸志，及其未濟，出兵掩之，可令大潰，此策不可失也。」尚疑而不許，既不益兵，又不易甲。譚大怒，郭圖、辛評因此謂譚曰：「使先公出將軍爲兄後者，皆是審配之所構也。」譚然之。遂引兵攻尚，戰於外門。〔二〕譚敗，乃引兵還南皮。〔三〕

〔一〕郭緣生述征記曰：「黎陽城西袁譚城，城南又有一城，是曹公攻譚之所築。」

〔二〕鄴郭之門。

〔三〕南皮，今滄州縣也。章武有北皮亭，故此曰南皮。

別駕王脩率吏人自青州往救譚，譚還欲更攻尚，問脩曰：「計將安出？」脩曰：「兄弟者，左右手也。譬人將鬭而斷其右手，曰『我必勝若』，如是者可乎？夫弃兄弟而不親，天下其誰親之？屬有讒人交鬭其閒，以求一朝之利，願塞耳勿聽也。若斬佞臣數人，復相親睦，以御四方，可橫行於天下。」譚不從。尚復自將攻譚，譚戰大敗，嬰城固守。〔一〕尚圍之急，譚奔平原，而遣潁川辛毗詣曹操請救。〔二〕

〔一〕前書蒯通曰：「必將嬰城固守。」音義曰：「嬰謂以城自繞也。」

〔二〕魏志曰：「辛毗，潁川陽翟人也。譚使毗詣太祖求和，毗見太祖致譚意。太祖悅，謂毗曰：『譚可信，尚必可克不？』毗對曰：『明公無問信與詐也，直（言）當論其勢耳。袁氏本兄弟相伐，非謂他人能閒其閒，乃謂天下可定於己也。一旦求救於明公，此可知也。』」

劉表以書諫譚曰：

天降災害，禍難殷流，初交殊族，卒成同盟，使王室震蕩，彝倫攸斁。〔一〕是以智達之士，莫不痛心入骨，傷時人不能相忍也。然孤與太公，志同願等，〔二〕雖楚魏絕邈，山河迥遠，〔三〕戮力乃心，共獎王室，〔四〕使非族不干吾盟，異類不絕吾好，此孤與太公無貳之所致也。功績未卒，太公殂隕，賢胤承統，以繼洪業。宣奕世之德，履丕顯之祚，〔五〕擢嚴敵於鄴都，揚休烈於朔土，顧定疆宇，虎視河外，凡我同盟，莫不景附。何悟青蠅飛於竿旌，無忌游於二壘，〔六〕使股肱分成二體，匈膂絕爲異身。初聞此問，尙謂不然，定聞信來，乃知閼伯、實沈之忿已成，弃親即讎之計已決，〔七〕旃旆交於中原，暴尸累於城下。聞之哽咽，若存若亡。昔三王、五伯，下及戰國，君臣相弒，父子相殺，兄弟相殘，親戚相滅，蓋時有之。然或欲以成王業，〔八〕或欲以定霸功，〔九〕皆所謂逆取順守，而徼富強於一世也。未有弃親即異，兀其根本，而能全於長世者也。

〔一〕左傳曰：「震蕩播越。」書曰：「彝倫攸斁。」彝，常也。倫，理也。攸，所也。斁，敗也。

〔二〕言太公者尊之，謂紹也。

〔三〕楚，荆州也。魏，冀州也。

〔四〕左傳曰：「同好惡，奬王室。」杜預曰：「奬，助也。」

〔五〕奕，重也，國語曰「奕代載德」。

〔六〕詩小雅曰：「營營青蠅，止于榛。讒人罔極，構我二人。」史記，費無忌得寵於楚平王，爲太子建少傅，無寵於太子，日夜讒太子於王，欲誅太子。太子亡奔宋。左傳作「無極」。竿旌、二壘者，謂譚、尙也。

〔七〕左傳子產曰：「高辛氏有二子，伯曰閼伯，季曰實沈，居於曠林，不相能也，日尋干戈，以相征討。」

〔八〕若周公誅管、蔡之類。

〔九〕若齊桓公殺子糾也。

昔齊襄公報九世之讎，〔一〕士匄卒荀偃之事，是故春秋美其義，君子稱其信。夫伯游之恨於齊，未若太公之忿於曹也；宣子之臣承業，未若仁君之繼統也。〔二〕且君子違難不適讎國，交絕不出惡聲，〔三〕況忘先人之讎，弃親戚之好，而爲萬世之戒，遺同盟之恥哉！蠻夷戎狄將有誚讓之言，況我族類，而不痛心邪！

〔一〕公羊傳曰：「紀侯大去其國。大去者何？滅之也。孰滅之也？齊滅之。曷爲不言齊滅之？爲襄公諱也。春秋爲賢者諱。何賢於襄公？復讎也。何讎爾？遠祖也。哀公亨於周，紀侯譖之。遠祖者幾代？九代矣。」史記曰，紀侯譖齊哀公於周，周夷王烹哀公。其弟靜立，是爲胡公。弟獻公立，子武公立，子厲公立，子文公立，子成公立，子莊公立，子釐公立，子襄公八年，紀遷去其邑，是爲九代也。

〔二〕荀偃，晉大夫也。左傳曰，荀偃將中軍，士匄佐之，伐齊。濟河，病目出，及卒，而視不可含。欒盈曰：「其爲未卒事於齊故也？」士匄撫之曰：「主苟終，所不嗣事於齊有如河！」乃瞑受含。伯游，荀偃字也。宣子即士匄也，士燮之子，士會之孫。

〔三〕左傳曰，公山不狃曰：「君子違難不適讎國。」杜預曰：「違，奔亡也。」史記樂毅遺燕惠王書曰：「臣聞古之君子，交絕不出惡聲。」

夫欲立竹帛於當時，全宗祀於一世，豈宜同生分謗，爭校得失乎？若冀州有不弟之慠，〔一〕無慙順之節，仁君當降志辱身，以濟事爲務。事定之後，使天下平其曲直，不亦爲高義邪？今仁君見憎於夫人，未若鄭莊之於姜氏；昆弟之嫌，未若重華之於象敖。

然莊公卒崇大隧之樂，象敖終受有鼻之封。願捐弃百痾，追攝舊義，復爲母子昆弟如初。〔二〕今整勒士馬，瞻望鵠立。

〔一〕左傳曰：「段不弟，故不言弟。」

〔二〕鄭武公娶於申，曰武姜，生莊公及叔段。莊公寤生，驚姜氏，遂惡之，愛叔段，欲立之，武公弗許。及莊公立，姜氏爲請京，使居之。段繕甲兵，將襲鄭，夫人將啓之。莊公遂寘姜氏于城潁，而誓之曰：「不及黃泉，無相見也。」既而悔之。潁考叔曰：「君何患焉？若闕地及泉，隧而相見，其誰曰不然！」從之。公入而賦：「大隧之中，其樂也融融。」姜出而賦：「大隧之外，其樂也洩洩。」遂爲母子如初。事見左傳。史記曰，舜名重華。父瞽叟盲而舜母死，瞽叟更娶妻，生象。瞽叟愛後妻子，常欲殺舜。舜踐帝位，封弟象爲諸侯。孟子曰：「象至不仁，封諸有鼻。仁人之於其弟也，不藏怒焉，不宿怨焉，親愛之而已矣。」鼻國在永州營道縣北，今猶謂之鼻亭。

又與尚書諫之，並不從。〔一〕

〔一〕魏氏春秋載表遺尚書曰：「知變起辛、郭，禍結同生，追閼伯、實沈之蹤，忘常棣死喪之義，親尋干戈，僵尸流血，聞之哽咽，若存若亡。昔軒轅有涿鹿之戰，周公有商、奄之師，皆所以翦除穢害而定王業，非強弱之爭，喜怒之忿也。故雖滅親不尤，誅兄不傷。今二君初承洪業，纂繼前軌，進有國家傾危之慮，退有先公遺恨之負。當唯曹是務，唯國是康。何者？金木水火剛柔相濟，然後剋得其和，能爲人用。今青州天性峭急，迷於曲直。仁君度數弘廣，綽然有餘，當以大苞小，以優容劣，先除曹操，以平先公之恨，事定之後，乃議曲直之評，不亦善乎！若留神遠圖，剋己復禮，當振旅長驅，共奬王室。若迷而不返，遵而無改，則胡夷將有誚讓之言，況我同盟，復能戮力仁君之役哉！此韓盧、東郭自困於前，而遺田父之獲者也。憤躍鶴望，冀聞和同之聲。若其泰也，則袁族其與漢升降乎！如其否也，則同盟永無望矣。」表二書並見王粲集。

曹操遂還救譚，十月至黎陽。尙聞操度河，乃釋平原還鄴。尙將呂曠、高翔畔歸曹氏，譚復陰刻將軍印，以假曠、翔。操知譚詐，乃以子整娉譚女以安之，〔一〕而引軍還。

〔一〕魏志曰，整建安二十二年封郿侯，二十三年薨，無子。黃初二年，追進爵，謚曰戴公。

九年三月，尙使審配守鄴，復攻譚於平原。配獻書於譚曰：「配聞良藥苦口而利於病，忠言逆耳而便於行。〔一〕願將軍緩心抑怒，終省愚辭。蓋春秋之義，國君死社稷，忠臣死君命。〔二〕苟圖危宗廟，剝亂國家，親疎一也。〔三〕是以周公垂涕以(斃)〔蔽〕管、蔡之獄，〔四〕季友歔欷而行叔牙之誅。〔五〕何則？義重人輕，事不獲已故也。昔先公廢黜將軍以續賢兄，立我將軍以爲嫡嗣，上告祖靈，下書譜牒，海內遠近，誰不備聞！何意凶臣郭圖，妄畫蛇足，〔六〕曲辭諂媚，交亂懿親。至令將軍忘孝友之仁，襲閼、沈之迹，放兵鈔突，屠城殺吏，冤魂痛於幽冥，創痍被於草棘。又乃圖獲鄴城，許賞賜秦胡，其財物婦女，豫有分數。又云：『孤雖有老母，趣使身體完具而已。』聞此言者，莫不悼心揮涕，使太夫人憂哀憤隔，我州君臣監寐悲歎。誠拱默以聽執事之圖，則懼違春秋死命之節，詒太夫人不測之患，損先公不世之業。我將軍辭不獲命，以及館陶之役。〔七〕伏惟將軍至孝蒸蒸，發於岐嶷，友于之性，生於自然，章之以聰明，行之以敏達，覽古今之舉措，覩興敗之徵符，輕榮財於糞土，貴名〔高〕〔位〕於丘岳。何意奄然迷沈，墮賢哲之操，〔八〕積怨肆忿，取破家之禍！翹企延頸，待望讎敵，委慈親於虎狼之牙，以逞一朝之志，豈不痛哉！若乃天啓尊心，革圖易慮，則我將軍匍匐悲號於將軍股掌之上，配等亦當敷躬布體以聽斧鑕之刑。如又不悛，禍將及之。願熟詳吉凶，以賜環玦。」〔九〕譚不納。

〔一〕孔子家語曰：「忠言逆耳而利於行。」

〔二〕左傳晏嬰曰：「君爲社稷死則死之，爲社稷亡則亡之。」又晉解楊曰：「受命以出，有死無隕。死而成命，臣之祿也。」

〔三〕左傳曰「天實剝亂」也。

〔四〕左傳曰，鄭子太叔曰：「周公殺管叔，放蔡叔。夫豈不愛？王室故也。」

〔五〕公羊傳曰：「公子牙卒。何以不稱弟？殺也。爲季子諱殺也。莊公病，叔牙曰：『魯一生一及，君以知之。慶父存也。』季子曰：『夫何敢？是將爲亂！』和藥而飲之，曰：『公子從吾言而飲此，則可以無爲天下戮笑，必有後於魯國。』誅不避兄弟，君臣之義也。」

〔六〕戰國策曰：「楚有祠者，賜其舍人酒一巵，相謂曰：『數人飲之不足，一人飲之有餘，請各畫地爲蛇，先成者飲酒。』一人蛇先成，引酒且飲，乃左手持酒，右手畫蛇，曰：『吾能爲之足。』未成，一人蛇成，奪其巵，曰：『蛇固無足，子安能爲足？』遂飲酒。爲蛇足者終亡其酒。」

〔七〕詒，遺也。不世猶言非常也。獻帝春秋曰：「譚尚遂尋干戈，以相征討。譚軍不利，保于平原，尚乃軍于館陶。譚擊之敗，尚走保險。譚追攻之，尚設奇伏大破譚軍，僵屍流血不可勝計。譚走還平原。」

〔八〕墮音許規反。

〔九〕孫卿子曰：「絕人以玦，反人以環。」

曹操因此進攻鄴，審配將馮(札)〔禮〕為內應，開突門內操兵三百餘人。〔一〕配覺之，從城上以大石擊門，門閉，入者皆死。操乃鑿塹圍城，周回四十里，初令淺，示若可越。配望見，笑而不出爭利。操一夜濬之，廣深二丈，引漳水以灌之。自五月至八月，城中餓死者過半。尚聞鄴急，將軍萬餘人還救城，操逆擊破之。尚走依曲漳為營，〔二〕操復圍之，未合，尚懼，遣陰夔、陳琳求降，不聽。尚還走藍口，〔三〕操復進，急圍之。尚將馬延等臨陣降，衆大潰，尚奔中山。盡收其輜重，得尚印綬節鉞及衣物，以示城中，城中崩沮。審配令士卒曰：「堅守死戰，操軍疲矣。幽州方至，何憂無主！」操出行圍，配伏弩射之，幾中。〔四〕以其兄子榮為東門校尉，榮夜開門內操兵，配拒戰城中，生獲配。操謂配曰：「吾近行圍，弩何多也？」配曰：「猶恨其少。」操曰：「卿忠於袁氏，亦自不得不爾。」意欲活之。配意氣壯烈，終無撓辭，見者莫不歎息，遂斬之。〔五〕全尚母妻子，還其財寶。高幹以并州降，復為刺史。

〔一〕墨子備突篇曰「城百步，一突門。突門用車兩輪，以木束之塗其上，維置突門內。度門廣狹之，令人入門四尺，中罝窯突，門旁爲橐，充竈狀，又置艾。寇即入，下輪而塞之，鼓橐熏之」也。

〔二〕漳水之曲。

〔三〕相州安（楊）〔陽〕縣界有藍嵯山，與鄴相近，蓋藍山之口。

〔四〕幾音祈。中音竹仲反。

〔五〕先賢行狀曰：「是日先縛配將詣帳下，辛毗等逆以馬鞭擊其頭，罵之曰：『奴，汝今日眞死矣。』配顧曰：『狗輩！由汝曹破冀州，恨不得殺汝。』太祖既有意活配，配無撓辭，辛毗等號哭不已，乃殺之。」

曹操之圍鄴也，譚復背之，因略取甘陵、安平、勃海、河閒，攻尚於中山。尚敗，走故安從熙，而譚悉收其衆，還屯龍湊。

十二月，曹操討譚，軍其門。譚夜遁（奔）〔走〕南皮，臨清河而屯。明年正月，急攻之。譚欲出戰，軍未合而破。譚被髮驅馳，追者意非恒人，趨奔之。〔一〕譚墯馬，顧曰：「咄，兒過我，我能富貴汝。」言未絕口，頭已斷地。於是斬郭圖等，戮其妻子。

〔一〕趨音促。

熙、尚爲其將焦觸、張南所攻，奔遼西烏桓。觸自號幽州刺史，驅率諸郡太守令長背袁向曹，陳兵數萬。殺白馬盟，令曰：「違者斬！」衆莫敢仰視，各以次歃。至別駕代郡韓珩，〔一〕曰：「吾受袁公父子厚恩，今其破亡，智不能救，勇不能死，於義闕矣。若乃北面曹氏，所不能爲也！」一坐爲珩失色。觸曰：「夫舉大事，當立大義。事之濟否，不待一人，可卒珩志，以厲事君。」〔二〕曹操聞珩節，甚高之，屢辟不至，卒於家。

〔一〕珩音行。

〔二〕先賢行狀曰「珩字子佩，代郡人，淸粹有雅量。少喪父母，奉養兄姊，宗族稱悌」也。

高幹復叛，執上黨太守，舉兵守壺口關。〔一〕十一年，曹操自征幹，幹乃留其將守城，自詣匈奴求救，不得，獨與數騎亡，欲南奔荆州。上洛都尉捕斬之。〔二〕

〔一〕潞州上黨縣有壺山口，因其險而置關焉。

〔二〕典論曰：「上洛都尉王琰獲高幹，以功封侯。其妻哭於室，以爲琰富貴將更娶妾媵故也。」

十二年，曹操征遼西，擊烏桓。尚、熙與烏桓逆操軍，戰敗走，乃與親兵數千人奔公孫康於遼東。尚有勇力，先與熙謀曰：「今到遼東，康必見我，我獨爲兄手擊之，且據其郡，猶可以自廣也。」康亦心規取尚以爲功，乃先置精勇於廄中，然後請尚、熙。熙疑不欲進，尚彊之，遂與俱入。未及坐，康叱伏兵禽之，坐於凍地。尚謂康曰：「未死之閒，寒不可忍，可相與席。」康曰：「卿頭顱方行萬里，何席之爲！」遂斬首送之。

康，遼東人。父度，初避吏爲玄菟小吏，稍仕。中平元年，還爲本郡守。在職敢殺伐，郡中名豪與己夙無恩者，遂誅滅百餘家。因東擊高句驪，西攻烏桓，威行海畔。時王室方亂，度恃其地遠，陰獨懷幸。會襄平社生大石丈餘，下有三小石爲足，度以爲己瑞。〔一〕初平元年，乃分遼東爲遼西、中遼郡，並置太守，越海收東萊諸縣，爲營州刺史，〔二〕自立爲遼東侯、平州牧，追封父延爲建義侯。立漢二祖廟。承制設壇墠於襄平城南，郊祀天地，藉田理兵，乘鸞輅九旒旄頭羽騎。建安九年，司空曹操表爲奮威將軍，封永寧鄉侯。度死，康嗣，故遂據遼土焉。

〔一〕襄平，縣，屬遼東郡，故城在今平州盧龍縣西南。魏志曰：「時襄平延里社生大石，或謂度曰：『此漢宣帝冠石祥也，里名與先君同。社主土地，明當有土地，有三公輔也。』度益喜。」

〔二〕爲猶置也。

劉表字景升，山陽高平人，魯恭王之後也。〔一〕身長八尺餘，姿貌溫偉。與同郡張儉等俱被訕議，號爲「八顧」。詔書捕案黨人，表亡走得免。黨禁解，辟大將軍何進掾。

〔一〕恭王，景帝子，名餘。

初平元年，長沙太守孫堅殺荊州刺史王叡，〔一〕詔書以表爲荊州刺史。時江南宗賊大盛，〔二〕又袁術阻兵屯魯陽，表不能得至，乃單馬入宜城，〔三〕請南郡人蒯越、襄陽人蔡瑁與共謀畫。〔四〕表謂越曰：「宗賊雖盛而衆不附，若袁術因之，禍必至矣。吾欲徵兵，恐不能集，其策焉出？」對曰：「理平者先仁義，理亂者先權謀。兵不在多，貴乎得人。袁術驕而無謀，宗賊率多貪暴。越有所素養者，使人示之以利，必持衆來。使君誅其無道，施其才用，威德既行，襁負而至矣。兵集衆附，南据江陵，北守襄陽，荆州八郡〔五〕可傳檄而定。公路雖至，無能爲也。」表曰：「善。」乃使越遣人誘宗賊帥，至者十五人，皆斬之而襲取其衆。唯江夏賊張虎、陳坐擁兵據襄陽城，表使越與龐季往譬之，乃降。江南悉平。諸守令聞表威名，多解印綬去。表遂理兵襄陽，以觀時變。

〔一〕王氏譜曰：「叡字通曜，晉太保祥之伯父也。」吳錄曰：「叡見執，驚曰：『我何罪？』堅曰：『坐無所知。』叡窮迫，刮金飲之而死。」

〔二〕宗黨共爲賊。

〔三〕宜城，縣，屬南郡，本鄀，惠帝三年改名宜城。

〔四〕傅子曰：「越字異度，魏太祖平荆州，與荀彧書曰：『不喜得荆州，喜得異度耳。』」

〔五〕漢官儀曰，荆州管長沙、零陵、桂陽、南陽、江（陵）〔夏〕、武陵、南郡、章陵等是也。

袁術與其從兄紹有隙，而紹與表相結，故術共孫堅合從襲表。表敗，堅遂圍襄陽。會表將黃祖救至，堅爲流箭所中死，餘衆退走。〔一〕及李傕等入長安，冬，表遣使奉貢。傕以表爲鎭南將軍、荆州牧，封成武侯，假節，以爲己援。

〔一〕典略曰：「劉表夜遣將黄祖潛出兵，堅逆與戰，祖敗走，竄峴山中。堅乘勝夜追祖，祖部兵從竹木閒射堅，殺之。」英雄記：「劉表將呂介將兵緣山向堅，堅輕騎尋山討介，介下兵射中堅頭，應時物故。」與此不同。

建安元年，驃騎將軍張濟自關中走南陽，因攻穰城，中飛矢而死。荆州官屬皆賀。表曰：「濟以窮來，主人無禮，至於交鋒，此非牧意，牧受弔不受賀也。」使人納其衆，衆聞之喜，遂皆服從。〔一〕三年，長沙太守張羨率零陵、桂陽三郡畔表，表遣兵攻圍，破羨，平之。〔二〕於是開土遂廣，南接五領，〔三〕北據漢川，地方數千里，帶甲十餘萬。初，荆州人情好擾，加四方駭震，寇賊相扇，處處麋沸。表招誘有方，威懷兼洽，其姦猾宿賊更爲效用，萬里肅清，大小咸悅而服之。關西、兗、豫學士歸者蓋有千數，表安慰賑贍，皆得資全。遂起立學校，博求儒術，綦毋闓、宋忠等〔四〕撰立五經章句，謂之後定。愛民養士，從容自保。

〔一〕獻帝春秋曰：「濟引衆入荆州，賈詡隨之歸劉表。襄陽城守不受，濟因攻之，爲流矢所中。濟從子繡收衆而退。劉表自責，以爲己無賓主禮，遣使招繡，繡遂屯襄陽，爲表北藩。」

〔二〕英雄記曰：「張羨，南陽人。先作零陵、桂陽守，甚得江湘閒心。然性屈彊不順，表薄其爲人，不甚禮也。羨因是懷恨，遂畔表。」

〔三〕裴氏廣州記云：「大庾、始安、臨賀、桂陽、揭陽，是謂五領。」鄧德明南康記曰：「大庾一也，桂陽甲騎二也，九眞都龐三也，臨賀萌渚四也，始安越城五也。」

〔四〕闓音開。

及曹操與袁紹相持於官度，紹遣人求助，表許之，不至，亦不援曹操，且欲觀天下之變。從事中郎南陽韓嵩、〔一〕別駕劉先說表〔二〕曰：「今豪桀並爭，兩雄相持，天下之重在於將軍。若欲有爲，起乘其敝可也；如其不然，固將擇所宜從。豈可擁甲十萬，坐觀成敗，求援而不能助，見賢而不肯歸！此兩怨必集於將軍，恐不得中立矣。曹操善用兵，且賢俊多歸之，其埶必舉袁紹，然後移兵以向江漢，恐將軍不能禦也。今之勝計，莫若舉荆州以附曹操，操必重德將軍，長享福祚，垂之後嗣，此萬全之策也。」蒯越亦勸之。表狐疑不斷，乃遣嵩詣操，觀望虛實。謂嵩曰：「今天下未知所定，而曹操擁天子都許，君爲我觀其釁。」嵩對曰：「嵩觀曹公之明，必得志於天下。將軍若欲歸之，使嵩可也；如其猶豫，嵩至京師，天子假嵩一職，不獲辭命，則成天子之臣，將軍之故吏耳。在君爲君，不復爲將軍死也。惟加重思。」表以爲憚使，強之。至許，果拜嵩侍中、零陵太守。及還，盛稱朝廷曹操之德，勸遣子入侍。表大怒，以爲懷貳，陳兵詬嵩，將斬之。〔三〕嵩不爲動容，徐陳臨行之言。表妻蔡氏知嵩賢，諫止之。表猶怒，乃考殺從行者。知無它意，但囚嵩而已。〔四〕

〔一〕先賢行狀曰：「嵩字德高，義陽人，少好學，貧不改操。」

〔二〕零陵先賢傳曰：「先字始宗。博學強記，尤好黃老，明習漢家典故。」

〔三〕詬，罵也。

〔四〕傅子曰：「表妻蔡氏諫之曰：『韓嵩，楚國之望，且其言直，誅之無辭。』表乃不誅而囚之。」

六年，劉備自袁紹奔荊州，表厚相待結而不能用也。十三年，曹操自將征表，未至。八月，表疽發背卒。〔一〕在荊州幾二十年，家無餘積。

〔一〕代語曰「表死後八十餘年，晉太康中，冢見發，表及妻身形如生，芬香聞數里」也。

二子：琦，琮。表初以琦貌類於己，甚愛之，後爲琮娶其後妻蔡氏之姪，蔡氏遂愛琮而惡琦，毀譽之言日聞於表。表寵耽後妻，每信受焉。又妻弟蔡瑁及外甥張允並得幸於表，又睦於琮。而琦不自寧，嘗與琅邪人諸葛亮謀自安之術。亮初不對。後乃共升高樓，因令去梯，謂亮曰：「今日上不至天，下不至地，言出子口而入吾耳，可以言未？」亮曰：「君不見申生在內而危，重耳居外而安乎？」〔一〕琦意感悟，陰規出計。會表將江夏太守黃祖爲孫權所殺，琦遂求代其任。

〔一〕申生，晉獻公之太子。爲麗姬所譖，自縊死。重耳，申生之弟。懼麗姬之讒，出奔。獻公卒，重耳入，是爲文公，遂爲霸主。見左氏傳。

及表病甚，琦歸省疾，素慈孝，允等恐其見表而父子相感，更有託後之意，乃謂琦曰：「將軍命君撫臨江夏，其任至重。今釋衆擅來，必見譴怒。傷親之歡，重增其疾，非孝敬之道也。」遂遏于戶外，使不得見。琦流涕而去，人衆聞而傷焉。遂以琮爲嗣。琮以侯印授琦。琦怒，投之地，將因奔喪作難。會曹操軍至新野，琦走江南。蒯越、韓嵩及東曹掾傅巽等說琮歸降。〔一〕琮曰：「今與諸君據全楚之地，守先君之業，以觀天下，何爲不可？」巽曰：「逆順有大體，強弱有定埶。以人臣而拒人主，逆道也；以新造之楚而禦中國，必危也；以劉備而敵曹公，不當也。三者皆短，欲以抗王師之鋒，必亡之道也。將軍自料何與劉備？」琮曰：「不若也。」巽曰：「誠以劉備不足禦曹公，則雖全楚不能以自存也。誠以劉備足禦曹公，則備不爲將軍下也。願將軍勿疑。」

〔一〕傅子曰：「巽字公悌，瓌瑋博達，有知人監識。」

及操軍到襄陽，琮舉州請降，劉備奔夏口。〔一〕操以琮爲青州刺史，封列侯。蒯越等侯者十五人。乃釋嵩之囚，以其名重，甚加禮待，使條品州人優劣，皆擢而用之。以嵩爲大鴻臚，以交友禮待之。蒯越光祿勳，劉(光)〔先〕尚書令。初，表之結袁紹也，侍中從事鄧義諫不聽。義以疾退，終表世不仕，操以爲侍中。其餘多至大官。

〔一〕夏口，城，今之鄂州也。左傳：「吳伐楚，楚沈尹戌奔命於夏汭。」杜預注曰：「漢水入(口)〔江〕，今夏口也。」

操後敗於赤壁，〔一〕劉備表琦爲荊州刺史。明年卒。

〔一〕赤壁，山名也，在今鄂州蒲圻縣。

論曰：袁紹初以豪俠得衆，遂懷雄霸之圖，天下勝兵舉旗者，莫不假以爲名。及臨場決敵，則悍夫爭命；〔一〕深籌高議，則智士傾心。盛哉乎，其所資也！韓非曰：「佷剛而不和，愎過而好勝，嫡子輕而庶子重，斯之謂亡徵。」〔二〕劉表道不相越，而欲臥收天運，擬蹤三分，其猶木禺之於人也。〔三〕

〔一〕悍，勇也。

〔二〕韓非亡徵篇曰：「佷剛而不和，愎諫而好勝，不顧社稷而輕爲信者，可亡也。」又曰：「太子輕，庶子伉，可亡也。」又曰：「太子卑而庶子尊，可亡也。」

〔三〕言其如刻木爲人，無所知也。前書：「有木禺龍一。」音義曰：「禺，寄也。寄龍形於木。」

贊曰：紹姿弘雅，表亦長者。稱雄河外，擅強南夏。魚儷漢舳，雲屯冀馬。〔一〕闚圖訊鼎，禋天類社。〔二〕既云天工，亦資人亮。〔三〕矜彊少成，坐談奚望。〔四〕回皇冢嬖，身積業喪。〔五〕

〔一〕魚儷猶相次比也。左傳曰：「奉公爲魚麗之陳。」前書音義曰：「舳，船後持柂處也。」左傳曰：「冀之北土，馬之所生。」

〔二〕闚圖謂若劉歆圖書改名秀。訊鼎謂楚子問王孫滿鼎輕重也。國語曰：「精意以享謂之禋。」爾雅曰：「是類是禡，師祭也。」祉者陰類，將興師，故祭之。

〔三〕工者，官也。亮，信也。尚書曰：「天工人其代之。」又曰：「惟時亮天工。」

〔四〕九州春秋曰：「曹公征烏桓，諸將曰：『今深入遠征，萬一劉表使備襲許，悔無及也。』郭嘉曰：『劉表坐談客耳，自知才不足以御備，重任之則恐不能制，輕之則備不為用。雖遠國遠征，無憂矣。』公遂征之。」

〔五〕冢，嫡也。嬖，愛也。

校勘記

二四〇九頁五行　自九月至明年二月　按：沈家本謂案魏志武紀，操破譚尚在三月。

二四〇九頁九行　皆是審配之所構也　按：「構」原譌「搆」，各本同，逕改正。

二四一〇頁九行　直(言)當論其埶耳　據刊誤刪。按：魏志辛毗傳無「言」字。

二四一〇頁一五行　宣奕世之德　按：「奕」原譌「弈」，逕據汲本、殿本改正。注同。

二四一一頁六行　而能全於長世者也　校補謂「於」字誤，當作「族」。按：魏志注引魏氏春秋作「而能崇業濟功，垂祚後世者也」。

二四一一頁一三行　構我二人　按：「構」原譌「搆」，逕據殿本改正。

二四一二頁七行　其弟靜立　汲本、殿本「靜」作「靖」。按：靜靖古多通作。

二四一三頁三行　段不弟　「段」原譌「叚」，逕改正。下同，不悉出校記。

二四一三頁一三行　故雖滅親不尤誅兄不傷　按：魏志注「尤」上有「爲」字，「傷」下有「義」字。

二四一三頁一三行　當唯曹是務　按：集解引惠棟說，謂曹，衆也，魏氏春秋作「義」。王粲集云「唯曹氏是務」，此後人妄加也。

二四一三頁一六行　遵而無改　按：魏志注「遵」作「違」。

二四一四頁三行　尚將呂曠高翔　魏志「高翔」作「呂翔」，惠棟補注從之。按：潘眉謂作「高翔」是。

二四一四頁八行　是以周公垂涕以（斃）〔蔽〕管蔡之獄　集解引惠棟說，謂「斃」當作「弊」，斷也。或作「蔽」，義同。今據改。按：魏志注作「是以周公垂泣而蔽管蔡之獄」。

二四一五頁一行　貴名（高）〔位〕於丘岳　據殿本改。按：校補引錢大昭說，謂閩本「高」作「位」。

二四一五頁三行　匍匐悲號　按：「匍匐」二字原倒，逕乙正。

二四一五頁一二行　慶父存也　按：刊誤謂案公羊云「慶父也存」。

二四一六頁五行　審配將馮（札）〔禮〕　集解引錢大昭說，謂閩本「馮札」作「馮禮」。又魏志亦作「馮禮」。今據改。按：禮字古作「礼」，形近譌「札」。

二四一七頁四行　相州安（楊）〔陽〕縣界有藍嵯山　據殿本改。

二四一七頁一〇行　譚夜遁（奔）〔走〕南皮　據汲本改。按：校補謂奔者逃亡之辭，譚時尚有軍，作「奔」非。

二四一八頁八行　典論曰　按：校補引錢大昭說，謂魏志注引此作「典略」。

二四一八頁一四行　初避吏爲玄菟小吏　按：刊誤謂「玄菟」按郡名皆作「菟」。

二四一九頁四行　司空曹操表爲奮威將軍　按：沈家本謂魏志公孫度傳「奮」作「武」。

二四二〇頁五行　至者十五人　按：集解引惠棟說，謂司馬彪戰略云「五十五人」。

二四二〇頁六行　唯江夏賊張虎陳坐擁兵據襄陽城　按：殿本考證謂何焯校本「坐」改「生」。又集解引惠棟說，謂戰略作「陳生」。

二四二〇頁一三行　江(陵)〔夏〕　集解引洪亮吉說，謂「江陵」應作「江夏」，表傳凡言江夏者三，漢官儀作「江陵」，誤。今據改。

二四二一頁三行　劉表將呂介至應時物故　按：校補謂吳志注引英雄記「介」作「公」，「介下兵射中堅頭」作「公兵下石中堅頭」，「應時」下多「腦出」二字。

二四二一頁一〇行　綦母闓　按：殿本「綦母」作「綦毋」。

二四二二頁一〇行　不獲辭命　按：刊誤謂案文當云「辭不獲命」。

二四二三頁五行　代語曰　按：校補引錢大昭說，謂代語即世語，唐人避諱改。世語晉郭頒撰，隋書經籍志作「魏晉世語」。

二四二四頁一行　琦流涕而去人衆聞而傷焉　汲本、殿本「人」作「之」，屬上讀。按：魏志注引典論，作「琦流涕而去」，無「之」字。

二四二四頁八行　有知人監識　汲本、殿本「監」作「鑒」。按：監與鑒通。

二四二四頁一一行　劉(光)〔先〕尚書令　按：集解引惠棟說，謂「光」魏志作「先」，卽上別駕劉先也。零陵先賢傳亦作「先」。今據改。

二四二四頁一一行　侍中從事鄧義　按：集解引陳景雲說，謂「侍」當作「治」。又引錢大昕說，謂章懷諱「治」爲「持」，此「治中」改「持中」，校書者妄易爲「侍」耳。又按：集解引惠棟說，謂魏志「鄧義」作「鄧羲」。

二四二四頁一三行　漢水入(口)〔江〕　據刊誤改，與左傳杜注合。

後漢書卷七十五

劉焉袁術呂布列傳第六十五

劉焉字君郎，江夏竟陵人也，〔一〕魯恭王後也。〔二〕肅宗時，徙竟陵。焉少任州郡，以宗室拜郎中。去官居陽城山，精學教授。舉賢良方正，稍遷南陽太守、宗正、太常。

〔一〕竟陵今復州縣。

〔二〕恭王，景帝子，名餘。

時靈帝政化衰缺，四方兵寇，焉以爲刺史威輕，既不能禁，且用非其人，輒增暴亂，乃建議改置牧伯，鎭安方夏，淸選重臣，以居其任。焉乃陰求爲交阯，以避時難。議未卽行，會益州刺史郄儉在政煩擾，謠言遠聞，而幷州刺史張懿、涼州刺史耿鄙並爲寇賊所害，故焉議得用。出焉爲監軍使者，領益州牧，〔一〕太僕黃琬爲豫州牧，宗正劉虞爲幽州牧，皆以本秩居職。州任之重，自此而始。

〔一〕前書任安爲監北軍使者。

是時益州賊馬相亦自號「黃巾」，合聚疲役之民數千人，先殺綿竹令，〔一〕進攻雒縣，〔二〕殺郗儉，又擊蜀郡、犍爲，旬月之閒，破壞三郡。〔三〕馬相自稱「天子」，衆至十餘萬人，遣兵破巴郡，殺郡守趙部。州從事賈龍，先領兵數百人在犍爲，遂糾合吏人攻相，破之，龍乃遣吏卒迎焉。焉到，以龍爲校尉，徙居綿竹。（龍）撫納離叛，務行寬惠，而陰圖異計。

〔一〕綿竹故城在今益州綿竹縣東。

〔二〕今益州雒縣。

〔三〕綿竹及雒屬廣漢郡，幷蜀郡、犍爲郡。

沛人張魯，母有姿色，兼挾鬼道，往來焉家，遂任魯以爲督義司馬，（遂）與別部司馬張脩將兵掩殺漢中太守蘇固，斷絕斜谷，殺使者。魯既得漢中，遂復殺張脩而幷其衆。

焉欲立威刑以自尊大，乃託以佗事，殺州中豪彊十餘人，〔一〕士民皆怨。初平二年，犍爲太守任岐及賈龍並反，攻焉。焉擊破，皆殺之。自此意氣漸盛，遂造作乘輿車重千餘乘。〔二〕焉四子，範爲左中郎將，誕治書御史，璋奉車都尉，〔三〕並從獻帝在長安，唯別部司馬瑁隨焉在益州。朝廷使璋曉譬焉，焉留璋不復遣。興平元年，征西將軍馬騰與範謀誅李傕，焉遣叟兵五千助之，戰敗，〔四〕範及誕並見殺。焉既痛二子，又遇天火燒其城府車重，延及民家，館邑無餘，於是徙居成都，遂〔疽〕發背（疽）卒。〔五〕

〔一〕蜀志曰，殺王咸、李權等。

〔二〕重，輜重也。

〔三〕蜀志曰：「璋字季玉。」

〔四〕漢世謂蜀爲叟。孔安國注尚書云：「蜀，叟也。」

〔五〕說文曰：「疽，久癰。」

州大吏趙韙等貪璋溫仁，立爲刺史。詔書因以璋爲監軍使者，領益州牧，以韙爲征東中郎將。先是荆州牧劉表表焉僭擬乘輿器服，韙以此遂屯兵朐䏰備表。〔一〕

〔一〕朐音蠢。䏰音如尹反。屬巴郡，故城在今夔州雲安縣西也。

初，南陽、三輔民數萬戶流入益州，焉悉收以爲衆，名曰「東州兵」。璋性柔寬無威略，東州人侵暴爲民患，不能禁制，舊士頗有離怨。趙韙之在巴中，甚得衆心，璋委之以權。韙因人情不輯，〔一〕乃陰結州中大姓。建安五年，還共擊璋，蜀郡、廣漢、犍爲皆反應。東州人畏見誅滅，乃同心并力，爲璋死戰，遂破反者，進攻韙於江州，〔二〕斬之。

〔一〕輯，和也。

〔二〕江州，縣名，屬巴郡，今渝州巴縣。

張魯以璋闇懦，不復承順。璋怒，殺魯母及弟，而遣其將龐羲等攻魯，數爲所破。魯部曲多在巴土，故以羲爲巴郡太守。魯因襲取之，遂雄於巴漢。

十三年，曹操自將征荆州，璋乃遣使致敬。操加璋振威將軍，兄瑁平寇將軍。璋因遣別駕從事張松詣操，而操不相接禮。松懷恨而還，勸璋絕曹氏，而結好劉備。璋從之。

十六年，璋聞曹操當遣兵向漢中討張魯，內懷恐懼，松復說璋迎劉備以拒操。璋卽遣法正將兵迎備。〔一〕璋主簿巴西黃權諫曰：〔二〕「劉備有梟名，〔三〕今以部曲遇之，則不滿其心，以賓客待之，則一國不容二主，此非自安之道。」從事廣漢王累自倒懸於州門以諫。璋一無所納。

〔一〕蜀志曰：「法正字孝直，扶風郿人也。祖眞，字喬卿。父衍，字季謀。」

〔二〕蜀志曰：「權字公衡，閬中人也。先主取益州，諸縣望風景附，權閉城堅守。須璋稽服，乃詣先主。〔先〕主稱尊號，將東伐吳，權諫，先主不從，以權爲鎭北將軍，督江北軍，先主自在江南。吳將陸議乘虛斷圍，南軍敗績，先主引退，而道隔，權不得還，故率所領降于魏。有司執法白收權妻子。先主曰：『孤負黃權，權不負孤也。』待之如初。魏文帝謂權曰：『君舍逆效順，欲追蹤陳、韓邪？』權對曰：『臣過受劉氏厚遇，降吳不可，還蜀無路，是以歸命。且敗軍之將，免死爲幸，何古人之可慕？』」

〔三〕梟卽驍也。

備自江陵馳至涪城，〔一〕璋率步騎數萬與備會。〔二〕張松勸備於會襲璋，備不忍。明年，出屯葭萌。松兄廣漢太守肅懼禍及己，乃以松謀白璋，收松斬之，〔三〕敕諸關戍勿復通。

備大怒，還兵擊璋，所在戰剋。十九年，進圍成都，數十日，城中有精兵三萬人，穀支一年，吏民咸欲拒戰。璋言：「父子在州二十餘歲，無恩德以加百姓，而攻戰三載，肌膏草野者，以璋故也。何心能安！」遂開城出降，羣下莫不流涕。備遷璋於公安，〔四〕歸其財寶，後以病卒。〔五〕

〔一〕涪城故城今綿州城。

〔二〕蜀志曰：「是歲建安十六年。」

〔三〕益部耆舊傳曰：「張肅有威儀，容貌甚偉。松爲人短小放蕩，不持節操，然識理精果，有才幹。劉璋遣詣曹公，公不甚禮。楊脩深器之，白公辟松，不納。脩以公所撰兵書示松，飲宴之閒，一省卽便闇誦，以此異之。」

〔四〕公安，今荊州縣。

〔五〕蜀志曰：「先主遷璋于公安南，猶佩振威將軍印綬。孫權破關羽，取荊州，以璋爲益州牧，留（住）〔駐〕秭歸。」

明年，曹操破張魯，定漢中。

魯字公旗。初，祖父陵，順帝時客於蜀，學道鵠鳴山中，〔一〕造作符書，以惑百姓。受其道者輒出米五斗，故謂之「米賊」。陵傳子衡，衡傳於魯，魯遂自號「師君」。其來學者，初名爲「鬼卒」，後號「祭酒」。祭酒各領部衆，衆多者名曰「理頭」。皆校以誠信，不聽欺妄，有病但令首過而已。〔二〕諸祭酒各起義舍於路，同之亭傳，〔三〕縣置米肉以給行旅。食者量腹取足，過多則鬼能病之。犯法者先加三原，〔四〕然後行刑。不置長吏，以祭酒爲理，民夷信向。〔五〕朝廷不能討，遂就拜魯鎮夷中郎將，領漢寧太守，〔六〕通其貢獻。

〔一〕山在今益州晉原縣西。

〔二〕魏志曰：「大抵與黃巾相似。」首音式〔殺〕〔救〕反。

〔三〕傅音陟戀反。

〔四〕原，免也。

〔五〕典略曰：「初，熹平中，妖賊大起，〔三輔有駱曜。〕光和中，東方有張角〔〕，漢中有張脩。〔駱曜教民緬匿法，〕角〕爲太平道，〔張角〕〔脩〕爲五斗米道。太平道師持九節杖，爲符祝，教病人叩頭思過，」因以符水飲之。病或自愈者，則云此人信道，其或不愈，則云不信道。脩法略與角同，加施淨室，使病人處其中思過。又使人爲姦令祭酒，主以老子五千文，使都習，號『姦令』。爲鬼吏，主爲病者請禱。〔請禱〕之法，書病人姓字，說服罪之意。作三通，其一上之天，著山上，其一埋之地，其一沈之水，謂之『三官手書』。使病者家出米五斗以爲常，故號『五斗米師』也。實無益於療病，〔但爲淫妄〕，小人昏愚，競共事之。後角被誅，脩亦亡。及魯自在漢中，因其人信行脩業，遂增飾之。教使起義舍，以米〔肉〕置其中，以止行人。又〔教〕使自隱，有小過者，當循道百步，則罪除。又依月令，春夏禁殺。又禁酒。流移寄在其地者，不敢不奉也。」

〔六〕袁山松書，建安二十年置漢寧郡。

韓遂、馬超之亂，關西民奔魯者數萬家。時人有地中得玉印者，羣下欲尊魯爲漢寧王。

魯功曹閻圃諫曰：「漢川之民，戶出十萬，四面險固，財富土沃，上匡天子，則爲桓文，次方竇融，不失富貴。今承制署置，埶足斬斷。遽稱王號，必爲禍先。」魯從之。

魯自在漢川垂三十年，聞曹操征之，至陽平，〔一〕欲舉漢中降。其弟衞不聽，率衆數萬，拒關固守。〔二〕操破衞，斬之。魯聞陽平已陷，將稽顙歸降。閻圃說曰：「今以急往，其功爲輕，不如且依巴中，然後委質，功必多也。」於是乃奔南山。左右欲悉焚寶貨倉庫。魯曰：「本欲歸命國家，其意未遂。今日之走，以避鋒銳，非有惡意。」遂封藏而去。操入南鄭，甚嘉之。又以魯本有善意，遣人慰安之。魯卽與家屬出逆，拜鎭南將軍，封閬中侯，邑萬戶，〔三〕將還中國，待以客禮。封魯五子及閻圃等皆爲列侯。

〔一〕周地圖記曰：「褒谷西北有古陽平關。」其地在今梁州褒城縣西北也。

〔二〕魏志曰：「太祖征魯至陽平關，衞拒關堅守。」

〔三〕閬中屬巴郡，今隆州縣。

魯卒，謚曰原侯。子富嗣。

論曰：劉焉覩時方艱，先求後亡之所，〔一〕庶乎見幾而作。〔二〕夫地廣則驕尊之心生，財衍則僭奢之情用，〔三〕固亦恆人必至之期也。璋能閉隘養力，守案先圖，尚可與歲時推移，

而遽輸利器，靜受流斥，〔四〕所謂羊質虎皮，見豺則恐，吁哉！〔五〕

〔一〕左傳曰，鄭公孫黑肱有疾，歸邑于公，曰：「吾聞之，生於亂代，貴而能貧，人無求焉，可以後亡。」

〔二〕易曰：「君子見幾而作，不俟終日。」又曰：「幾者動之微，吉之先見。」

〔三〕衍，饒也。

〔四〕老子曰：「國之利器，不可以示人。」

〔五〕楊子法言曰：「羊質虎皮，見草而悅，見豺而戰。」

袁術字公路，汝南汝陽人，司空逢之子也。少以俠氣聞，數與諸公子飛鷹走狗，後頗折節。舉孝廉，累遷至河南尹、虎賁中郎將。

時董卓將欲廢立，以術爲後將軍。術畏卓之禍，出奔南陽。會長沙太守孫堅殺南陽太守張咨，〔一〕引兵從術。劉表上術爲南陽太守，術又表堅領豫州刺史，使率荆、豫之卒，擊破董卓於陽人。

〔一〕英雄記曰：「咨字子議，潁川人。」吳曆曰：「孫堅至南陽，咨不給軍糧，又不肯見。堅欲進兵，恐爲後害，乃詐得急疾，舉軍震惶，迎呼巫醫，禱祀山川，遣所親人說咨，言病困欲以兵付咨。咨聞之，心利其兵，即將步騎五六百人入營看堅。堅與相見，無何，卒然而起，案劒罵咨，遂執斬之。」

術從兄紹因堅討卓未反，遠，遣其將會稽周昕奪堅豫州。術怒，擊昕走之。紹議欲立劉虞爲帝，術好放縱，憚立長君，託以公義不肯同，積此釁隙遂成。乃各外交黨援，以相圖謀，術結公孫瓚，而紹連劉表。豪桀多附於紹，術怒曰：「羣豎不吾從，而從吾家奴乎！」又與公孫瓚書，云紹非袁氏子，紹聞大怒。初平三年，術遣孫堅擊劉表於襄陽，堅戰死。公孫瓚使劉備與術合謀共逼紹，紹與曹操會擊，皆破之。四年，術引軍入陳留，屯封丘。黑山餘賊及匈奴於扶羅等佐術，與曹操戰於匡亭，大敗。術退保雍丘，又將其餘衆奔九江，殺楊州刺史陳溫而自領之，又兼稱徐州伯。李傕入長安，欲結術爲援，乃授以左將軍，假節，封陽翟侯。

初，術在南陽，戶口尚數十百萬，而不修法度，以鈔掠爲資，奢恣無猒，百姓患之。又少見讖書，言「代漢者當塗高」，自云名字應之。〔一〕又以袁氏出陳爲舜後，以黃代赤，德運之次，〔二〕遂有僭逆之謀。又聞孫堅得傳國璽，〔三〕遂拘堅妻奪之。興平二年冬，天子播越，敗於曹陽。術大會群下，因謂曰：「今海內鼎沸，劉氏微弱。吾家四世公輔，〔四〕百姓所歸，欲應天順民，於諸君何如？」衆莫敢對。主簿閻象進曰：「昔周自后稷至于文王，積德累功，參分天下，猶服事殷。〔五〕明公雖奕世克昌，〔六〕孰若有周之盛？漢室雖微，未至殷紂之敝也。」術嘿然，使召張範。範辭疾，遣弟承往應之。術問曰：「昔周室陵遲，則有桓文之霸；〔七〕秦失其政，漢接而用之。今孤以土地之廣，士人之衆，欲徼福於齊桓，擬迹於高祖，可乎？」承對曰：「在德不在衆。苟能用德以同天下之欲，雖云匹夫，霸王可也。若陵僭無度，干時而動，衆之所弃，誰能興之！」〔九〕術不說。

〔一〕當塗高者，魏也。然術自以「術」及「路」皆是「塗」，故云應之。

〔二〕陳大夫轅濤塗，袁氏其後也。五行火生土，故云以黃代赤。

〔三〕韋昭吳書曰：「漢室大亂，天子北詣河上，六璽不自隨，掌璽者以投井中。孫堅北討董卓，頓軍城南，甄官署有井，每旦有五色氣從井中出，使人浚井，得漢〔傳〕國玉璽，其文曰『受命于天，既壽永昌』。」

〔四〕袁安爲司空，子敞及京，京子湯，湯子逢並爲司空。

〔五〕國語曰：「后稷勤周，十五代而王。」毛詩國風序曰：「國君積行累功，以致爵位。」論語孔子曰：「三分天下有二，猶服事殷。」

〔六〕奕猶重也。詩云：「不顯奕代。」又曰：「克昌厥後。」

〔七〕王肅注家語曰：「言若丘陵之漸逶遲。」

〔八〕魏志曰，範字公儀。承字公先，河內人，司徒歆之孫也。

自孫堅死，子策復領其部曲，術遣擊揚州刺史劉繇，破之，策因據江東。策聞術將欲僭號，與書諫曰：「董卓無道，陵虐王室，禍加太后，暴及弘農，天子播越，〔一〕宮廟焚毀，是以豪桀發憤，沛然俱起。〔二〕元惡既斃，幼主東顧，乃使王人奉命，宣明朝恩，偃武修文，與之更始。然而河北異謀於黑山，〔三〕曹操毒被於東徐，劉表僭亂於南荆，公孫叛逆於朔北，正禮阻兵，〔四〕玄德爭盟，〔五〕是以未獲從命，櫜弓戢戈。當謂使君與國同規，而舍是弗恤，完然有自取之志，〔六〕懼非海內企望之意也。成湯討桀，稱『有夏多罪』；〔七〕武王伐紂，曰『殷有重罰』。〔八〕此二王者，雖有聖德，假使時無失道之過，無由逼而取也。今主上非有惡於天下，徒以幼小脅於彊臣，異於湯武之時也。又聞幼主明智聰敏，有夙成之德，〔九〕天下雖未被其恩，咸歸心焉。若輔而興之，則旦、奭之美，率土所望也。使君五世相承，〔一〇〕爲漢宰輔，榮寵之盛，莫與爲比，宜効忠守節，以報王室。時人多惑圖緯之言，妄牽非類之文，苟以悅主爲美，不顧成敗之計，古今所愼，可不孰慮！忠言逆耳，駮議致憎，〔一一〕苟有益於尊明，無所敢辭。」術不納，策遂絕之。

〔一〕左傳曰，王子朝云「茲不穀震盪播越」。播，遷也。越，逸也。言失其所居。

〔二〕沛然，自恣縱皃也。沛音片害反。

〔三〕謂袁紹爲冀州牧，與黑山賊相連。

〔四〕劉繇也。

〔五〕劉備也。

〔六〕完然，自得皃。

〔七〕尚書湯誓曰：「有夏多罪，天命殛之。」

〔八〕史記曰：「武王徧告諸侯曰：『殷有重罰，不可不伐。』」

〔九〕夙，早也。

〔一〇〕安生京，京生湯，湯生逢，逢生術，凡五代。

〔一一〕駮，雜也，議不同也。前書張良曰：「忠言逆耳利於行，良藥苦口利於病。」

建安二年，因河內張炯符命，遂果僭號，自稱「仲家」。〔一〕以九江太守爲淮南尹，置公卿百官，郊祀天地。乃遣使以竊號告呂布，并爲子娉布女。布執術使送許。〔二〕術大怒，遣其將張勳、橋蕤攻布，大敗而還。術又率兵擊陳國，誘殺其王寵及相駱俊，曹操乃自征之。術聞大駭，卽走度淮，留張勳、橋蕤於蘄陽，〔三〕以拒操。〔操〕擊破斬蕤，而勳退走。術兵弱，大將死，衆情離叛。加天旱歲荒，士民凍餒，江、淮閒相食殆盡。時舒仲應爲術沛相，術以米十萬斛與爲軍糧，仲應悉散以給飢民。術聞怒，陳兵將斬之。仲應曰：「知當必死，故爲之耳。寧可以一人之命，救百姓於塗炭。」術下馬牽之曰：「仲應，足下獨欲享天下重名，不與吾共之邪？」

〔一〕「仲」或作「沖」。

〔二〕時獻帝在許。

〔三〕水經曰：「蘄水出江夏蘄春縣北山。」酈元注云：「卽蘄山也。西南流經蘄山，又南對蘄陽，注于大江，亦謂之蘄陽口。」

術雖矜名尙奇，而天性驕肆，尊己陵物。及竊僞號，淫侈滋甚，媵御數百，無不兼羅紈，厭粱肉，〔一〕自下飢困，莫之簡卹。於是資實空盡，不能自立。四年夏，乃燒宮室，奔其部曲陳簡、雷薄於灊山。〔二〕復爲簡等所拒，遂大困窮，士卒散走。憂懣不知所爲，遂歸帝號於紹，曰：「祿去漢室久矣，天下提挈，政在家門。豪雄角逐，分割疆宇。此與周末七國無異，唯彊者兼之耳。袁氏受命當王，符瑞炳然。今君擁有四州，〔三〕人戶百萬，以彊則莫與爭大，以位則無所比高。曹操雖欲扶衰獎微，安能續絕運，起已滅乎！謹歸大命，君其興之。」紹陰然其計。

〔一〕九州春秋曰：「司隸馮方女，國色也，避亂楊州。袁術登城，見而悅之，遂納焉，甚愛幸。諸婦害其寵，紿之曰：『將軍貴人有志節，當時時涕泣憂愁，必長見敬重。』馮氏以爲然，後見術輒垂涕，術果以有心志，益哀之。諸婦因是共絞殺之，懸之廁梁，術誠以爲不得志而死也，厚加殯斂焉。」

〔二〕灊縣之山也。灊，今壽州霍山縣也。灊音潛。

〔三〕青、冀、幽、并。

術因欲北至青州從袁譚，曹操使劉備徼之，不得過，復走還壽春。六月，至江亭。坐簀牀而歎曰：〔一〕「袁術乃至是乎！」因憤慨結病，歐血死。妻子依故吏廬江太守劉勳。〔二〕孫策破勳，復見收視，術女入孫權宮，子曜仕吳爲郎中。

〔一〕賛，第也，謂無茵席也。

〔二〕魏志曰「勳字子臺，琅邪人，與太祖有舊，爲孫策破後，自歸太祖，封列侯。勳自恃與太祖有宿，日驕慢，數犯法，又誹謗，遂免其官」也。

論曰：天命符驗，可得而見，未可得而言也。然大致受大福者，歸於信順乎！〔一〕夫事不以順，雖彊力廣謀，不能得也。謀不可得之事，日失忠信，變詐妄生矣。況復苟肆行之，其以欺天乎！雖假符僭稱，歸將安所容哉！

〔一〕易曰：「天之所助者，順也；人之所助者，信也。履信思順，自天祐之。」

呂布字奉先，五原九原人也。以弓馬驍武給并州。刺史丁原爲騎都尉，（原）屯河內，以布爲主簿，甚見親待。靈帝崩，原受何進召，將兵詣洛陽，爲執金吾。會進敗，董卓誘布殺原而并其兵。

卓以布爲騎都尉，誓爲父子，甚愛信之。稍遷至中郎將，封都亭侯。卓自知凶恣，每懷猜畏，行止常以布自衛。嘗小失卓意，卓拔手戟擲之。布拳捷得免，而改容顧謝，卓意亦解。布由是陰怨於卓。卓又使布守中閤，而私與傅婢情通，益不自安。因往見司徒王允，自陳卓幾見殺之狀。〔一〕時允與尚書僕射士孫瑞密謀誅卓，因以告布，使爲內應。布曰：「如父子何？」曰：「君自姓呂，本非骨肉。今憂死不暇，何謂父子？擲戟之時，豈有父子情也？」布遂許之，乃於門刺殺卓，事已見卓傳。允以布爲奮威將軍，假節，儀同三司，封溫侯。

〔一〕幾音祈。

允既不赦涼州人，由是卓將李傕等遂相結，還攻長安。布與傕戰，敗，乃將數百騎，以卓頭繫馬鞌，走出武關，奔南陽。袁術待之甚厚。布自恃殺卓，有德袁氏，遂恣兵鈔掠。術患之。布不安，復去從張楊於河內。時李傕等購募求布急，楊下諸將皆欲圖之。布懼，謂楊曰：「與卿州里，今見殺，其功未必多。不如生賣布，可大得傕等爵寵。」楊以爲然。有頃，布得走投袁紹，紹與布擊張燕於常山。燕精兵萬餘，騎數千匹。布常御良馬，號曰赤菟，能馳城飛塹，〔二〕與其健將成廉、魏越等數十騎馳突燕陣，一日或至三四，皆斬首而出。連戰十餘日，遂破燕軍。布既恃其功，更請兵於紹，紹不許，而將士多暴橫，紹患之。布不自安，因求還洛陽。紹聽之，承制使領司隸校尉，遣壯士送布而陰使殺之。布疑其圖己，乃使人鼓箏於帳中，潛自遁出。夜中兵起，而布已亡。紹聞，懼爲患，募遣追之，皆莫敢逼，遂歸張楊。道經陳留，太守張邈遣使迎之，相待甚厚，臨別把臂言誓。

〔一〕曹瞞傳曰：「時人語曰：『人中有呂布，馬中有赤菟。』」

邈字孟卓，東平人，少以俠聞。初辟公府，稍遷陳留太守。董卓之亂，與曹操共舉義兵。及袁紹爲盟主，有驕色，邈正義責之。紹旣怨邈，且聞與布厚，乃令曹操殺邈。操不聽，然邈心不自安。興平元年，曹操東擊陶謙，令其將武陽人陳宮屯東郡。〔一〕宮因說邈曰：「今天下分崩，雄桀並起。君擁十萬之衆，當四戰之地，〔二〕撫劒顧眄，亦足以爲人豪，而反受制，不以鄙乎！今州軍東征，其處空虛，呂布壯士，善戰無前，迎之共據兖州，觀天下形埶，俟時事變通，此亦從横一時也。」邈從之，遂與弟超及宮等迎布爲兖州牧，據濮陽，郡縣皆應之。

〔一〕典略曰：「陳宮字公臺，東郡人也。剛直烈壯，少與海內知名之士皆連結。及天下亂，始隨太祖。後自疑，乃從呂布。爲布畫策，布每不從。」

〔二〕陳留地平，四面受敵，故謂之四戰之地也。

曹操聞而引軍擊布，累戰，相持百餘日。是時旱蝗少穀，百姓相食，布移屯山陽。二年閒，操復盡收諸城，破布於鉅野，布東奔劉備。邈詣袁術求救，留超將家屬屯雍丘。操圍超數月，屠之，滅其三族。邈未至壽春，爲其兵所害。

時劉備領徐州，居下邳，與袁術相拒於淮上。術欲引布擊備，乃與布書曰：「術舉兵詣闕，未能屠裂董卓。將軍誅卓，爲術報恥，功一也。〔一〕昔金元休南至封丘，爲曹操所敗。〔二〕將軍伐之，令術復明目於遐邇，功二也。術生年以來，不聞天下有劉備，備乃舉兵與術對戰。憑將軍威靈，得以破備，功三也。將軍有三大功在術，術雖不敏，奉以死生。將軍連年攻戰，軍糧苦少，今送米二十萬斛。非唯此止，當駱驛復致。凡所短長亦唯命。」布得書大悅，卽勒兵襲下邳，獲備妻子。備敗走海西，〔三〕飢困，請降於布。布又恚術運糧不復至，乃具車馬迎備，以爲豫州刺史，遣屯小沛。〔四〕布自號徐州牧。術懼布爲己害，爲子求婚，布復許之。

〔一〕董卓殺隗及術兄基等男女二十餘人。

〔二〕典略曰「元休名尙，京兆人。同郡韋休甫、第五文休俱著名，號爲『三休』。尙，獻帝初爲兗州刺史，東之郡，而太祖已臨兗州。尙依袁術，術僭號，欲以尙爲太尉，不敢顯言，私使諷之，術亦不敢強也。建安初，尙逃還，爲術所害」也。

〔三〕海西，縣，屬廣陵郡，故屬東海。

〔四〕高祖本泗水郡沛縣人。及得天下，改泗水爲沛郡，小沛卽沛縣。

術遣將紀靈等步騎三萬以攻備，備求救於布。諸將謂布曰：「將軍常欲殺劉備，今可假手於術。」布曰：「不然。術若破備，則北連太山，吾爲在術圍中，不得不救也。」便率步騎千餘，馳往赴之。靈等聞布至，皆斂兵而止。布屯沛城外，遣人招備，并請靈等與共饗飲。布謂靈曰：「玄德，布弟也，爲諸君所困，故來救之。布性不喜合鬭，但喜解鬭耳。」乃令軍候植戟於營門，布彎弓顧曰：「諸君觀布射〔戟〕小支，〔一〕中者當各解兵，不中可留決鬭。」布即一發，正中戟支。靈等皆驚，言「將軍天威也」。明日復歡會，然後各罷。

〔一〕周禮考工記曰：「爲戟博二寸，內倍之，胡參之，援四之。」鄭注云：「援，直刃；胡，其孑也。」小支謂胡也。即今之戟傍曲支。

術遣韓胤以僭號事告布，因求迎婦，布遣女隨之。沛相陳珪恐術報布成姻，則徐楊合從，爲難未已。於是往說布曰：「曹公奉迎天子，輔贊國政，將軍宜與協同策謀，共存大計。今與袁術結姻，必受不義之名，將有累卵之危矣。」〔一〕布亦素怨術，而女已在塗，乃追還絕婚，執胤送許，曹操殺之。

〔一〕說苑曰：「晉靈公造九層臺，費用千億，謂左右曰：『敢有諫者斬。』孫息求見。靈公張弩持矢見之，謂之曰：『子欲諫邪？』孫息曰：『臣不敢諫也。臣能累十二博棊，加九雞子於其上。』公曰：『吾未嘗見也，子爲寡人作之。』孫息即正顏色，定志意，以棊子置下，加雞子其上。左右慴息。靈公曰：『危哉！』孫息曰：『復有危於此者。』公曰：『願復見之。』息曰：『九層之臺，三年不成，男不得耕，女不得織，國用空虛，戶口減少，吏人叛亡，隣國謀議將興兵。』公乃壞臺。」

陳珪欲使子登詣曹操，布固不許，會使至，拜布爲左將軍，布大喜，卽聽登行，幷令奉章謝恩。登見曹操，因陳布勇而無謀，輕於去就，宜早圖之。操曰：「布狼子野心，誠難久養，〔一〕非卿莫究其情僞。」卽增珪秩中二千石，拜登廣陵太守。臨別，操執登手曰：「東方之事，便以相付。」令陰合部衆，以爲內應。始布因登求徐州牧，不得。登還，布怒，拔戟斫机曰：「卿父勸吾協同曹操，絕婚公路。今吾所求無獲，而卿父子並顯重，但爲卿所賣耳。」登不爲動容，徐對之曰：「登見曹公，言養將軍譬如養虎，當飽其肉，不飽則將噬人。公曰：『不如卿言。譬如養鷹，飢卽爲用，飽則颺去。』其言如此。」布意乃解。

〔一〕左傳曰：「伯石之生也，叔向之母視之，曰：『是豺狼之聲也，狼子野心。』」

袁術怒布殺韓胤，遣其大將張勳、橋蕤等與韓暹、楊奉連執，步騎數萬，七道攻布。布時兵有三千，馬四百匹，懼其不敵，謂陳珪曰：「今致術軍，卿之由也，爲之柰何？」珪曰：「暹、奉與術，卒合之師耳。〔一〕謀無素定，〔二〕不能相維。子登策之，比於連雞，執不俱棲，〔三〕立可離也。」布用珪策，與暹、奉書曰：「二將軍親拔大駕，而布手殺董卓，俱立功名，當垂竹帛。今袁術造逆，宜共誅討，柰何與賊還來伐布？可因今者同力破術，爲國除害，建功天下，此時不可失也。」又許破術兵，悉以軍資與之。暹、奉大喜，遂共擊勳等於下邳，大破之，生禽橋蕤，餘衆潰走，其所殺傷、墮水死者殆盡。

〔一〕卒音千忽反。

〔二〕素，舊也。

〔三〕戰國策曰：「秦惠王謂寒泉子曰：『蘇秦欺弊邑，欲以一人之知，反覆山東之君。夫諸侯之不可一，猶連雞之不能俱上於棲。』」

時太山臧霸等攻破莒城，許布財幣以相結，而未及送，布乃自往求之。其督將高順諫止〔一〕曰：「將軍威名宣播，遠近所畏，何求不得，而自行求賂。萬一不剋，豈不損邪？」布不從。既至莒，霸等不測往意，固守拒之，無獲而還。順爲人清白有威嚴，少言辭，將衆整齊，每戰必剋。布性決易，所爲無常。順每諫曰：「將軍舉動，不肯詳思，忽有失得，動輒言誤。誤事豈可數乎？」布知其忠而不能從。

〔一〕英雄記曰「順爲人不飲酒，不受饋。所將七百餘兵，號爲千人，名『陷陣營』。布後疏順，奪順所將兵，亦無恨意」也。

建安三年，布遂復從袁術，遣順攻劉備於沛，破之。曹操遣夏侯惇救備，〔一〕爲順所敗。操乃自將擊布，至下邳城下。遺布書，爲陳禍福。布欲降，而陳宮等自以負罪於操，深沮其計，而謂布曰：「曹公遠來，埶不能久。將軍若以步騎出屯於外，宮將餘衆閉守於內。若向將軍，宮引兵而攻其背；若但攻城，則將軍救於外。不過旬月，軍食畢盡，擊之可破也。」布然之。布妻曰：「昔曹氏待公臺如赤子，猶舍而歸我。今將軍厚公臺不過於曹氏，而欲委全城，捐妻子，孤軍遠出乎？若一旦有變，妾豈得爲將軍妻哉！」布乃止。而潛遣人求救於袁術，自將千餘騎出。戰敗走還，保城不敢出。術亦不能救。

〔一〕魏志曰：「夏侯惇字元讓，沛國譙人。年二十四，就師學，人有辱其師者，惇殺之。後從征呂布，爲流矢傷左目。領陳留、濟陰太守，加建武將軍。太祖常同輿載，特見親重，出入臥內，諸將莫之比。」

曹操塹圍之，壅沂、泗以灌其城，三月，上下離心。其將侯成使客牧其名馬，而客策之以叛。成追客得馬，諸將合禮以賀成。成分酒肉，先入詣布而言曰：「蒙將軍威靈，得所亡馬，諸將齊賀，未敢嘗也，故先以奉貢。」布怒曰：「布禁酒而卿等醖釀，爲欲因酒共謀布邪？」成忿懼，乃與諸將共執陳宮、高順，率其衆降。布與麾下登白門樓。〔一〕兵圍之急，令左右取其首詣操。左右不忍，乃下降。布見操曰：「今日已往，天下定矣。」操曰：「何以言之？」布曰：「明公之所患不過於布，今已服矣。令布將騎，明公將步，天下不足定也。」顧謂劉備曰：「玄德，卿爲坐上客，我爲降虜，繩縛我急，獨不可一言邪？」操笑曰：「縛虎不得不急。」乃命緩布縛。劉備曰：「不可。明公不見呂布事丁建陽、董太師乎？」操頷之。〔二〕布目備曰：「大耳兒最叵信！」〔三〕操謂陳宮曰：「公臺平生自謂智有餘，今意何如？」宮指布曰：「是子不用宮言，以至於此。若見從，未可量也。」操又曰：「柰卿老母何？」宮曰：「老母在公，不在宮也。夫以孝理天下者，不害人之親。」操復曰：「柰卿妻子何？」宮曰：「宮聞霸王之主，不絕人之祀。」〔四〕固請就刑，遂出不顧，操爲之泣涕。布及宮、順皆縊殺之，傳首許市。

〔一〕宋武北征記曰：「下邳城有三重，大城（之門）周四里，呂布所守也。魏武禽布於白門。白門，大城之門也。」酈元水經注曰：「南門謂之白門，魏武禽陳宮於此。」

〔二〕杜預注左傳曰：「頷，搖頭也。」音五感反。

〔三〕蜀志曰：「備顧自見其耳。」

〔四〕左傳曰：「齊桓公存三亡國。」

贊曰：焉作庸牧，以希後福。〔一〕曷云負荷？地墮身逐。術既叨貪，布亦翻覆。

〔一〕王莽改益州曰庸部。

校勘記

二四三一頁三行　劉焉字君郎　按：校補引柳從辰說，謂蜀志同，華陽國志作「字君朗」。

二四三二頁八行　淸選重臣　按：「淸」原譌「請」，逕據汲本、殿本改正。

二四三二頁九行　益州刺史郗儉　按：集解引惠棟說，謂蜀志「郗」作「郤」。

二四三二頁九行　并州刺史張懿　集解引錢大昕說，謂蜀志劉二牧傳作「張益」。又引惠棟說，謂一作「張壹」。按：王先謙謂「懿」作「壹」或作「益」，避晉諱也。

二四三二頁一三行　州從事賈龍先領兵數百人在犍爲遂糾合吏人攻相破之　按：李慈銘謂案三國志作「在犍爲東界」，華陽國志曰，賈龍素領家兵在犍爲之青衣，則三國志云在東界者是也。時犍爲已爲黃巾所破，此傳省文，非是。「人」當作「民」。「破之」華陽國志作「破滅之」。

二四三三頁三行　龍乃遺吏卒迎焉　按：「遺」原譌「選」，逕據汲本、殿本改正。

二四三三頁四行　(龍)撫納離叛　校補謂「龍」字誤衍，各本皆未去，此敍焉事，與龍無涉，兼係蜀志原文，原文固無「龍」字也。今據删。

二四三三頁八行　(遂)與別部司馬張脩　據刊誤删。

二四三三頁一五行　遂(疽)發背(疽)卒　據殿本改。

二四三四頁七行　祖眞字喬卿　按：蜀志法正傳裴注引三輔決錄「喬」作「高」。

二四三四頁八行　〔先〕主稱尊號　據汲本補。

二四三五頁一行　穀支一年　按：集解引惠棟說，謂蜀志云「穀帛支二年」。

二四三五頁一〇行　先主還璋于公安南　按：「遷」原譌「還」，逕改正。

二四三五頁一〇行　留(住)〔駐〕秭歸　據汲本改。

二四三五頁一三行　魯字公旗　按：殿本考證謂魏志作「公祺」。

二四三五頁一四行　衆多者名曰「理頭」　按：魏志張魯傳「理」作「治」。補注引何焯說，謂「理」本「治」字，避唐諱改。

二四三六頁二行　遂就拜魯鎭夷中郎將　按：魏志「夷」作「民」。

二四三六頁四行　首音式(殺)〔救〕反　據殿本改。

二四三六頁七行　妖賊大起〔三輔有駱曜光和中東方有張角〕　殿本考證謂何焯校本于「妖賊大起」下增「三輔有駱曜光和中東方有張角」十三字。今據補，與魏志裴注引典略合。

二四三六頁七行　〔駱曜敎民緬匿法角〕爲太平道(張角)〔脩〕爲五斗米道　殿本考證謂何焯校本于「漢中有張脩」句下增「駱曜敎民緬匿法角」八字，「張脩爲五斗米道」滅去「張」字，改「角」爲「脩」。今據補改，與魏志裴注引典略合。

二四三六頁一〇行　主爲病者請禱(請禱)之法　殿本考證謂何焯校本「請禱」下復增「請禱」二字。今據補，與魏志裴注引典略合。

二四三六頁一三行　實無益於療病〔但爲淫妄〕　殿本考證謂何焯校本「實無益於療病」下增「但爲淫妄」四字。今據補，與魏志裴注引典略合。

二四三六頁一三行　以米〔肉〕置其中　殿本考證謂何焯校本「米」字下增「肉」字。今據補，與魏志裴注引典略合。

二四三六頁一三行　又〔敎〕使自隱　殿本考證謂何焯校本「使」字上增「敎」字。今據補，與魏志裴注引典略合。

二四三六頁一三行　當循道百步　按：魏志裴注引典略「循」作「治」。補注引何焯說，謂避唐諱改。

二四三八頁六行　楊子法言曰　「楊」字原作「揚」，逕據汲本、殿本改。

二四三九頁一行　遣其將會稽周昕　按：校補謂「周昕」據吳錄作「周喁」，昕之弟也。

二四三九頁五行　黑山餘賊及匈奴於扶羅等佐術　按：「及」原譌「反」，逕據汲本、殿本改正。

二四三九頁八行　陽翟侯　按：「陽」原譌「楊」，逕據汲本、殿本改正。

二四三九頁一三行　參分天下　魏志作「參分天下有其二」，此脫「有其二」三字。按：校補謂去此三字，則文義不屬，當由轉寫脫誤耳。若范氏删節，胡不云「三分有二」乎？

二四三九頁一四行　明公雖奕世克昌　按：「奕」原譌「弈」，逕據汲本、殿本改。注同。

二四四〇頁七行　得漢〔傳〕國玉璽　殿本考證謂何焯校本「漢」字下添「傳」字，今據補。

二四四〇頁九行　三分天下有二猶服事殷　按：汲本「有」下有「其」字。殿本「猶」作「以」。

二四四一頁二行　當謂使君與國同規　殿本「當」作「嘗」。按：袁紀作「當」。

二四四二頁九行　留張勳橋蕤於蘄陽　集解引通鑑胡注，謂此蓋沛國之蘄縣，范史衍「陽」字。按：校補謂胡說是。前志沛郡蘄縣字本作「鄿」，从邑，鄿陽蓋卽鄿北地名，亦非衍「陽」字。此與江夏之蘄春本無涉也。章懷雖誤注，當仍未改字，故毛本注中猶閒雜从邑之字，後人並改爲从斤，遂無別耳。

二四四二頁九行　〔操〕擊破蘄蕤　據汲本、殿本補。

二四四三頁三行　奔其部曲陳簡　按：集解引惠棟說，謂「陳簡」魏志作「陳蘭」。

二四四三頁一四行　坐簀牀而歎曰　按：魏志袁術傳裴注引吳書，「簀牀」作「檽牀」。

二四四四頁九行　（原）屯河內　魏志呂布傳無「原」字，今據刪。

二四四五頁一三行　布不自安　按：原作「布自不安」，逕據汲本、殿本改。

二四四六頁一〇行　剛直烈壯　按：「烈」原作「列」，逕改正。

二四四八頁四行　諸君觀布射（戟）小支　據汲本、殿本補。

二四四八頁八行　恐術報布成姻　汲本「姻」作「婚」。按：魏志亦作「婚」。

二四五〇頁一三行　建安三年　按：「三」原譌「二」，逕改正。

二四五一頁一五行　今意何如　按：刊誤謂「意」當作「竟」。

二四五二頁五行　大城（之門）周四里　據刊誤刪。

後漢書卷七十六

循吏列傳第六十六

初，光武長於民閒，頗達情僞，〔一〕見稼穡艱難，百姓病害，至天下已定，務用安靜，解王莽之繁密，還漢世之輕法。〔二〕身衣大練，色無重綵，耳不聽鄭衞之音，手不持珠玉之玩，宮房無私愛，左右無偏恩。建武十三年，異國有獻名馬者，日行千里，又進寶劒，賈兼百金，詔以馬駕鼓車，劒賜騎士。損上林池籞之官，廢騁望弋獵之事。其以手迹賜方國者，皆一札十行，細書成文。〔三〕勤約之風，行于上下。數引公卿郎將，列于禁坐。〔四〕廣求民瘼，觀納風謠。故能內外匪懈，百姓寬息。自臨宰邦邑者，競能其官。若杜詩守南陽，號爲「杜母」，任延、錫光移變邊俗，斯其績用之最章章者也。〔五〕又第五倫、宋均之徒，亦足有可稱談。然建武、永平之閒，吏事刻深，亟以謠言單辭，轉易守長。故朱浮數上諫書，箴切峻政，鍾離意等亦規諷殷勤，以長者爲言，而不能得也。〔六〕所以中興之美，蓋未盡焉。自章、和以後，其有善績者，往往不絕。如魯恭、吳祐、劉寬及潁川四長，〔七〕並以仁信篤誠，使人不欺；王堂、陳寵委任賢良，而職事自理：〔八〕斯皆可以感物而行化也。邊鳳、延篤先後為京兆尹，時人以輩前世趙、張。〔九〕又王渙、任峻之為洛陽令，明發姦伏，吏端禁止，然導德齊禮，有所未充，亦一時之良能也。今綴集殊聞顯迹，以為循吏篇云。

〔一〕左傳楚子曰：「晉侯在外十九年矣，人之情僞盡知之矣。」

〔二〕前書曰：「莽春夏斬人於市，一家鑄錢，保伍人沒入為官奴婢，男子檻車，女子步，鐵鎖琅璫其頸，愁苦死者十七八。」輕法謂高祖約法三章，孝文除肉刑也。

〔三〕說文曰：「札，牒也。」

〔四〕禁坐猶御坐也。

〔五〕章章，明也。前書班固曰：「章章尤著者也。」

〔六〕時明帝性褊察，好以耳目隱發為明，又引杖撞郎，朝廷竦慄，爭為苛刻，唯意獨敢諫爭，數封還詔書。見意傳也。

〔七〕謂荀淑為當塗長，韓韶為嬴長，陳寔為太丘長，鍾皓為林慮長。淑等皆潁川人也。

〔八〕王堂任陳蕃、應嗣，陳寵任王渙、鐔顯也。

〔九〕輩，類也。趙謂趙廣漢，張謂張敞者也。

衞颯字子產，〔一〕河內脩武人也。家貧好學問，隨師無糧，常傭以自給。王莽時，仕郡歷州宰。

〔一〕颯音立。

建武二年，辟大司徒鄧禹府。舉能案劇，除侍御史，襄城令。政有名迹，遷桂陽太守。郡與交州接境，頗染其俗，不知禮則。颯下車，修庠序之教，設婚姻之禮。朞年閒，邦俗從化。

先是含洭、湞陽、曲江三縣，越之故地，〔一〕武帝平之，內屬桂陽。民居深山，濱溪谷，習其風土，不出田租。去郡遠者，或且千里。吏事往來，輒發民乘船，名曰「傳役」。每一吏出，傜及數家，百姓苦之。颯乃鑿山通道五百餘里，列亭傳，置郵驛。於是役省勞息，姦吏杜絕。流民稍還，漸成聚邑，使輸租賦，同之平民。又耒陽縣〔山〕〔出〕鐵石，〔二〕佗郡民庶常依因聚會，私爲冶鑄，遂招來亡命，多致姦盜。颯乃上起鐵官，罷斥私鑄，歲所增入五百餘萬。颯理卹民事，居官如家，其所施政，莫不合於物宜。視事十年，郡內清理。

〔一〕含洭故城在今廣州含洭縣東。湞陽，今廣州縣也。曲江，韶州縣也。

〔二〕續漢志耒陽縣有鐵官也。

二十五年，徵還。光武欲以爲少府，會颯被疾，不能拜起，〔一〕勑以桂陽太守歸家，須後詔書。〔二〕居二歲，載病詣闕，自陳困篤，乃收印綬，賜錢十萬，後卒于家。

〔一〕東觀記曰「颯到卽引見，賜食於前。從吏二人，賜冠幘，錢人五千」也。

〔二〕須，待也。

南陽茨充代颯爲桂陽。〔一〕亦善其政，教民種殖桑柘麻紵之屬，〔二〕勸令養蠶織屨，民得利益焉。〔三〕

〔一〕東觀記曰「充字子河，宛人也。初舉孝廉，之京師，同侶馬死，充到前亭，輒舍車持馬還相迎，鄉里號之曰『一馬兩車茨子河』」也。

〔二〕禮記曰：「禁人無伐桑柘。」鄭玄注云：「愛蠶食也。」

〔三〕東觀記曰：「元和中，荆州刺史上言：臣行部入長沙界，觀者皆徒跣。臣問御佐曰：『人無履亦苦之否？』御佐對曰：『十二月盛寒時並多剖裂血出，燃火燎之，春溫或膿潰。建武中，桂陽太守茨充敎人種桑蠶，人得其利，至今江南頗知桑蠶織屨，皆充之化也。』」

任延字長孫，南陽宛人也。年十二，爲諸生，學於長安，明詩、易、春秋，顯名太學，學中號爲「任聖童」。值倉卒，避兵之隴西。時隗囂已據四郡，遣使請延，延不應。

更始元年，以延爲大司馬屬，拜會稽都尉。時年十九，迎官驚其壯。〔一〕及到，靜泊無爲，唯先遣饋禮祠延陵季子。〔二〕時天下新定，道路未通，避亂江南者皆未還中土，會稽頗稱多士。延到，皆聘請高行如董子儀、嚴子陵等，敬待以師友之禮。掾吏貧者，輒分奉祿以賑給之。省諸卒，令耕公田，以周窮急。每時行縣，輒使慰勉孝子，就餐飯之。〔三〕

〔一〕朼，少也。

〔二〕季子，吳王壽夢之少子札也，封於延陵也。

〔三〕飯音符晚反。

吳有龍丘萇者，隱居太末，〔一〕志不降辱。王莽時，四輔三公連辟，不到。〔二〕掾史白請召之。延曰：「龍丘先生躬德履義，有原憲、伯夷之節。〔三〕都尉埽洒其門，猶懼辱焉，召之不可。」遣功曹奉謁，修書記，致醫藥，吏使相望於道。積一歲，萇乃乘輦詣府門，願得先死備錄。〔四〕延辭讓再三，遂署議曹祭酒。萇尋病卒，延自臨殯，不朝三日。是以郡中賢士大夫爭往宦焉。

〔一〕太末，縣，屬會稽郡，今婺州龍丘縣也。東陽記云：「秦時改爲太末，有龍丘山在東，有九石特秀，色丹，遠望如蓮華。萇之隱處有一巖穴如窗牖，中有石牀，可寢處。」

〔二〕四輔謂太師、太傅、國師、國將。三公謂大司馬、司徒、司空也，並莽時官。見前書也。

〔三〕原憲，孔子弟子，魯人也。子貢結駟連騎，排藜藿過謝，原憲攝敝衣冠見子貢。伯夷，孤竹君之子，讓其國，餓死於首陽山也。

〔四〕請編名錄於郡職也。

建武初，延上書願乞骸骨，歸拜王庭。詔徵爲九眞太守。光武引見，賜馬雜繒，令妻子留洛陽。九眞俗以射獵爲業，不知牛耕，〔一〕民常告糴交阯，每致困乏。延乃令鑄作田器，敎之墾闢。田疇歲歲開廣，百姓充給。又駱越之民無嫁娶禮法，各因淫好，無適對匹，〔二〕不識父子之性，夫婦之道。延乃移書屬縣，各使男年二十至五十，女年十五至四十，皆以年齒相配。其貧無禮娉，令長吏以下各省奉祿以賑助之。同時相娶者二千餘人。是歲風雨順節，穀稼豐衍。其產子者，始知種姓。咸曰：「使我有是子者，任君也。」多名子爲「任」。於是徼外蠻夷夜郎等慕義保塞，延遂止罷偵候戍卒。〔三〕

〔一〕東觀漢記曰：「九眞俗燒草種田。」前書曰「搜粟都尉趙過敎人牛耕」也。

〔二〕適音丁歷反。

〔三〕偵，伺也，音丑政反。

初，平帝時，漢中錫光爲交阯太守，敎導民夷，漸以禮義，化聲侔於延。〔一〕王莽末，閉境拒守。建武初，遣使貢獻，封鹽水侯。領南華風，始於二守焉。

〔一〕侔，等也。

延視事四年，徵詣洛陽，以病稽留，左轉睢陽令，九眞吏人生爲立祠。拜武威太守，帝親見，戒之曰：「善事上官，無失名譽。」延對曰：「臣聞忠臣不私，私臣不忠。履正奉公，臣子之節。上下雷同，非陛下之福。善事上官，臣不敢奉詔。」帝歎息曰：「卿言是也。」

旣之武威，時將兵長史田紺，郡之大姓，其子弟賓客爲人暴害。延收紺繫之，父子賓客伏法者五六人。紺少子尙乃聚會輕薄數百人，自號將軍，夜來攻郡。延卽發兵破之。自是威行境內，吏民累息。〔一〕

〔一〕累息，累氣。

郡北當匈奴，南接種羌，民畏寇抄，多廢田業。延到，選集武略之士千人，明其賞罰，令將雜種胡騎休屠黃石屯據要害，〔一〕其有警急，逆擊追討。虜恒多殘傷，遂絕不敢出。

〔一〕黃石，雜種號也。

河西舊少雨澤，乃爲置水官吏，修理溝渠，皆蒙其利。又造立校官，〔一〕自掾（吏）〔史〕子孫，皆令詣學受業，復其傜役。章句旣通，悉顯拔榮進之。郡遂有儒雅之士。

〔一〕校，學也。

後坐擅誅羌不先上，左轉召陵令。顯宗卽位，拜潁川太守。永平二年，徵會辟雍，因以爲河內太守。視事九年，病卒。

少子愷，官至太常。

王景字仲通，樂浪詽邯人也。〔一〕八世祖仲，本琅邪不其人。好道術，明天文。諸呂作亂，齊哀王襄謀發兵，而數問於仲。及濟北王興居反，欲委兵師仲，〔二〕仲懼禍及，乃浮海東奔樂浪山中，因而家焉。父閎，爲郡三老。更始敗，土人王調殺郡守劉憲，自稱大將軍、樂浪太守。建武六年，光武遣太守王遵將兵擊之。至遼東，閎與郡決曹史楊邑等共殺調迎遵，皆封爲列侯，閎獨讓爵。帝奇而徵之，道病卒。

〔一〕詽音諾甘反，邯音下甘反，縣名。

〔二〕襄及興居並高祖孫，齊悼惠王肥之子也。

景少學易，遂廣闚衆書，又好天文術數之事，沈深多伎藝。辟司空伏恭府。時有薦景能理水者，顯宗詔與將作謁者王吳共修作浚儀渠。吳用景墕流法，水乃不復爲害。

初，平帝時，河、汴決壞，未及得修。建武十年，陽武令張汜上言：「河決積久，日月侵毀，濟渠所漂數十許縣。〔一〕脩理之費，其功不難。宜改脩堤防，以安百姓。」書奏，光武卽爲發卒。方營河功，而浚儀令樂俊復上言：「昔元光之閒，〔二〕人庶熾盛，緣隄墾殖，而瓠子河決，尙二十餘年，不卽擁塞。〔三〕今居家稀少，田地饒廣，雖未脩理，其患猶可。且新被兵革，方興役力，勞怨既多，民不堪命。宜須平靜，更議其事。」光武得此遂止。後汴渠東侵，日月弥廣，而水門故處，皆在河中，兗、豫百姓怨歎，以爲縣官恒興佗役，不先民急。永平十二年，議修汴渠，乃引見景，問以理水形便。景陳其利害，應對敏給，帝善之。又以嘗修浚儀，功業有成，乃賜景山海經、河渠書、〔四〕禹貢圖，及錢帛衣物。夏，遂發卒數十萬，遣景與王吳脩渠築隄，自滎陽東至千乘海口千餘里。景乃商度地埶，鑿山阜，破砥績，〔五〕直截溝澗，防遏衝要，疏決壅積，十里立一水門，令更相洄注，〔六〕無復潰漏之患。景雖簡省役費，然猶以百億計。〔七〕明年夏，渠成。帝親自巡行，詔濱河郡國置河堤員吏，如西京舊制。〔八〕景由是知名。王吳及諸從事掾史皆增秩一等。景三遷爲侍御史。十五年，從駕東巡狩，至無鹽，帝美其功績，拜河堤謁者，賜車馬縑錢。

〔一〕濟水出今洛州濟源縣西北，東流經溫縣入河，度河東南入鄭州，又東入滑、曹、鄆、濟、齊、青等州入海，即此渠也。王莽末，旱，因枯涸，但入河內而已。

〔二〕武帝年。

〔三〕瓠子堤在今滑州白馬縣。武帝元光中，河決於瓠子，東南注鉅野，通於淮、泗，至元封二年塞之也。

〔四〕山海經，禹所作。河渠書，太史公史記也。

〔五〕尚書曰：「原隰底績。」注：「底，致也。績，功也。」言破禹所致功之處也。或云砥碃，山名也。

〔六〕爾雅曰：「逆流而上曰洄。」郭璞注云：「旋流也。」

〔七〕十萬曰億也。

〔八〕十三州志曰：「成帝時河堤大壞，氾濫青、徐、兗、豫四州略徧，乃以校尉王延代領河堤謁者，秩千石，或名其官爲護都水使者。中興，以三府掾屬爲之。」

建初七年，遷徐州刺史。先是杜陵杜篤奏上論都〔賦〕，欲令車駕遷還長安。耆老聞者，皆動懷土之心，莫不眷然佇立西望。景以宮廟已立，恐人情疑惑，會時有神雀諸瑞，〔一〕乃作金人論，頌洛邑之美，天人之符，文有可採。

〔一〕章帝時有神雀、鳳皇、白鹿、白烏等瑞也。

明年，遷廬江太守。先是百姓不知牛耕，致地力有餘而食常不足。郡界有楚相孫叔敖所起芍陂稻田。〔一〕景乃驅率吏民，修起蕪廢，教用犂耕，由是墾闢倍多，境內豐給。遂銘石刻誓，令民知常禁。又訓令蠶織，爲作法制，皆著于鄉亭，廬江傳其文辭。卒於官。

〔一〕陂在今壽州安豐縣東。陂徑百里，灌田萬頃。芍音鵲。

初，景以爲六經所載，皆有卜筮，作事舉止，質於蓍龜，而衆書錯糅，吉凶相反，乃參紀衆家數術文書，冢宅禁忌，〔一〕堪輿日相之屬，〔二〕適於事用者，集爲大衍玄基云。〔三〕

〔一〕葬送造宅之法，若黃帝、青烏之書也。

〔二〕前書藝文志，堪輿金匱十四卷。許慎云：「堪，天道也。輿，地道也。」日相謂日辰王相之法也。

〔三〕易曰「大衍之數五十，其用四十有九」也。

秦彭字伯平，扶風茂陵人也。自漢興之後，世位相承。六世祖襲，爲潁川太守，與羣從同時爲二千石者五人，故三輔號曰「萬石秦氏」。彭同產女弟，顯宗時入掖庭爲貴人，有寵。永平七年，以彭貴人兄，隨四姓小侯擢爲開陽城門候。〔一〕十五年，拜騎都尉，副駙馬都尉耿秉北征匈奴。

〔一〕續漢志：「城門候一人，六百石。」〔開陽〕，城南面東頭第一門也。漢官儀云「開陽門始成，未有名，夜有一柱來止樓上。琅邪開陽縣上言南門一柱飛去，因以名門」也。

建初元年，遷山陽太守。以禮訓人，不任刑罰。崇好儒雅，敦明庠序。每春秋饗射，輒修升降揖讓之儀。乃爲人設四誡，以定六親長幼之禮。〔一〕有遵奉教化者，擢爲鄉三老，常以八月致酒肉以勸勉之。吏有過咎，罷遣而已，不加恥辱。百姓懷愛，莫有欺犯。興起稻田數千頃，每於農月，親度頃畝，分別肥塉，差爲三品，各立文簿，藏之鄉縣。於是姦吏跼蹐，無所容詐。彭乃上言，宜令天下齊同其制。詔書以其所立條式，班令三府，並下州郡。

〔一〕六親謂父子兄弟夫婦也。

在職六年，轉潁川太守，仍有鳳皇、麒麟、嘉禾、甘露之瑞，集其郡境。肅宗巡行，再幸潁川，輒賞賜錢穀，恩寵甚異。章和二年卒。彭弟惇、褒，並爲射聲校尉。

王渙字稚子，廣漢郪人也。〔一〕父順，安定太守。渙少好俠，尚氣力，數通剽輕少年。〔二〕晚而改節，敦儒學，習尚書，讀律令，略舉大義。爲太守陳寵功曹，當職割斷，不避豪右。寵風聲大行，入爲大司農。和帝問曰：「在郡何以爲理？」寵頓首謝曰：「臣任功曹王渙以簡賢選能，主簿鐔顯拾遺補闕，臣奉宣詔書而已。」帝大悅。渙由此顯名。

〔一〕郪，縣，故城在今梓州郪縣西南也。

〔二〕剽，劫奪也。

州舉茂才，除溫令。縣多姦猾，積爲人患。渙以方略討擊，悉誅之。境內清夷，商人露宿於道。其有放牛者，輒云以屬稚子，終無侵犯。在溫三年，遷兖州刺史，繩正部郡，〔一〕風威大行。後坐考妖言不實論。歲餘，徵拜侍御史。

〔一〕繩，直也。

永元十五年，從駕南巡，還爲洛陽令。以平正居身，得寬猛之宜。其冤嫌久訟，歷政所不斷，法理所難平者，莫不曲盡情詐，壓塞羣疑。又能以譎數發擿姦伏。〔一〕京師稱歎，以爲渙有神筭。〔二〕元興元年，病卒。百姓市道莫不咨嗟。男女老壯皆相與賦斂，致奠醊以千數。〔三〕

〔一〕譎，詐；數，術也。

〔二〕智筭若神也。

〔三〕醊音張芮反。說文曰：「祭酹也。」

渙喪西歸，道經弘農，民庶皆設槃案於路。吏問其故，咸言平常持米到洛，爲卒司所鈔，〔一〕恒亡其半。自王君在事，不見侵枉，故來報恩。其政化懷物如此。民思其德，爲立祠安陽亭西，每食輒弦歌而薦之。〔二〕

〔一〕鈔，掠也。

〔二〕古樂府歌曰「孝和帝在時，洛陽令王君，本自益州廣漢蜀人，少行（官）〔宦〕學，通五經論。明知法令，歷代衣冠，從溫補洛陽令，化行致賢。外行猛政，內懷慈仁，移惡子姓名五，篇著里端。無妄發賦，念在理冤。清身苦體，宿夜勞勤，化有能名，遠近所聞。天年不遂，早就奄昏，爲君作祠安陽亭西，欲令後代莫不稱傳」也。

永初二年，鄧太后詔曰：「夫忠良之吏，國家所以爲理也。求之甚勤，得之至寡。故孔子曰：『才難不其然乎！』昔大司農朱邑、〔一〕右扶風尹翁歸，〔二〕政迹茂異，令名顯聞，孝宣皇帝嘉歎愍惜，而以黃金百斤策賜其子。故洛陽令王渙，秉清脩之節，蹈羔羊之義，〔三〕盡心奉公，務在惠民，功業未遂，不幸早世，百姓追思，爲之立祠。自非忠愛之至，孰能若斯者乎！今以渙子石爲郎中，以勸勞勤。」延熹中，桓帝事黃老道，悉毀諸房祀，唯特詔密縣存故太傅卓茂廟，洛陽留王渙祠焉。

〔一〕前書曰，邑字仲卿，廬江舒人。爲北海太守，以理行第一，入爲大司農。性公正，不可交以私，天子器之，朝廷敬焉。神爵元年卒，宣帝下詔賜其子黃金百斤，奉其祭祀。

〔二〕前書云，翁歸字子況，河東平陽人。拜東海太守，以高第入守右扶風。元康四年卒。宣帝制詔：「御史右扶風翁歸，廉平鄉正，早夭不遂，朕甚憐之。其賜翁歸子黃金百斤，以奉其祭祀。」

〔三〕韓詩羔羊曰：「羔羊之皮，素絲五紽。」薛君章句曰：「小者曰羔，大者曰羊。素喻潔白，絲喻屈柔。紽，數名也。詩人賢仕爲大夫者，言其德能，稱有潔白之性，屈柔之行，進退有度數也。」

鐔顯後亦知名，安帝時爲豫州刺史。時天下飢荒，競爲盜賊，州界收捕且萬餘人。顯愍其困窮，自陷刑辟，輒擅赦之，因自劾奏。有詔勿理。後位至長樂衞尉。

自渙卒後，連詔三公特選洛陽令，皆不稱職。永和中，以劇令勃海任峻補之。〔一〕峻擢用文武吏，皆盡其能，糾剔姦盜，不得旋踵，〔二〕一歲斷獄，不過數十。威風猛於渙，而文理不及之。峻字叔高，終於太山太守。

〔一〕劇，縣名，屬北海郡也。

〔二〕左傳天王策命晉文侯曰：「糾逖王慝。」杜預注云：「逖，遠也。」「剔」與「逖」通。

許荊字少張，〔一〕會稽陽羨人也。〔二〕祖父武，太守第五倫舉爲孝廉。武以二弟晏、普未顯，欲令成名，乃請之曰：「禮有分異之義，家有別居之道。」〔三〕於是共割財産以爲三分，武自取肥田廣宅奴婢強者，二弟所得並悉劣少。鄉人皆稱弟克讓而鄙武貪婪，晏等以此並得選舉。武乃會宗親，泣曰：「吾爲兄不肖，盜聲竊位，二弟年長，未豫榮祿，所以求得分財，自取大譏。今理産所增，三倍於前，悉以推二弟，一無所留。」於是郡中翕然，遠近稱之。位至長樂少府。

〔一〕謝承書曰：「荊字子張。家貧爲吏。無有船車，休假常單步荷擔上下。」

〔二〕陽羨故城在今常州義興縣也。

〔三〕儀禮曰「父子一體也，夫婦一體也，昆弟一體也。故父子手足也，夫婦判合也，昆弟四體也。昆弟之義無分焉，而有分者，則避子之私也。子不私其父，則不成爲子。故有東宮，有西宮，有南宮，有北宮。異居而同財，有餘則歸之宗，不足則資之宗」也。

荆少爲郡吏，兄子世嘗報讎殺人，怨者操兵攻之。荆聞，乃出門逆怨者，跪而言曰：「世前無狀相犯，咎皆在荆不能訓導。兄既早沒，一子爲嗣，如令死者傷其滅絕，願殺身代之。」怨家扶荆起，曰：「許掾郡中稱賢，吾何敢相侵？」因遂委去。荆名譽益著。太守黃兢舉孝廉。

和帝時，稍遷桂陽太守。郡濱南州，風俗脆薄，〔一〕不識學義。荆爲設喪紀婚姻制度，使知禮禁。嘗行春到耒陽縣，人有蔣均者，兄弟爭財，互相言訟。荆對之歎曰：「吾荷國重任，而教化不行，咎在太守。」乃顧使吏上書陳狀，乞詣廷尉。均兄弟感悔，各求受罪。〔二〕在事十二年，父老稱歌。以病自上，徵拜諫議大夫，卒於官。桂陽人爲立廟樹碑。

〔一〕脆薄猶輕薄也。

〔二〕謝承書曰「郴人謝弘等不養父母，兄弟分析，因此皆還供養者千有餘人」也。

荆孫馘，靈帝時爲太尉。

孟嘗字伯周，會稽上虞人也。其先三世爲郡吏，並伏節死難。嘗少脩操行，仕郡爲戶曹史。上虞有寡婦至孝養姑。姑年老壽終，夫女弟先懷嫌忌，乃誣婦厭苦供養，加鴆其母，列訟縣庭。郡不加尋察，遂結竟其罪。嘗先知枉狀，備言之於太守，太守不爲理。嘗哀泣外門，因謝病去，婦竟冤死。自是郡中連旱二年，禱請無所獲。後太守殷丹到官，訪問其故，嘗詣府具陳寡婦冤誣之事。因曰：「昔東海孝婦，感天致旱，于公一言，甘澤時降。〔一〕宜戮訟者，以謝冤魂，庶幽枉獲申，時雨可期。」丹從之，即刑訟女而祭婦墓，天應澍雨，穀稼以登。

〔一〕解見霍諝傳也。

嘗後策孝廉，舉茂才，拜徐令。州郡表其能，遷合浦太守。郡不產穀實，而海出珠寶，與交阯比境，常通商販，貿糴糧食。〔一〕先時宰守並多貪穢，詭人採求，不知紀極，〔二〕珠遂漸徙於交阯郡界。於是行旅不至，人物無資，貧者餓死於道。嘗到官，革易前敝，求民病利。〔三〕曾未踰歲，去珠復還，百姓皆反其業，商貨流通，稱爲神明。

〔一〕貿，易也。

〔二〕詭，責也。

〔三〕人所病苦及利益之（甚）〔事〕也。

以病自上，被徵當還，吏民攀車請之。嘗既不得進，乃載鄉民船夜遁去。隱處窮澤，身自耕傭。鄰縣士民慕其德，就居止者百餘家。

桓帝時，尚書同郡楊喬上書薦嘗曰：〔一〕「臣前後七表言故合浦太守孟嘗，而身輕言微，終不蒙察。區區破心，徒然而已。嘗安仁弘義，耽樂道德，清行出俗，能幹絕羣。前更守宰，移風改政，去珠復還，飢民蒙活。且南海多珍，財產易積，掌握之內，價盈兼金，而嘗單身謝病，躬耕壟次，匿景藏采，不揚華藻。實羽翮之美用，非徒腹背之毛也。〔二〕而沈淪草莽，好爵莫及，〔三〕廊廟之寶，棄於溝渠。〔四〕且年歲有訖，桑榆行盡，〔五〕而忠貞之節，永謝聖時。臣誠傷心，私用流涕。夫物以遠至爲珍，〔六〕士以稀見爲貴。槃木朽株，爲萬乘用者，左右爲之容耳。〔七〕王者取士，宜拔衆之所貴。臣以斗筲之姿，趨走日月之側。〔八〕思立微節，不敢苟私鄉曲。竊感禽息，亡身進賢。」〔九〕嘗竟不見用。年七十，卒于家。

〔一〕謝承書曰「喬字聖達，烏傷人也。前後數上書陳政事」也。

〔二〕說苑曰：「趙簡子游於西河而樂之，歎曰：『安得賢士而與處焉？』舟人古桑曰：『此是吾君不好之也。』簡子曰：『吾門左右客千人，朝食不足，暮收市征，暮食不足，朝收市征，吾可謂不好士乎？』古桑曰：『鴻鵠高飛遠翔，其所恃者六翮也。背上之毛，腹下之毳，無尺寸之數，加之滿把，飛不能爲之益高。不知門下左右客千人者，六翮之用乎？將盡毛毳也？』」新序云晉平公，餘並同也。

〔三〕易曰：「我有好爵，吾與爾縻之。」

〔四〕尚書顧命曰：「赤刀、大訓、弘璧、琬琰在西序，大玉、夷玉、天球、河圖在東序。」周禮大宗伯曰：「天府掌祖廟之守藏，凡國之玉鎭大寶器藏焉。」

〔五〕謂日將夕，在桑榆閒，言晚暮也。

〔六〕若珠翠之屬也。

〔七〕前書鄒陽曰：「蟠木根柢，輪囷離奇，而爲萬乘器者，左右爲之先容耳。」

〔八〕日月喻人君也。易曰：「懸象著明莫大乎日月，崇高莫大乎富貴。」

〔九〕禽息，秦大夫，薦百里奚而不見納。繆公出，當車以頭擊闑，腦乃播出，曰：「臣生無補於國，不如死也。」繆公感寤，而用百里奚，秦以大化。見韓詩外傳。

第五訪字仲謀，京兆長陵人，司空倫之族孫也。少孤貧，常傭耕以養兄嫂。有閑暇，則以學文。〔一〕仕郡爲功曹，察孝廉，補新都令。〔二〕政平化行，三年之閒，鄰縣歸之，戶口十倍。

〔一〕文謂道藝者也。

〔二〕新都，縣，屬蜀郡，故城在今益州新都縣東。

遷張掖太守。歲飢，粟石數千，訪乃開倉賑給以救其敝。吏懼譴，〔一〕爭欲上言。訪曰：「若上須報，是弃民也。〔二〕太守樂以一身救百姓！」遂出穀賦人。順帝璽書嘉之。由是一郡得全。歲餘，官民並豐，界無姦盜。

〔一〕譴，責也。

〔二〕上音時掌反。須，待也。

遷南陽太守，去官。拜護羌校尉，邊境服其威信。卒於官。

劉矩字叔方，沛國蕭人也。叔父光，順帝時爲司徒。矩少有高節，以(叔)父〔叔〕遼未得仕進，遂絕州郡之命。太尉朱寵、太傅桓焉嘉其志義，故叔遼以此爲諸公所辟，拜議郎，矩乃舉孝廉。

稍遷雍丘令，以禮讓化之，其無孝義者，皆感悟自革。民有爭訟，矩常引之於前，提耳訓告，〔一〕以爲忿恚可忍，縣官不可入，使歸更尋思。訟者感之，輒各罷去。其有路得遺者，皆推尋其主。在縣四年，以母憂去官。

〔一〕毛詩曰：「匪面命之，言提其耳。」

後太尉胡廣舉矩賢良方正，四遷爲尚書令。矩性亮直，不能諧附貴埶，以是失大將軍梁冀意，出爲常山相，以疾去官。時冀妻兄孫祉爲沛相，矩懼爲所害，不敢還鄉里，乃投彭城友人家。歲餘，冀意少悟，乃止。補從事中郎，復爲尙書令，遷宗正、太常。

延熹四年，代黄瓊爲太尉。瓊復爲司空，矩與瓊及司徒种暠同心輔政，號爲賢相。時連有灾異，司隸校尉以劾三公。尙書朱穆上疏，稱矩等良輔，及言殷湯、高宗不罪臣下之義。〔一〕帝不省，竟以蠻夷反叛免。後復拜太中大夫。

〔一〕尙書湯誥曰：「余一人有罪，無以爾萬方。萬方有罪，在余一人。」尙書高宗誡傳說曰：「一夫不獲，則曰時予之辜。」

靈帝初，代周景爲太尉。矩再爲上公，所辟召皆名儒宿德。不與州郡交通。順辭默諫，〔二〕多見省用。復以日食免。因乞骸骨，卒於家。

〔二〕順辭，不忤旨。默諫，不顯揚也。

劉寵字祖榮，東萊牟平人，齊悼惠王之後也。〔一〕悼惠王子孝王將閭，將閭少子封牟平侯，子孫家焉。父丕，博學，號爲通儒。

〔一〕悼惠王肥，高祖子也。

寵少受父業，以明經舉孝廉，除東平陵令，〔二〕以仁惠爲吏民所愛。母疾，弃官去。百姓將送塞道，車不得進，乃輕服遁歸。

〔一〕東平陵，縣名，屬濟南郡也。

後四遷爲豫章太守，又三遷拜會稽太守。山民愿朴，乃有白首不入市井者，〔一〕頗爲官吏所擾。寵簡除煩苛，禁察非法，郡中大化。徵爲將作大匠。山陰縣有五六老叟，尨眉皓髮，〔二〕自若邪山谷閒出，〔三〕人齎百錢以送寵。寵勞之曰：「父老何自苦？」對曰：「山谷鄙生，未嘗識郡朝。它守時吏發求民閒，至夜不絕，或狗吠竟夕，民不得安。自明府下車以來，狗不夜吠，民不見吏。年老遭值聖明，今聞當見棄去，故自扶奉送。」寵曰：「吾政何能及公言邪？勤苦父老！」爲人選一大錢受之。

〔一〕愿，謹也。風俗通曰「俗說市井者，言至市（當）有所鬻賣，當於井上先濯，乃到市也。謹案春秋井田記，人年三十，受田百畝，以食五口。五口爲一戶，父母妻子也。公田十畝，廬舍五畝，成田一頃十五畝。八家而九頃二十畝，共爲一井。廬舍在內，貴人也。公田次之，重公也。私田在外，賤私也。井田之義，一曰無洩地氣，二曰無費一家，三曰同風俗，四曰合巧拙，五曰通財貨。因井爲市，交易而退，故稱市井」也。

〔二〕尨，雜也。老者眉雜白黑也。

〔三〕若邪，在今越州會稽縣東南也。

轉爲宗正、大鴻臚。延熹四年，代黃瓊爲司空，以陰霧愆陽免。頃之，拜將作大匠，復爲宗正。建寧元年，代王暢爲司空，頻遷司徒、太尉。二年，以日食策免，歸鄉里。寵前後歷宰二郡，累登卿相，而（准）〔淸〕約省素，家無貨積。嘗出京師，欲息亭舍，亭吏止之，曰：「整頓洒埽，以待劉公，不可得（也）〔止〕。」寵無言而去，時人稱其長者。以老病卒于家。

弟方，官至山陽太守。方有二子：岱字公山，繇字正禮。兄弟齊名稱。〔一〕

〔一〕吳志曰：「平原陶丘洪薦繇，欲令舉茂才。刺史曰：『前年舉公山，柰何復舉正禮？』洪曰：『若（使）明〔使〕君用公山於前，擢正禮於後，所謂御二龍於長塗，騁騏驥於千里，不亦可乎？』」

董卓入洛陽，岱從侍中出爲兗州刺史。虛己愛物，爲士人所附。初平三年，青州黃巾賊入兗州，殺任城相鄭遂，轉入東平。岱擊之，戰死。

興平中，繇爲楊州牧、振威將軍。時袁術據淮南，繇乃移居曲阿。值中國喪亂，士友多南奔，繇攜接收養，與同優劇，甚得名稱。袁術遣孫策攻破繇，因奔豫章，病卒。

仇覽字季智，一名香，陳留考城人也。〔一〕少爲書生淳默，鄉里無知者。年四十，縣召補吏，選爲蒲亭長。勸人生業，爲制科令，至於果菜爲限，雞豕有數，農事既畢，乃令子弟羣居，還就黌學。其剽輕游恣者，皆役以田桑，嚴設科罰。躬助喪事，賑恤窮寡。朞年稱大化。覽初到亭，人有陳元者，獨與母居，而母詣覽告元不孝。覽驚曰：「吾近日過舍，廬落整頓，〔二〕耕耘以時。此非惡人，當是教化未及至耳。母守寡養孤，苦身投老，柰何肆忿於一朝，欲致子以不義乎？」母聞感悔，涕泣而去。覽乃親到元家，與其母子飲，因爲陳人倫孝行，譬以禍福之言。元卒成孝子。〔三〕鄉邑爲之諺曰：「父母何在在我庭，化我鳲梟哺所生。」〔四〕

〔一〕續漢志：「考城故菑。」陳留風俗傳曰「章帝惡其名，改爲考城」也。

〔二〕廣雅曰：「落，居也。」案今人謂院爲落也。

〔三〕謝承書曰「覽爲縣陽遂亭長，好行敎化。人羊元凶惡不孝，其母詣覽言元。覽呼元，誚責元以子道，與一卷孝經，使誦讀之。元深改悔，到母牀下，謝罪曰：『元少孤，爲母所驕。諺曰：「孤犢觸乳，驕子罵母。」乞今自改。』母子更相向泣，於是元遂修孝道，後成佳士」也。

〔四〕鳲梟即鴟梟也。

時考城令河內王渙，政尚嚴猛，聞覽以德化人，署爲主簿。謂覽曰：「主簿聞陳元之過，不罪而化之，得無少鷹鸇之志邪？」〔一〕覽曰：「以爲鷹鸇，不若鸞鳳。」渙謝遣曰：「枳棘非鸞鳳所棲，百里豈大賢之路？〔二〕今日太學曳長裾，飛名譽，皆主簿後耳。以一月奉爲資，

勉卒景行。」〔三〕

〔一〕左傳季孫行父曰：「見無禮於君者誅之，如鷹鸇之逐鳥雀。」

〔二〕時渙爲縣令，故自稱百里也。

〔三〕卒，終也。

覽入太學。時諸生同郡符融有高名，與覽比宇，賓客盈室。覽常自守，不與融言。融觀其容止，心獨奇之，乃謂曰：「與先生同郡壤，鄰房牖。今京師英雄四集，志士交結之秋，雖務經學，守之何固？」覽乃正色曰：「天子脩設太學，豈但使人游談其中！」高揖而去，不復與言。後融以告郭林宗，林宗因與融齎刺就房謁之，遂請留宿。林宗嗟歎，下牀爲拜。

覽學畢歸鄉里，州郡並請，皆以疾辭。雖在宴居，〔一〕必以禮自整。妻子有過，輒免冠自責。妻子庭謝，候覽冠，乃敢升堂。家人莫見喜怒聲色之異。後徵方正，遇疾而卒。三子皆有文史才，少子玄，最知名。

〔一〕宴，安也。論語曰：「子之宴居。」

童恢字漢宗，〔一〕琅邪姑幕人也。〔二〕父仲玉，遭世凶荒，傾家賑卹，九族鄉里賴全者以百數。仲玉早卒。

〔一〕謝承書「童」作「僮」，「恢」作「种」也。

〔二〕姑幕故城在今密州莒縣東北也。

恢少仕州郡爲吏，司徒楊賜聞其執法廉平，乃辟之。及賜被劾當免，掾屬悉投刺去，恢獨詣闕爭之。及得理，掾屬悉歸府，恢杖策而逝。由是論者歸美。

復辟公府，除不其令。吏人有犯違禁法，輒隨方曉示。若吏稱其職，人行善事者，皆賜以酒肴之禮，以勸勵之。耕織種收，皆有條章。一境清靜，牢獄連年無囚。比縣流人歸化，徙居二萬餘戶。民嘗爲虎所害，乃設檻捕之，生獲二虎。恢聞而出，呪虎曰：「天生萬物，唯人爲貴。虎狼當食六畜，〔一〕而殘暴於人。王法殺人者死，傷人則論法。汝若是殺人者，當垂頭服罪；自知非者，當號呼稱冤。」一虎低頭閉目，狀如震懼，卽時殺之。其一視恢鳴吼，踴躍自奮，遂令放釋。吏人爲之歌頌。青州舉尤異，遷丹陽太守，暴疾而卒。

〔一〕杜預注左傳云：「六畜，馬牛羊豕犬雞也。」

弟翊字漢文，名高於恢，宰府先辟之。翊陽喑不肯仕，〔一〕及恢被命，乃就孝廉，除須昌長。化有異政，吏人生爲立碑。聞舉將喪，弃官歸。後舉茂才，不就。卒於家。

〔一〕喑，疾不能言也。

贊曰：政畏張急，〔一〕理善亨鮮。〔二〕推忠以及，衆瘼自蠲。〔三〕一夫得情，千室鳴弦。〔四〕懷我風愛，永載遺賢。〔五〕

〔一〕韓詩外傳曰：「水濁則魚喁，令苛則人亂。理國者譬若張琴然，大弦急則小絃絕矣。故急轡銜者，非千里之御也。」

〔二〕老子曰「理大國者若亨小鮮」也。

〔三〕推忠恕以及於人，則衆病自蠲除。

〔四〕一夫謂守長也。千室謂黎庶。言上得化下之情，則其下鳴弦而安樂也。

〔五〕沈約宋書載曄與其姪及甥書，論撰書之意曰：「吾觀史書，恆覺其不可解。既造後漢，轉得統緒。詳觀古今著述及評論，殆少可得意者。班氏最有高名，既任情無例，不可甲乙。博贍不可及之，整理未必愧也。吾雜傳論皆有精意深旨，至於循吏已下及六夷諸序論，筆勢縱放，實天下之奇作，其中合者，往往不減過秦篇。嘗比方班氏所作，非但不愧之而已。又欲因事發論，以正一代得失，意復未果。贊自是吾文之傑思，殆無一字空設。此書行，故應有賞音者。紀傳例爲舉其大略耳。諸細意甚多，自古體大而思精，未有此也。恐俗人不能盡之，多貴古賤今，所以稱情狂言耳。」

校勘記

二四五八頁五行 保伍人沒入爲官奴婢 **按**：汲本「伍」作「五」。

二四五八頁一〇行　又引杖撞郎朝廷竦慄　按：「撞」原譌「橦」，「慄」原譌「慓」，逕改正。

二四五九頁九行　又耒陽縣（山）〔出〕鐵石　據汲本、殿本改。

二四六二頁一五行　臣聞忠臣不私私臣不忠　按：兩「私」字通鑑皆作「和」。考異謂案高峻小史作「忠臣不和，和臣不忠」，意思爲長，又與上語相應，今從之。又按：御覽四二七引，兩「私」字並作「和」。

二四六三頁九行　又造立校官　按：汲本「造」作「遣」。

二四六三頁九行　自掾（吏）〔史〕子孫　據刊誤改。按：何焯校本「吏」改「史」。

二四六四頁四行　郡決曹史楊邑等　按：「楊」原譌「揚」，逕改正。

二四六五頁三行　遣景與王吳脩渠築隄　按：集解引惠棟說，謂「王吳」水經注作「王昊」。

二四六六頁四行　杜陵杜篤奏上論都〔賦〕　據刊誤補，與杜篤傳合。按：汲本、殿本「論」下衍「還」字。

二四六七頁一行　秦彭字伯平　按：集解引惠棟說，謂「伯平」東觀記作「國平」。

二四六七頁五行　〔開陽〕城南面東頭第一門也　據刊誤補。

二四六九頁二行　百姓市道莫不咨嗟　殿本「市」作「巿」。按：校補謂巿道猶言繞道，義亦可通。

二四六九頁一二行　本自益州廣漢蜀人　宋書樂志作「本自益州廣漢民」。按：沈家本謂章懷避「民」作「人」，衍「蜀」字。又謂此注所載歌辭不全，全篇宋書樂志載之。

二四六九頁一一行　少行(官)〔宦〕學　集解引惠棟說，謂「官」當作「宦」。按：宋志作「宦」，今據改。

二四七三頁九行　貧者餓死於道　按：「餓死」，原作「死餓」，各本同，御覽二百六十引作「餓死」，今乙正。

二四七三頁一三行　人所病苦及利益之(甚)〔事〕也　據汲本、殿本改。

二四七六頁五行　叔父光順帝時爲司徒　按：「司徒」乃「太尉」之譌。集解引錢大昕說，謂案順帝紀，永建二年七月，太常劉光爲太尉，四年八月免，未嘗爲司徒也。

二四七六頁五行　以(叔)父〔叔〕遼未得仕進　集解引錢大昕說，謂當云「父叔遼」，傳寫傎倒耳，見風俗通十反篇。李慈銘說同。今據改。

二四七六頁八行　以禮讓化之　刊誤謂「之」當作「人」。今按：化本治字，避唐諱改，謂以禮讓治之也，劉說未諦。

二四七六頁一三行　時冀妻兄孫祉　按：殿本「祉」作「祉」。集解引惠棟說，謂「祉」風俗通作「禮」。

二四七七頁五行　無以爾萬方　按：「爾」原譌「令」，逕據汲本、殿本改正。

二四七七頁一一行　父丕　按：集解引惠棟說，謂「丕」一作「本」。

二四七八頁五行　山谷鄙生未嘗識郡朝　按：袁宏紀作「山谷鄙老生未嘗到郡縣」。集解引王補說，謂通鑑從范書，無「老」字。按如范書，則「生」字句絕，袁紀則「生」字當屬下句讀。

二四七八頁九行　言至市(當)有所鬻賣　刊誤謂多一「當」字。按：詩陳風疏與御覽卷一九一、八二七引，皆無「當」字，今據刪。

二四七九頁二行　而(進)〔淸〕約省素　據汲本改。

二四七九頁三行　整頓洒埽以待劉公不可得(也)〔止〕　校補引錢大昭說，謂「也」當從吳志注作「止」。今據改。按：吳志裴注引續漢書作「整頓傳舍，以待劉公，不可得止」。

二四七九頁六行　若(使)明〔使〕君用公山於前　集解引陳景雲說，謂「使明君」當作「明使君」，漢代人稱州將如此。今據改。按：吳志正作「明使君」。

二四七九頁十三行　選爲蒲亭長　按：殿本考證謂謝承書作「陽遂亭長」。

二四八〇頁二行　人有陳元者　按：集解引惠棟說，謂汝南先賢行狀作「孫元」。

二四八〇頁九行　人羊元凶惡不孝　按：殿本「羊」作「陳」。

二四八〇頁十三行　河內王渙　按：集解引錢大昕說，謂「渙」當作「奐」，河內武德人，非廣漢之王渙。

二四八一頁十三行　童恢　按：集解引惠棟說，謂案不其令蕫君闕，蕫字從卄從童，蕫與董通，恢蓋姓董也。又引汪文臺說，謂御覽九百二十二、事類賦注十九引謝承書作「董仲」，類聚九十九作「董种」。

二四八二頁二行　謝承書童作僮　按：汲本「僮」作「憧」。

二四八三頁八行　博贍不可及之　按：「不可」原作「可不」，逕據宋書、南史乙正。

後漢書卷七十七

酷吏列傳第六十七

漢承戰國餘烈，多豪猾之民。其并兼者則陵横邦邑，桀健者則雄張閭里。〔一〕且宰守曠遠，戶口殷大。〔二〕故臨民之職，專事威斷，族滅姦軌，先行後聞。〔三〕肆情剛烈，成其不橈之威。〔四〕違衆用己，表其難測之智。〔五〕至於重文横入，爲窮怒之所遷及者，亦何可勝言。〔六〕故乃積骸滿穽，漂血十里。〔七〕致溫舒有虎冠之吏，〔八〕延年受屠伯之名，豈虚也哉！〔九〕若其揣挫彊埶，摧勒公卿，碎裂頭腦而不顧，亦爲壯也。〔一〇〕

〔一〕横音胡孟反。張音知亮反。

〔二〕前書曰，成帝戶一千二百二十三萬三千六十，口五千九百五十九萬四千九百七十八，漢極盛矣。

〔三〕先行刑而後聞奏也。

〔四〕橈，屈也。前書甯成爲濟南都尉，而郅都爲守。始前數都尉，步入府，因吏謁守如縣令，其畏都如此。及成往，直陵都出其上。都素聞其聲，善遇之，與結驩。

〔五〕前書嚴延年爲河南太守，衆人所謂當死者一朝出之，所謂當生者詭殺之，吏人莫能測其用意深淺也。

〔六〕重猶深也。横猶枉也。窮，極也。言遷怒於無罪之人。

〔七〕穽，阬也。前書尹賞守長安令，得一切以便宜從事。賞至，修理長安獄，穿地方深各數丈，名爲虎穴。乃部戶曹掾史，雜舉長安中輕薄少年惡子，無市籍商販作務，而鮮衣凶服者，得數百人，盡以次內穴中，覆以大石，皆相枕藉死。又王溫舒爲河內太守，捕郡中豪猾論報，流血十餘里也。

〔八〕王溫舒爲中尉，窮案姦猾，盡糜爛獄中。其爪牙吏，虎而冠者也。音義云「言其殘虐之甚」也。

〔九〕前書嚴延年爲河南太守，所誅殺血流數里。河南號曰「屠伯」，言若屠人之殺六畜也。

〔一〇〕前書濟南瞯氏，宗人三百餘家，豪猾，二千石莫能制。郅都爲濟南守，至則誅瞯氏首惡，郡中路不拾遺，都後竟坐斬。又趙廣漢爲京兆尹，侵犯貴戚大臣，將吏卒入丞相魏相府，召其夫人(跣)〔跪〕庭下受辭，責以殺婢事。司直蕭望之劾奏廣漢摧辱大臣，傷化不道，坐腰斬。破碎頭腦言不避誅戮也。

自中興以後，科網稍密，吏人之嚴害者，方於前世省矣。而閹人親婭，侵虐天下。〔一〕至使陽球磔王甫之屍，張儉剖曹節之墓。若此之類，雖厭快衆憤，亦云酷矣！儉知名，故附黨人篇。〔二〕

〔一〕爾雅曰：「兩壻相謂曰婭。」

〔二〕劉淑、李膺等傳也。

董宣字少平，陳留圉人也。初爲司徒侯霸所辟，舉高第，累遷北海相。到官，以大姓公孫丹爲五官掾。丹新造居宅，而卜工以爲當有死者，丹乃令其子殺道行人，置屍舍內，以塞其咎。宣知，卽收丹父子殺之。丹宗族親黨三十餘人，操兵詣府，稱寃叫號。宣以丹前附王莽，慮交通海賊，乃悉收繫劇獄，〔一〕使門下書佐水丘岑盡殺之。〔二〕青州以其多濫，奏宣考岑，宣坐徵詣廷尉。在獄，晨夜諷誦，無憂色。及當出刑，官屬具饌送之，宣乃厲色曰：「董宣生平未曾食人之食，况死乎！」升車而去。時同刑九人，次應及宣，光武馳使騶騎特原宣刑，且令還獄。遣使者詰宣多殺無辜，宣具以狀對，言水丘岑受臣旨意，罪不由之，願殺臣活岑。使者以聞，有詔左轉宣懷令，令青州勿案岑罪。岑官至司隸校尉。

〔一〕劇縣之獄。

〔二〕姓水丘，名岑也。

後江夏有劇賊夏喜等寇亂郡境，以宣爲江夏太守。到界，移書曰：「朝廷以太守能禽姦賊，故辱斯任。今勒兵界首，檄到，幸思自安之宜。」喜等聞，懼，卽時降散。外戚陰氏爲郡都尉，宣輕慢之，坐免。

後特徵爲洛陽令。時湖陽公主蒼頭白日殺人，因匿主家，吏不能得。及主出行，而以奴驂乘，宣於夏門亭候之，乃駐車叩馬，以刀畫地，大言數主之失，叱奴下車，因格殺之。主卽還宮訴帝，帝大怒，召宣，欲箠殺之。宣叩頭曰：「願乞一言而死。」帝曰：「欲何言？」宣曰：「陛下聖德中興，而縱奴殺良人，將何以理天下乎？臣不須箠，請得自殺。」卽以頭擊楹，流血被面。帝令小黃門持之，使宣叩頭謝主，宣不從，彊使頓之，宣兩手據地，終不肯俯。主曰：「文叔爲白衣時，臧亡匿死，吏不敢至門。今爲天子，威不能行一令乎？」帝笑曰：「天子不與白衣同。」因勑彊項令出。〔一〕賜錢三十萬，宣悉以班諸吏。由是搏擊豪彊，莫不震慄。京師號爲「臥虎」。歌之曰：「枹鼓不鳴董少平。」〔二〕

〔一〕謝承書曰：「勑令詣太官賜食。宣受詔出，飯盡，覆杯食机上。太官以狀聞。上問宣，宣對曰：『臣食不敢遺餘，如奉職不敢遺力。』」

〔二〕枹，擊鼓杖也，音浮，其字從木也。

在縣五年。年七十四，卒於官。詔遣使者臨視，唯見布被覆屍，妻子對哭，有大麥數斛、敝車一乘。〔一〕帝傷之，曰：「董宣廉絜，死乃知之！」以宣嘗爲二千石，賜艾綬，葬以大夫禮。拜子並爲郎中，後官至齊相。〔二〕

〔一〕謝承書曰「有白馬一匹，蘭輿一乘」也。

〔二〕諸本此下有說蔡茂事二十五字，亦有無者。案：茂自有傳也。

樊曄字仲華，南陽新野人也。與光武少游舊。建武初，徵爲侍御史，遷河東都尉，引見雲臺。初，光武微時，嘗以事拘於新野，曄爲市吏，餽餌一笥，〔一〕帝德之不忘，仍賜曄御食，及乘輿服物。因戲之曰：「一笥餌得都尉，何如？」曄頓首辭謝。及至郡，誅討大姓馬適匡等。〔二〕盜賊清，吏人畏之。數年，遷楊州牧，教民耕田種樹理家之術。視事十餘年，坐法左轉軹長。〔三〕

〔一〕蒼頡篇曰：「餽，饟也。」說文曰：「餌，餅也。笥，竹器也。」

〔二〕馬適，姓也。前書有馬適建。俗本「匡」上有「王」字者，誤也。

〔三〕軹，縣，屬河（南）〔內〕郡，故城在今洛州濟源縣東南也。

隗囂滅後，隴右不安，乃拜曄爲天水太守。政嚴猛，好申韓法，〔一〕善惡立斷。人有犯其禁者，率不生出獄，吏人及羌胡畏之。道不拾遺。行旅至夜，聚衣裝道傍，曰「以付樊公」。涼州爲之歌曰：「游子常苦貧，力子天所富。〔二〕寧見乳虎穴，〔三〕不入冀府寺。〔四〕大笑期必死，忿怒或見置。嗟我樊府君，安可再遭値！」視事十四年，卒官。

〔一〕申不害、韓非之法也。

〔二〕勤力之子。

〔三〕乳，產也。猛獸產乳護其子，則搏噬過常，故以喻也。諸本「穴」字或作「六」，誤也。

〔四〕冀，天水縣也。

永平中，顯宗追思曄在天水時政能，以爲後人莫之及，詔賜家錢百萬。子融，有俊才，好黃老，不肯爲吏。

李章字第公，河內懷人也。五世二千石。章習嚴氏春秋，〔一〕經明教授，歷州郡吏。光武爲大司馬，平定河北，召章置東曹屬，數從征伐。

〔一〕宣帝時博士嚴彭祖也。

光武即位，拜陽平令。〔一〕時趙、魏豪右往往屯聚，清河大姓趙綱遂於縣界起塢壁，繕甲兵，爲在所害。章到，乃設饗會，而延謁綱。綱帶文劍，被羽衣，〔二〕從士百餘人來到。章與對讌飲，有頃，手劒斬綱，伏兵亦悉殺其從者，因馳詣塢壁，掩擊破之，吏人遂安。

〔一〕陽平，縣，屬東郡，故城今魏州莘縣也。

〔二〕緝鳥羽以爲衣也。前書欒大爲五利將軍，服羽衣也。

遷千乘太守，坐誅斬盜賊過濫，徵下獄免。歲中拜侍御史，出爲琅邪太守。時北海安丘大姓夏長思等反，遂囚太守處興，〔一〕而據營陵城。〔二〕章聞，卽發兵千人，馳往擊之。掾（吏）〔史〕止章曰：「二千石行不得出界，兵不得擅發。」〔三〕章按劍怒曰：「逆虜無狀，囚劫郡守，此何可忍！若坐討賊而死，吾不恨也。」遂引兵安丘城下，募勇敢燒城門，與長思戰，斬之，獲三百餘級，得牛馬五百餘頭而還。興歸郡，以狀上帝，悉以所得班勞吏士。後坐度人田不實徵，以章有功，但司寇論。月餘免刑歸。復徵，會病卒。

〔一〕風俗通曰：「史記趙有辯士處子，故有處姓也。」

〔二〕營陵，縣，屬北海郡也。

〔三〕前書杜欽奏記王鳳曰「二千石守千里之地，任兵馬之重，不宜去郡」也。

周紆字文通，下邳徐人也。爲人刻削少恩，好韓非之術。少爲廷尉史。

永平中，補南行唐長。到官，曉吏人曰：「朝廷不以長不肖，使牧黎民，而性讎猾吏，志除豪賊，且勿相試！」遂殺縣中尤無狀者數十人，吏人大震。遷博平令。〔一〕收考姦臧，無出獄者。以威名遷齊相，亦頗嚴酷，專任刑法，而善爲辭案條教，〔二〕爲州內所則。後坐殺無

辜，復左轉博平令。〔一〕坐

〔一〕博平，縣，故城在今博州博平縣東也。

〔二〕辭案猶今案牘也。

徵詣廷尉，免歸。

建初中，爲勃海太守。每赦令到郡，輒隱閉不出，先遣使屬縣盡決刑罪，乃出詔書。坐

紆廉絜無資，常築墼以自給。肅宗聞而憐之，復以爲郎，再遷召陵侯相。廷掾憚紆嚴明，欲損其威，〔一〕乃晨取死人斷手足，立寺門。紆聞，便往至死人邊，若與死人共語狀。陰察視口眼有稻芒，乃密問守門人曰：「悉誰載藁入城者？」〔二〕門者對：「唯有廷掾耳。」又問鈴下：〔三〕「外頗有疑令與死人語者不？」對曰：「廷掾疑君。」乃收廷掾考問，具服「不殺人，取道邊死人」。後人莫敢欺者。

〔一〕續漢志每郡有五官掾，縣爲廷掾也。

〔二〕悉猶知也。

〔三〕漢官儀曰：「鈴下、侍閣、辟車，此皆以名自定者也。」

徵拜洛陽令。下車，先問大姓主名，吏數閭里豪彊以對。紆厲聲怒曰：「本問貴戚若馬、竇等輩，豈能知此賣菜傭乎？」於是部吏望風旨，爭以激切爲事。貴戚跼蹐，京師肅清。

皇后弟黃門郎竇篤從宮中歸，夜至止姦亭，亭長霍延遮止篤，篤蒼頭與爭，延遂拔劍擬篤，而肆詈恣口。篤以表聞。詔召司隸校尉、河南尹詣尚書譴問，遣劍戟士收紆送廷尉詔獄。數日貰出。〔一〕帝知紆奉法疾姦，不事貴戚，然苛慘失中，〔二〕數爲有司所奏，八年，遂免官。

〔一〕貰，赦也，音市夜反。

〔二〕慘，虐也。

後爲御史中丞。和帝即位，太傅鄧彪奏紆在任過酷，不宜典司京輦。〔一〕免歸田里。後竇氏貴盛，篤兄弟秉權，睚眦宿怨，無不僵仆。〔二〕紆自謂無全，乃柴門自守，以待其禍。然篤等以紆公正，而怨隙有素，遂不敢害。

〔一〕漢官儀曰：「御史中丞，外督部刺史，內領侍御史，糾察百司。」故云典司京輦。

〔二〕僵，偃也。仆，踣也。

永元五年，復徵爲御史中丞。諸竇雖誅，而夏陽侯瓌猶尚在朝。紆疾之，乃上疏曰：「臣聞臧文仲之事君也，見有禮於君者，事之如孝子之養父母；見無禮於君者，誅之如鷹鸇之逐鳥雀。〔一〕案夏陽侯瓌，本出輕薄，志在邪僻，學無經術，而妄搆講舍，外招儒徒，實會姦桀。輕忽天威，侮慢王室，又造作巡狩封禪之書，惑衆不道，當伏誅戮，而主者營私，不爲國計。夫涓流雖寡，浸成江河；爝火雖微，卒能燎野。〔二〕履霜有漸，可不懲革？〔三〕宜尋呂產專竊之亂，〔四〕永惟王莽篡逆之禍，上安社稷之計，下解萬夫之惑。」會瓌歸國，紆遷司隸校尉。

〔一〕左氏傳季孫行父稱臧文仲教行父事君之辭也。

〔二〕莊子曰：「日月出矣，而爝火不息。」爝火，小火也。

〔三〕易曰：「履霜堅冰至，其所由來者漸矣。」

〔四〕呂產，呂太后之兄子，封爲梁王，太后崩，與弟祿作亂也。

六年夏旱，車駕自幸洛陽錄囚徒，二人被掠生蟲，坐左轉騎都尉。七年，遷將作大匠。九年，卒於官。

黃昌字聖真，會稽餘姚人也。〔一〕本出孤微。居近學官，數見諸生修庠序之禮，因好之，遂就經學。又曉習文法，仕郡爲決曹。〔二〕刺史行部，見昌，甚奇之，辟從事。

〔一〕餘姚，今越州縣也。

〔二〕續漢志曰：「決曹主罪法事。」

後拜宛令，政尚嚴猛，好發姦伏。人有盜其車蓋者，昌初無所言，後乃密遣親客至門下賊曹家掩取得之，〔一〕悉收其家，一時殺戮。大姓戰懼，皆稱神明。

〔一〕續漢志曰：「賊曹主盜賊事。」

朝廷舉能，遷蜀郡太守。先太守李根年老多悖政，〔一〕百姓侵冤。及昌到，吏人訟者七百餘人，悉爲斷理，莫不得所。密捕盜帥一人，脅使條諸縣彊暴之人姓名居處，乃分遣掩討，無有遺脫。宿惡大姦，皆奔走它境。

〔一〕悖，亂也。

初，昌爲州書佐，其婦歸寧於家，遇賊被獲，遂流轉入蜀爲人妻。其子犯事，乃詣昌自訟。昌疑母不類蜀人，因問所由。對曰：「妾本會稽餘姚戴次公女，州書佐黃昌妻也。妾嘗歸家，爲賊所略，遂至於此。」昌驚，呼前謂曰：「何以識黃昌邪？」對曰：「昌左足心有黑子，常自言當爲二千石。」〔一〕昌乃出足示之。因相持悲泣，還爲夫婦。

〔一〕相書曰：「足心有黑子者二千石。」

視事四年，徵，再遷陳相。縣人彭氏舊豪縱，造起大舍，高樓臨道。昌每出行縣，彭氏婦人輒升樓而觀。昌不喜，遂勑收付獄，案殺之。

又遷爲河內太守，又再遷潁川太守。永和五年，徵拜將作大匠。漢安元年，進補大司農，左轉太中大夫，卒於官。

陽球字方正，漁陽泉州人也。〔一〕家世大姓冠蓋。球能擊劍，習弓馬。性嚴厲，好申韓之學。郡吏有辱其母者，球結少年數十人，殺吏，滅其家，由是知名。初舉孝廉，補尚書侍郎，閑達故事，其章奏處議，〔二〕常爲臺閣所崇信。出爲高唐令，以嚴苛過理，郡守收舉，〔三〕會赦見原。

〔一〕泉州故城在今幽州雍奴縣南也。

〔二〕處，斷也。

〔三〕收繫舉劾之也。

辟司徒劉寵府，舉高第。九江山賊起，連月不解。三府上球有理姦才，拜九江太守。球到，設方略，凶賊殄破，收郡中姦吏盡殺之。

遷平原相。出教曰：「相前莅高唐，志埽姦鄙，遂爲貴郡所見枉舉。昔桓公釋管仲射鉤之讎，高祖赦季布逃亡之罪。雖以不德，敢忘前義。況君臣分定，而可懷宿昔哉！今一蠲往愆，期諸來效。若受教之後而不改姦狀者，不得復有所容矣。」郡中咸畏服焉。時天下大旱，司空張顥條奏長吏苛酷貪汙者，皆罷免之。球坐嚴苦，徵詣廷尉，當免官。靈帝以球九江時有功，拜議郎。

遷將作大匠，坐事論。頃之，拜尚書令。奏罷鴻都文學，曰：「伏承有詔敕中尚方爲鴻都文學樂松、江覽等三十二人圖象立贊，以勸學者。臣聞傳曰：『君舉必書。書而不法，後嗣何觀！』〔一〕案松、覽等皆出於微蔑，斗筲小人，依憑世戚，附託權豪，俛眉承睫，徼進明時。或獻賦一篇，或鳥篆盈簡，〔二〕而位升郎中，形圖丹青。亦有筆不點牘，辭不辯心，假手請字，妖僞百品，莫不被蒙殊恩，蟬蛻滓濁。〔三〕是以有識掩口，天下嗟歎。臣聞圖象之設，以昭勸戒，欲令人君動鑒得失。未聞豎子小人，詐作文頌，而可妄竊天官，垂象圖素者也。今太學、東觀足以宣明聖化。願罷鴻都之選，以消天下之謗。」書奏不省。

〔一〕左傳曹（翽）〔劌〕諫魯莊公之辭也。

〔二〕八體書有鳥篆，象形以爲字也。

〔三〕說文曰：「蛻，蟬蛇所解皮也。」蛻音式銳反。楚詞曰：「濟江海兮蟬蛻。」或音它外反。

時中常侍王甫、曹節等姦虐弄權，扇動外內，球嘗拊髀發憤曰：「若陽球作司隸，此曹子安得容乎？」光和二年，遷爲司隸校尉。王甫休沐里舍，球詣闕謝恩，奏收甫及中常侍淳于登、袁赦、封昱、〔一〕中黃門劉毅、小黃門龐訓、朱禹、齊盛等，及子弟爲守令者，姦猾縱恣，罪合滅族。太尉段熲諂附佞倖，宜並誅戮。於是悉收甫、熲等送洛陽獄，及甫子永樂少府萌、沛相吉。球自臨考甫等，五毒備極。萌謂球曰：「父子既當伏誅，少以楚毒假借老父。」

球曰：「若罪惡無狀，〔三〕死不滅責，乃欲求假借邪？」萌乃罵曰：「爾前奉事吾父子如奴，奴敢反汝主乎！今日困吾，行自及也！」球使以土窒萌口，箠朴交至，父子悉死杖下。熲亦自殺。乃僵磔甫屍於夏城門，大署牓曰「賊臣王甫」。盡沒入財產，妻子皆徙比景。

〔一〕𦐇音吐盍反。

〔三〕若，汝也。

球既誅甫，復欲以次表曹節等，乃勑中都官從事曰：「且先去大猾，當次案豪右。」權門聞之，莫不屏氣。諸奢飾之物，皆各緘縢，不敢陳設。〔一〕京師畏震。

〔一〕說文曰：「緘，束篋也。」孔安國注尚書曰：「縢，緘也。」

時順帝虞貴人葬，百官會喪還，曹節見磔甫屍道次，慨然抆淚曰：〔一〕「我曹自可相食，何宜使犬舐其汁乎？」語諸常侍，今且俱入，勿過里舍也。節直入省，白帝曰：「陽球故酷暴吏，前三府奏當免官，以九江微功，復見擢用。愆過之人，好為妄作，不宜使在司隸，以騁毒虐。」帝乃徙球為衞尉。時球出謁陵，節勑尚書令召拜，不得稽留尺一。球被召急，因求見帝，叩頭曰：「臣無淸高之行，橫蒙鷹犬之任。前雖糾誅王甫、段熲，蓋簡落狐狸，未足宣示天下。願假臣一月，必令豺狼鴟梟，各服其辜。」叩頭流血。殿上呵叱曰：「衞尉扞詔邪！」至於再三，乃受拜。

〔一〕抆，拭也，音亡粉反。

其冬，司徒劉郃與球議收案張讓、曹節，節等知之，共誣白郃等。語已見陳球傳。遂收球送洛陽獄，誅死，妻子徙邊。

王吉者，陳留浚儀人，中常侍甫之養子也。甫在宦者傳。吉少好誦讀書傳，喜名聲，而性殘忍。以父秉權寵，年二十餘，爲沛相。曉達政事，能斷察疑獄，發起姦伏，多出衆議。課使郡內各舉姦吏豪人諸常有微過酒肉爲臧者，雖數十年猶加貶棄，注其名籍。專選剽悍吏，擊斷非法。若有生子不養，卽斬其父母，合土棘埋之。凡殺人皆磔屍車上，隨其罪目，宣示屬縣。〔一〕夏月腐爛，則以繩連其骨，周徧一郡乃止，見者駭懼。視事五年，凡殺萬餘人。其餘慘毒刺刻，不可勝數。郡中惴恐，〔二〕莫敢自保。及陽球奏甫，乃就收執，死於洛陽獄。

〔一〕目，罪名也。

〔二〕惴，懼也，音之瑞反。

論曰：古者敦厖，善惡易分。〔一〕至於畫衣冠，異服色，而莫之犯。〔二〕叔世偷薄，〔三〕上下相蒙，〔四〕德義不足以相洽，化導不能以懲違，遂乃嚴刑痛殺，隨而繩之，致刻深之吏，以暴理姦，倚疾邪之公直，濟忍苛之虐情。漢世所謂酷能者，蓋有聞也。皆以敢捍精敏，巧附文理，風行霜烈，威譽諠赫。與夫斷斷守道之吏，何工否之殊乎！〔五〕故嚴君蚩黃霸之術，〔六〕密人笑卓茂之政，〔七〕猛既窮矣，而猶或未勝。然朱邑不以笞辱加物，〔八〕袁安未嘗鞫人臧罪，〔九〕而猾惡自禁，人不欺犯。何者？以爲威辟既用，而苟免之行興；〔一〇〕仁信道孚，故感被之情著。〔一一〕苟免者威隙則姦起，感被者人亡而思存。〔一二〕由一邦以言天下，則刑訟繁措，可得而求乎！

〔一〕左傳申叔時曰：「人生敦厖，和同以聽。」杜預注云：「敦厖，厚大也。」

〔二〕白武通曰：「畫象者，其衣服象五刑也。犯墨者蒙巾，犯劓者以赭著其衣，犯髕者以墨蒙其髕處而畫之，犯宮者雜屝，犯大辟者布衣無領。」墨，黥面也。

〔三〕左傳曰：「叔向曰：『三辟之興，皆叔代也。』」叔代猶末代也。偷，苟且也。本或作「渝」。渝，變也。

〔四〕左傳介之推曰：「下義其罪，上賞其姦，上下相蒙，難與處矣。」蒙，欺也。

〔五〕尚書曰：「如有一介臣，斷斷猗。」孔安國注云：「斷斷猗然專一之臣也。」

〔六〕前書嚴延年爲河南太守，嚴刑峻罰。時黃霸爲潁川太守，以寬恕爲化，郡中亦平，屢蒙豐年，鳳皇屢集。上下詔稱揚其行，加金爵之賞。延年素輕霸爲人，及比郡爲守，褒賞反在己前，心內不服。河南界中又有蝗，府丞狐義出行蝗，還見延年。延年曰：「此蝗豈鳳皇食邪？」

〔七〕茂傳曰：「初茂到縣，有所廢置，吏人笑之。」

〔八〕前書曰：「朱邑以愛利爲行，未嘗笞辱人。」

〔九〕安傳曰「安爲河南尹，政號嚴明，然未曾以臧罪鞫人」也。

〔10〕辟，法也，音頻亦反。

〔一一〕左傳曰：「小信未孚。」杜預注云：「孚，大信也。」此言仁信之道，大信於人。

〔一二〕若子產卒，仲尼聞之，曰「古之遺愛也」。

贊曰：大道既往，刑禮爲薄。〔一〕斯人散矣，機詐萌作。〔二〕去殺由仁，濟寬非虐。〔三〕末暴雖勝，崇本或略。〔四〕

〔一〕老子曰：「大道廢，有仁義。」又曰：「禮者，忠信之薄而亂之始。」

〔二〕論語曾子曰「上失其道，人散久矣，如得其情，則哀矜而勿喜」也。

〔三〕論語曰：「善人爲邦百年，亦可以勝殘去殺。」此言用仁德化人，人知禮節，可以無殺戮也。左傳曰：「寬以濟猛，猛以濟寬。」言政寬則人慢，故須以猛濟之，非故爲暴虐也。

〔四〕春秋繁露曰：「君者，國之本也。夫爲國(本)，其化莫大於崇本。崇本則君化若神，不崇本則無以衆人。」此言酷暴爲政化之末，雖得勝殘，而崇本之道尚爲略也。

二四八八頁九行　召其夫人(蹠)〔跪〕庭下受辭　據汲本改。

二四八八頁一二行　張儉剖曹節之墓　按：集解引何焯說，謂以黨錮、宦者二傳參考，乃侯覽，非曹節也，所當刊正。

二四九〇頁八行　覆杯食机上　按：「杯」原譌「柸」，逕改正。

二四九一頁四行　遷楊州牧　按：「楊」原作「揚」，各本同。以前後皆作「楊」，逕改。

二四九一頁八行　軹縣屬河(南)〔內〕郡　據集解引洪亮吉說改。

二四九一頁一一行　寧見乳虎穴　按：校補謂「見」或「覔」之譌。

二四九一頁一一行　不入冀府寺　按：集解引惠棟說，謂「府」一作「城」。

二四九二頁六行　李章字第公　「第」原作「弟」，逕據汲本、殿本改。按：弟第古通作。

二四九三頁二行　掾(吏)〔史〕止章　據刊誤改。

二四九七頁一三行　又遷爲河內太守又再遷潁川太守　按：刊誤謂案文多二「又」字。

二四九八頁一〇行　遷平原相　按：校補引柳從辰說，謂袁紀作「甘陵相」。

二四九八頁一三行　司空張顥　按：集解引惠棟說，謂考異云案顥光和元年爲太尉，未嘗爲司空。

二四九九頁八行　曹(翽)〔劌〕諫魯莊公之辭也　據殿本改。

二四九九頁一三行　朱禹　按：殿本考證謂何焯校本「禹」改「瑀」。

二四九九頁一四行　太尉段熲　按：「段」原誤「叚」，逕改正。下同。

二五〇〇頁一行　乃欲求假借邪　按：集解引王補說，謂此句通鑑「乃欲」下多「論先後」三字。

二五〇〇頁一三行　簡落狐狸　按：集解引王補說，謂袁紀作「狐狸小醜」。

二五〇二頁一〇行　白武通曰　按：汲本、殿本「武」作「虎」，此避唐諱而未回改也。

二五〇三頁一四行　夫爲國（本）其化莫大於崇本　據刊誤刪。

後漢書卷七十八

宦者列傳第六十八

易曰：「天垂象，聖人則之。」〔一〕宦者四星，在皇位之側，故周禮置官，亦備其數。閽者守中門之禁，〔二〕寺人掌女宮之戒。〔三〕又云「王之正內者五人」。〔四〕月令：「仲冬，命閹尹審門閭，謹房室。」〔五〕詩之小雅，亦有巷伯刺讒之篇。〔六〕然宦人之在王朝者，其來舊矣。將以其體非全氣，情志專良，通關中人，易以役養乎？〔七〕然而後世因之，才任稍廣。其能者，則勃貂、管蘇有功於楚、晉，〔八〕景監、繆賢著庸於秦、趙。〔九〕及其敝也，則豎刁亂齊，伊戾禍宋。〔一〇〕

〔一〕易繫辭之文也。

〔二〕周禮曰：「閽人掌守王宮中門之禁。」鄭玄注云：「中門，於外內爲中也。閽卽刖足者。」

〔三〕周禮曰：「寺人掌王宮之內人及女宮之戒命」也。

〔四〕周禮曰：「寺人掌王之正內五人。」注云：「正內，路寢也。」

〔五〕鄭玄注月令云：「奄尹，主領奄豎之官者也。於周（禮）則爲內宰，掌理王之內政、宮令，譏出入開閉之屬也。」

〔六〕毛詩序曰：「巷伯，刺幽王也。寺人傷於讒，而作是詩也。」毛萇注云：「巷伯，內之小臣也。」

〔七〕闕，涉也。中人，內人也。

〔八〕勃貂即寺人披也。一名勃鞮，字伯楚。左傳曰，呂、郤畏偪，將焚公宮，殺晉文公。寺人披見公，以難告，遂殺呂、郤。新序曰：「楚恭王有疾，告諸大夫曰：『管蘇犯我以義，違我以禮，與處不安，不見不思，然而有得焉，吾死之後，爵之於朝』也。

〔九〕史記曰，商君入秦，因孝公寵臣景監以求見。又曰，藺相如爲趙宦者令繆賢舍人，趙求人使報秦者，未得，繆賢曰：「臣舍人藺相如可使也。」著庸謂薦鞅及相如也。

〔一〇〕左傳曰，齊桓公卒，易牙入，與寺人貂因內寵以殺羣吏而立公子無虧，孝公奔宋。杜預注曰：「寺人即閹官。」「刁」即「貂」也，音彫。又曰，楚客聘于晉，過宋，太子知之，請野享之，公使往。寺人伊戾請從之。至則坎用牲，加書徵之，而聘告公曰：「太子將爲亂。」公使視之，則信有焉。太子死，公徐聞其無罪，乃亨伊戾也。

漢興，仍襲秦制，置中常侍官。然亦引用士人，以參其選，皆銀璫左貂，給事殿省。及高后稱制，乃以張卿爲大謁者，出入臥內，受宣詔命。〔一〕文帝時，有趙談、北宮伯子，頗見親倖。至於孝武，亦愛李延年。〔二〕帝數宴後庭，或潛游離館，故請奏機事，多以宦人主之。至元帝之世，史游爲黃門令，勤心納忠，有所補益。〔三〕其後弘恭、石顯以佞險自進，卒有蕭、周之禍，損穢帝德焉。〔四〕

〔一〕前書曰，齊人田生求事呂后所幸大謁者張釋卿。晉義曰：「奄人也。」仲長統昌言曰：「宦豎傅近房臥之內，交錯婦人之閒。」

〔二〕前書曰，孝文時宦者則趙談、北宮伯子，孝武時宦者李延年也。

〔三〕前書曰，急就一篇，元帝黃門令史游作。董巴輿服志曰「禁門曰黃闥，中人主之，故曰黃門」也。

〔四〕前書曰，前將軍蕭望之及光祿大夫周堪建白，以為宜罷中常侍官，應古不近刑人，由是大與石顯忤，後皆害焉。望之自殺，堪廢錮不得復進用也。

中興之初，宦官悉用閹人，不復雜調它士。至永平中，始置員數，中常侍四人，小黃門十人。和帝卽祚幼弱，而竇憲兄弟專總權威，內外臣僚，莫由親接，所與居者，唯閹宦而已。故鄭衆得專謀禁中，終除大憝，〔一〕遂享分土之封，超登宮卿之位。〔二〕於是中官始盛焉。

〔一〕憝，惡也，音大對反。謂誅竇憲也。

〔二〕宮卿謂為大長秋也。

自明帝以後，迄乎延平，委用漸大，而其員稍增，中常侍至有十人，小黃門二十人，改以金璫右貂，兼領卿署之職。鄧后以女主臨政，而萬機殷遠，朝臣國議，無由參斷帷幄，稱制下令，不出房闈之閒，〔一〕不得不委用刑人，寄之國命。手握王爵，口含天憲，非復掖廷永巷之職，閨牖房闥之任也。〔二〕其後孫程定立順之功，曹騰參建桓之策，續以五侯合謀，梁冀受鉞，迹因公正，恩固主心，故中外服從，上下屏氣。或稱伊、霍之勳，無謝於往載；或謂良、平之畫，復興於當今。雖時有忠公，而竟見排斥。〔三〕舉動回山海，呼吸變霜露。阿旨曲求，則光寵三族；〔四〕直情忤意，則參夷五宗。〔五〕漢之綱紀大亂矣。

〔一〕爾雅曰「宮中〔小〕〔之〕門謂之闈」也。

〔二〕永巷及掖廷，並署名也。爾雅曰：「小閨謂之閤。」

〔三〕謂皇甫嵩、蔡雍等並被排也。

〔四〕父族、母族、妻族也。

〔五〕夷，滅也。參夷，夷三族也。五宗，五服內親故也。

若夫高冠長劍，紆朱懷金者，布滿宮闈；〔一〕苴茅分虎，南面臣人者，蓋以十數。〔二〕府署第館，棊列於都鄙；〔三〕子弟支附，過半於州國。南金、和寶、冰紈、霧縠之積，盈仞珍臧；〔四〕嬙媛、侍兒、歌童、舞女之玩，充備綺室。〔五〕狗馬飾雕文，土木被緹繡。〔六〕皆剝割萌黎，競恣奢欲。搆害明賢，專樹黨類。其有更相援引，希附權彊者，皆腐身熏子，以自衒達。〔七〕同敝相濟，故其徒有繁，敗國蠹政之事，不可單書。〔八〕所以海內嗟毒，志士窮棲，寇劇緣閒，搖亂區夏。〔九〕雖忠良懷憤，時或奮發，而言出禍從，旋見孥戮。因復大考鉤黨，轉相誣染。〔一〇〕凡稱善士，莫不離被災毒。竇武、何進，位崇戚近，乘九服之囂怨，協羣英之埶力，〔一一〕而以疑留不斷，至於殄敗。斯亦運之極乎！雖袁紹龔行，芟夷無餘，然以暴易亂，亦何云及！〔一二〕自曹騰說梁冀，竟立昏弱。〔一三〕魏武因之，遂遷龜鼎。〔一四〕所謂「君以此始，必以此終」，信乎其然矣！〔一五〕

〔一〕楚辭曰：「高余冠之岌岌。」又曰：「撫長劒兮玉珥。」楊雄法言曰：「或問使我紆朱懷金，其樂不可量也。」李軌注曰：「朱，朱紱也。金，金印也。」

〔二〕封諸侯各以其方色土，苴以白茅，而分銅虎符也。

〔三〕棊列，如棊之布列。史記曰：「往往棊置。」

〔四〕詩頌曰：「大路南金。」鄭玄注云：「荆、楊之州，貢金三品。」和謂卞和也。

〔五〕左傳曰：「夫差宿有妃嬙嬪御焉。」杜預注曰：「妃嬙，貴者。」嬙音牆。前書曰：「初，爰盎爲吳相時，從史盜私盎侍兒。」昌言曰：「爲音樂則歌兒舞女，千曹而迭起。」左傳晏子曰：「高臺深池，撞鍾舞女。」綺室，室之綺麗者。

〔六〕前書東方朔曰：「土木衣綺繡，狗馬被繢罽。」緹，厚繒也。

〔七〕前書曰：「史遷熏胥以刑。」韋昭曰：「古者腐刑必熏合之。」

〔八〕單，盡也。

〔九〕寇盜劇賊緣閒隙而起也。

〔一〇〕鉤黨謂李膺、杜密等。

〔一一〕九服已見上。羣英謂劉猛、朱寓之屬，見竇武傳。

〔二〕尚書曰：「龔行天罰。」左傳曰：「芟夷蘊崇之。」史記曰「以暴易亂兮，不知其非」也。

〔三〕謂立桓帝也。

〔四〕龜鼎，國之守器，以諭帝位也。尚書曰：「寧王遺我大寶龜。」左傳曰「鼎遷于商」也。

〔五〕此謂宦官也。言漢家初寵用宦官，其後終爲宦官所滅。左傳楚屈蕩曰「君以此始，必以此終」也。

鄭衆字季產，南陽犨人也。爲人謹敏有心幾。永平中，初給事太子家。肅宗即位，拜小黃門，遷中常侍。和帝初，加位鉤盾令。時竇太后秉政，后兄大將軍憲等並竊威權，朝臣上下莫不附之，而衆獨一心王室，不事豪黨，帝親信焉。及憲兄弟圖作不軌，衆遂首謀誅之，以功遷大長秋。策勳班賞，每辭多受少。由是常與議事。〔一〕中官用權，自衆始焉。

〔一〕與音預。

十四年，帝念衆功美，封爲鄛鄉侯，食邑千五百戶。〔一〕永初元年，和熹皇后益封三百戶。

〔一〕鄛音士交反。說文曰：「南〔郡〕〔陽〕棘陽縣有鄛鄉。」

元初元年卒，養子閎嗣。閎卒，子安嗣。後國絕。桓帝延熹二年，紹封衆曾孫石儱爲關內侯。

蔡倫字敬仲，桂陽人也。以永平末始給事宮掖，建初中，爲小黃門。及和帝卽位，轉中常侍，豫參帷幄。

倫有才學，盡心敦慎，數犯嚴顏，匡弼得失。每至休沐，輒閉門絕賓，暴體田野。後加位尚方令。永元九年，監作祕劍及諸器械，莫不精工堅密，爲後世法。

自古書契多編以竹簡，其用縑帛者謂之爲紙。縑貴而簡重，並不便於人。倫乃造意，用樹膚、麻頭及敝布、魚網以爲紙。元興元年奏上之，帝善其能，自是莫不從用焉，故天下咸稱「蔡侯紙」。〔一〕

〔一〕湘州記曰：「耒陽縣北有漢黃門蔡倫宅，宅西有一石臼，云是倫舂紙臼也。」

元初元年，鄧太后以倫久宿衞，封爲龍亭侯，〔二〕邑三百戶。後爲長樂太僕。四年，帝以經傳之文多不正定，乃選通儒謁者劉珍及博士良史詣東觀，各讎校（漢）家法，令倫監典其事。

〔一〕龍亭，縣，故城在今洋州興埶縣東，明月池在其側。

倫初受竇后諷旨，誣陷安帝祖母宋貴人。及太后崩，安帝始親萬機，勑使自致廷尉。倫耻受辱，乃沐浴整衣冠，飲藥而死。國除。

孫程字稚卿，涿郡新城人也。〔一〕安帝時，爲中黃門，給事長樂宮。

〔一〕東觀記曰：「北新城人，衞康叔之胄孫林父之後。」東觀自此已下十九人，與程同功者皆敍其所承本系。蓋當時史官懼程等威權，故曲爲文飾。

時鄧太后臨朝，帝不親政事。小黃門李閏與帝乳母王聖常共譖太后兄執金吾悝等，言欲廢帝，立平原王（德）〔翼〕，帝每忿懼。及太后崩，遂誅鄧氏而廢平原王，封閏雍鄉侯；又小黃門江京以讒諂進，初迎帝於邸，以功封都鄉侯，食邑各三百戶。閏、京並遷中常侍，江京兼大長秋，與中常侍樊豐、黃門令劉安、鉤盾令陳達及王聖、聖女伯榮扇動內外，競爲侈虐。又帝舅大將軍耿寶、皇后兄大鴻臚閻顯更相阿黨，遂枉殺太尉楊震，廢皇太子爲濟陰王。明年帝崩，立北鄉侯爲天子。顯等遂專朝爭權，乃諷有司奏誅樊豐，廢耿寶、王聖，及黨與皆見死徙。

十月，北鄉侯病篤。程謂濟陰王謁者長興渠曰：〔一〕「王以嫡統，本無失德，先帝用讒，遂至廢黜。若北鄉疾不起，共斷江京、閻顯，事乃可成。」渠等然之。又中黃門南陽王康，先爲太子府史，自太子之廢，常懷歎憤。又長樂太官丞京兆王國，並附同於程。至二十七日，北鄉侯薨。閻顯白太后，徵諸王子簡爲帝嗣。未及至。十一月二日，程遂與王康等十八人聚謀於西鍾下，皆截單衣爲誓。四日夜，程等共會崇德殿上，因入章臺門。時江京、劉安及李閏、陳達等俱坐省門下，程與王康共就斬京、安、達，以李閏權埶積爲省內所服，欲引爲主，因舉刃脅閏曰：「今當立濟陰王，無得搖動。」閏曰：「諾。」於是扶閏起，俱於西鍾下迎濟陰王立之，是爲順帝。召尚書令、僕射以下，從輦幸南宮雲臺，程等留守省門，遮扞內外。

〔一〕興姓，渠名。

閻顯時在禁中，憂迫不知所爲，小黃門樊登勸顯發兵，以太后詔召越騎校尉馮詩、虎賁中郎將閻崇，屯朔平門，以禦程等。誘詩入省，太后使授之印，曰：「能得濟陰王者封萬戶侯，得李閏者五千戶侯。」顯以詩所將衆少，使與登迎吏士于左掖門外。詩因格殺登，歸營屯守。顯弟衞尉景遽從省中還外府，收兵至盛德門。程傳召諸尚書使收景。尚書郭鎭時臥病，聞之，卽率直宿羽林出南止車門，逢景從吏士，拔白刃，呼曰：「無干兵。」鎭卽下車，持節詔之。景曰：「何等詔？」因斫鎭，不中。鎭引劒擊景墯車，左右以戟叉其匈，遂禽之，送廷尉獄，即夜死。旦日，令侍御史收顯等送獄，於是遂定。下詔曰：「夫表功錄善，古今之通義也。故中常侍長樂太僕江京、黃門令劉安、鉤盾令陳達與故車騎將軍閻顯兄弟謀議惡逆，傾亂天下。中黃門孫程、王康、長樂太官丞王國、中黃門黃龍、彭愷、孟叔、李建、王成、張賢、史汎、馬國、王道、李元、楊佗、〔一〕陳予、趙封、李剛、魏猛、苗光等，〔二〕懷忠憤發，勠力協謀，遂埽滅元惡，以定王室。詩不云乎：『無言不讎，無德不報。』〔三〕程爲謀首，康、國協同。其封程爲浮陽侯，食邑萬戶；康爲華容侯，國爲酈侯，各九千戶；黃龍爲湘南侯，五千戶；彭愷爲西平昌侯，〔四〕孟叔爲中廬侯，〔五〕李建爲復陽侯，各四千二百戶；王成爲廣宗侯，張賢爲祝阿侯，史汎爲臨沮侯，〔六〕馬國爲廣平侯，王道爲范縣侯，李元爲褒信侯，楊佗爲山都侯，〔七〕陳予爲下雋侯，〔八〕趙封爲析縣侯，李剛爲枝江侯，各四千戶；魏猛爲夷陵侯，二千戶；苗光爲東阿侯，千戶。」是爲十九侯。加賜車馬金銀錢帛各有差。李閏以先不豫謀，故不封。遂擢拜程騎都尉。

〔一〕佗音駝。

〔二〕東觀記曰「程賦棗脯，又〔分〕與光，曰：『以爲信，今暮其當著矣。』漏盡，光爲尚席直事通燈，解劍置外，持燈入章臺門，程等適入。光走出門，欲取劍，王康呼還，光不應。光得劍，欲還入，門已閉，光便守宜秋門，會李閏來，出光，因與俱迎濟陰王幸南宮雲臺。詔書錄功臣，令康疏名，康詐疏光入章臺門。光謂康曰：『緩急有問者當相證也。』詔書封光東阿侯，食邑四千戶，未受符策，光心不自安，詣黃門令自告。有司奏康、光欺詐主上，詔書勿問，遂封東阿侯，邑千戶」也。

〔三〕詩大雅也。

〔四〕西平昌，（諸）縣，屬平原郡。

〔五〕中廬，縣，屬南郡。

〔六〕臨沮，縣，屬南郡。

〔七〕褒信、山都並屬南陽郡也。

〔八〕下雋，縣，〔屬〕長沙郡，音似兗反。

永建元年，程與張賢、孟叔、馬國等爲司隸校尉虞詡訟罪，懷表上殿，呵叱左右。帝怒，遂免程官，因悉遣十九侯就國，後徙封程爲宜城侯。程既到國，怨恨恚懟，〔一〕封還印綬、符策，亡歸京師，〔二〕往來山中。詔書追求，復故爵土，賜車馬衣物，遣還國。

〔一〕懟，怨也，音直季反。

〔二〕續漢書曰：「程到宜城，怨恨恚懟，刻瓦爲印，封還印綬。」

三年，帝念程等功勳，悉徵還京師。程與王道、李元皆拜騎都尉，餘悉奉朝請。陽嘉元年，程病甚，即拜奉車都尉，位特進。及卒，使五官〔中〕郎將追贈車騎將軍印綬，賜謚剛侯。侍御史持節監護喪事，乘輿幸北部尉傳，〔一〕瞻望車騎。

〔一〕北部尉之傳舍也。傳音陟戀反。

程臨終，遺言上書，以國傳弟美。帝許之，而分程半，封程養子壽爲浮陽侯。後詔書錄微功，封興渠爲高望亭侯。四年，詔宦官養子悉聽得爲後，襲封爵，定著乎令。

王康、王國、彭愷、王成、趙封、魏猛六人皆早卒。黄龍、楊佗、孟叔、李建、張賢、史汎、王道、李元、李剛九人與阿母山陽君宋娥更相貨賂，求高官增邑，又誣罔中常侍曹騰、孟賁等。永和二年，發覺，並遣就國，減租四分之一。宋娥奪爵歸田舍。唯馬國、陳予、苗光保全封邑。

初，帝見廢，監太子家小黄門籍建、傅高梵、長秋長趙熹、丞良賀、藥長夏珍皆以無過獲罪，建等坐徙朔方。及帝卽位，並擢爲中常侍。梵坐臧罪，減死一等。建後封東鄉侯，三百戶。

賀淸儉退厚，〔一〕位至大長秋。陽嘉中，詔九卿舉武猛，賀獨無所薦。帝引問其故，對曰：「臣生自草茅，長於宮掖，旣無知人之明，又未嘗交知士類。昔衞鞅因景監以見，有識知其不終。〔二〕今得臣舉者，匪榮伊辱。」固辭之。及卒，帝思賀忠，封其養子爲都鄉侯，三百戶。

〔一〕謙退而厚重也。

〔三〕史記趙良謂商君曰：「君之見秦王也，因嬖人景監，非所以爲名也。」商君竟爲秦惠所車裂也。

曹騰字季興，沛國譙人也。安帝時，除黃門從官。順帝在東宮，鄧太后以騰年少謹厚，使侍皇太子書，特見親愛。及帝卽位，騰爲小黃門，遷中常侍。桓帝得立，騰與長樂太僕州輔等七人，以定策功，皆封亭侯，騰爲費亭侯，遷大長秋，加位特進。

騰用事省闥三十餘年，奉事四帝，未嘗有過。其所進達，皆海內名人，陳留虞放、邊韶、南陽延固、張溫、弘農張奐、潁川堂谿典等。時蜀郡太守因計吏賂遺於騰，益州刺史种暠於斜谷關搜得其書，上奏太守，幷以劾騰，請下廷尉案罪。帝曰：「書自外來，非騰之過。」遂寢暠奏。騰不爲纖介，常稱暠爲能吏，時人嗟美之。

騰卒，養子嵩嗣。种暠後爲司徒，告賓客曰：「今身爲公，乃曹常侍力焉。」

嵩靈帝時貨賂中官及輸西園錢一億萬，故位至太尉。〔一〕及子操起兵，不肯相隨，乃與少子疾避亂琅邪，爲徐州刺史陶謙所殺。

〔一〕嵩具袁紹傳。

單超，河南人；徐璜，下邳良城人；具瑗，魏郡元城人；左悺，河南平陰人；〔一〕唐衡，潁川郾人也。桓帝初，超、璜、瑗爲中常侍，悺、衡爲小黃門史。

〔一〕悺音工奐反，又音綰。

初，梁冀兩妹爲順桓二帝皇后，冀代父商爲大將軍，再世權戚，威振天下。冀自誅太尉李固、杜喬等，驕橫益甚，皇后乘埶忌恣，多所鴆毒，上下鉗口，〔一〕莫有言者。帝逼畏久，恒懷不平，恐言泄，不敢謀之。延熹二年，皇后崩，帝因如廁，獨呼衡問：「左右與外舍不相得者皆誰乎？」〔二〕衡對曰：「單超、左悺前詣河南尹不疑，禮敬小簡，不疑收其兄弟送洛陽獄，二人詣門謝，乃得解。徐璜、具瑗常私忿疾外舍放橫，口不敢道。」於是帝呼超、悺入室，謂曰：「梁將軍兄弟專固國朝，迫脅外內，公卿以下從其風旨。今欲誅之，於常侍意何如？」超等對曰：「誠國姦賊，當誅日久。臣等弱劣，未知聖意何如耳。」帝曰：「審然者，常侍密圖之。」對曰：「圖之不難，但恐陛下復中狐疑。」〔三〕帝曰：「姦臣脅國，當伏其罪，何疑乎！」於是更召璜、瑗等五人，遂定其議，帝齧超臂出血爲盟。於是詔收冀及宗親黨與悉誅之。悺、衡遷中常侍，封超新豐侯，二萬戶，璜武原侯，瑗東武陽侯，各萬五千戶，賜錢各千五百萬；悺上蔡侯，衡汝陽侯，各萬三千戶，賜錢各千三百萬。五人同日封，故世謂之「五侯」。又封小黃門劉普、趙忠等八人爲鄉侯。自是權歸宦官，朝廷日亂矣。

〔一〕周書曰：「賢智鉗口。」謂不言也。拑與鉗古字通，音其炎反。

〔二〕外舍謂皇后家也。

〔三〕中音丁仲反。

超病，帝遣使者就拜車騎將軍。明年薨，賜東園祕器，棺中玉具，贈侯將軍印綬，使者理喪。及葬，發五營騎士，（將軍）侍御史護喪，將作大匠起冢塋。

其後四侯轉橫，天下爲之語曰：「左回天，具獨坐，〔一〕徐臥虎，唐兩墯。」〔二〕皆競起第宅，樓觀壯麗，窮極伎巧。金銀罽毦，施於犬馬。〔三〕多取良人美女以爲姬妾，皆珍飾華侈，擬則宮人。其僕從皆乘牛車而從列騎。又養其疏屬，或乞嗣異姓，或買蒼頭爲子，並以傳國襲封。兄弟姻戚皆宰州臨郡，辜較百姓，與盜賊無異。

〔一〕獨坐言驕貴無偶也。

〔二〕兩墯謂隨意所爲不定也。今人謂持兩端而任意爲兩墯。諸本「兩」或作「雨」也。

〔三〕毦，以毛羽爲飾，音如志反。

超弟安爲河東太守，弟子匡爲濟陰太守，璜弟盛爲河內太守，悺弟敏爲陳留太守，瑗兄恭爲沛相，皆爲所在蠹害。璜兄子宣爲下邳令，暴虐尤甚。先是求故汝南太守下邳李暠女不能得，及到縣，遂將吏卒至嵩家，載其女歸，戲射殺之，埋著寺內。時下邳縣屬東海，汝南黃浮爲東海相，有告言宣者，浮乃收宣家屬，無少長悉考之。掾史以下固諫爭。浮曰：「徐宣國賊，今日殺之，明日坐死，足以瞑目矣。」卽案宣罪棄市，暴其尸以示百姓，郡中震慄。璜於是訴怨於帝，帝大怒，浮坐髡鉗，輸作右校。五侯宗族賓客虐徧天下，民不堪命，起爲寇賊。七年，衡卒，亦贈車騎將軍，如超故事。璜卒，賻贈錢布，賜冢塋地。

明年，司隸校尉韓演因奏悺罪惡，及其兄太僕南鄉侯稱請託州郡，聚斂爲姦，賓客放縱，侵犯吏民。悺、稱皆自殺。演又奏瑗兄沛相恭臧罪，徵詣廷尉。瑗詣獄謝，上還東武侯印綬，詔貶爲都鄉侯，卒於家。超及璜、衡襲封者，並降爲鄉侯，租入歲皆三百萬，子弟分封者，悉奪爵土。劉普等貶爲關內侯。

侯覽者，山陽防東人。桓帝初爲中常侍，以佞猾進，倚埶貪放，受納貨遺以巨萬計。延熹中，連歲征伐，府帑空虛，乃假百官奉祿，王侯租稅。覽亦上縑五千匹，賜爵關內侯。又託以與議誅梁冀功，進封高鄉侯。

小黃門段珪家在濟陰，與覽並立田業，近濟北界，僕從賓客侵犯百姓，劫掠行旅。濟北相牓延一切收捕，殺數十人，陳尸路衢。覽、瑝大怨，以事訴帝，延坐多殺無辜，徵詣廷尉，免。延字伯行，北海人，後爲京兆尹，有理名，世稱爲長者。

覽等得此愈放縱。覽兄參爲益州刺史，民有豐富者，輒誣以大逆，皆誅滅之，沒入財物，前後累億計。太尉楊秉奏參，檻車徵，於道自殺。京兆尹袁逢於旅舍閱參車三百餘兩，皆金銀錦帛珍玩，不可勝數。覽坐免，旋復復官。〔一〕

〔一〕復，上音房又反。

建寧二年，喪母還家，大起塋冢。督郵張儉因舉奏覽貪侈奢縱，前後請奪人宅三百八十一所，田百一十八頃。起立第宅十有六區，皆有高樓池苑，堂閣相望，飾以綺畫丹漆之屬，制度重深，僭類宮省。又豫作壽冢，〔一〕石椁雙闕，高廡百尺，〔二〕破人居室，發掘墳墓。虜奪良人，妻略婦子，及諸罪釁，請誅之。而覽伺候遮截，章竟不上。儉遂破覽冢宅，藉沒資財，具言罪狀。又奏覽母生時交通賓客，干亂郡國。復不得御。〔三〕覽遂誣儉爲鉤黨，及故長樂少府李膺、太僕杜密等，皆夷滅之。遂代曹節領長樂太僕。

〔一〕生而自爲冢，爲壽冢。

〔二〕廡，廊下周屋也。

〔三〕御，進也。

熹平元年，有司舉奏覽專權驕奢，策收印綬，自殺。阿黨者皆免。

曹節字漢豐，南陽新野人也。其本魏郡人，世吏二千石。順帝初，以西園騎遷小黃門。桓帝時，遷中常侍，奉車都尉。建寧元年，持節將中黃門虎賁羽林千人，北迎靈帝，陪乘入宮。及卽位，以定策封長安鄉侯，六百戶。

時竇太后臨朝，后父大將軍武與太傅陳蕃謀誅中官，節與長樂五官史朱瑀、從官史共普、張亮、〔一〕中黃門王尊、長樂謁者騰是等十七人，共矯詔以長樂食監王甫爲黃門令，將兵誅武、蕃等，事已具蕃、武傳。節遷長樂衞尉，封育陽侯，增邑三千戶；甫遷中常侍，黃門令如故；瑀封都鄉侯，千五百戶；普、亮等五人各三百戶；餘十一人皆爲關內侯，歲食租二千斛。

〔一〕共音恭。

先是瑀等陰於明堂中禱皇天曰：「竇氏無道，請皇天輔皇帝誅之，令事必成，天下得寧。」既誅武等，詔令太官給塞具，〔一〕賜瑀錢五千萬，餘各有差，後更封華容侯。二年，節病困，詔拜爲車騎將軍。有頃疾瘳，上印綬，罷，復爲中常侍，位特進，秩中二千石，尋轉大長秋。

〔一〕塞，報祠也，音蘇代反。字當爲「賽」，通也。

熹平元年，竇太后崩，有何人書朱雀闕，〔一〕言「天下大亂，曹節、王甫幽殺太后，常侍侯覽多殺黨人，公卿皆尸祿，無有忠言者。」於是詔司隸校尉劉猛逐捕，十日一會。猛以誹書言直，不肯急捕，月餘，主名不立。〔二〕猛坐左轉諫議大夫，以御史中丞段熲代猛，乃四出逐捕，及太學游生，繫者千餘人。節等怨猛不已，使熲以它事奏猛，抵罪輸左校。朝臣多以爲言，乃免刑，復公車徵之。

〔一〕何人，不知何人也。

〔二〕不得書闕主名。

節遂與王甫等誣奏桓帝弟勃海王悝謀反，誅之。以功封者十二人。甫封冠軍侯。節亦增邑四千六百戶，并前七千六百戶。父兄子弟皆爲公卿列校、牧守令長，布滿天下。節弟破石爲越騎校尉，越騎營五百妻有美色，〔一〕破石從求之，五百不敢違，妻執意不肯行，遂自殺。其淫暴無道，多此類也。

〔一〕韋昭辯釋名曰：「五百字本爲『伍』。伍，當也。伯，道也。使之導引當道陌中以驅除也。」案：今俗呼行杖人爲五百也。

光和二年，司隸校尉陽球奏誅王甫及子長樂少府萌、沛相吉，皆死獄中。時連有災異，郎中梁人審忠以爲朱瑀等罪惡所感，乃上書曰：「臣聞理國得賢則安，失賢則危，故舜有臣五人而天下理，〔一〕湯舉伊尹不仁者遠。〔二〕陛下即位之初，未能萬機，皇太后念在撫育，權時攝政，〔三〕故中常侍蘇康、管霸應時誅殄。〔四〕太傅陳蕃、大將軍竇武考其黨與，志清朝政。華容侯朱瑀知事覺露，禍及其身，遂興造逆謀，作亂王室，撞蹋省闥，〔五〕執奪璽綬，迫脅陛下，聚會羣臣，離閒骨肉母子之恩，遂誅蕃、武及尹勳等。因共割裂城社，自相封賞。父子兄弟被蒙尊榮，素所親厚布在州郡，或登九列，或據三司。不惟祿重位尊之責，而苟營私門，多蓄財貨，繕修第舍，連里竟巷。盜取御水以作魚釣，〔六〕車馬服玩擬於天家。羣公卿士杜口吞聲，莫敢有言。州牧郡守承順風旨，辟召選舉，釋賢取愚。故蟲蝗爲之生，夷寇爲之起。天意憤盈，積十餘年。故頻歲日食於上，地震於下，所以譴戒人主，欲令覺悟，誅鉏無狀。昔高宗以雉雊之變，故獲中興之功。〔七〕近者神祇啓悟陛下，發赫斯之怒，故王甫父子應時馘截，〔八〕路人士女莫不稱善，若除父母之讎。誠怪陛下復忍孽臣之類，不悉殄滅。〔九〕昔秦信趙高，以危其國；吳使刑人，身遘其禍。〔一〇〕虞公抱寶牽馬，魯昭見逐乾侯，以不用宮之奇、子家駒以至滅辱。〔一一〕今以不忍之恩，赦夷族之罪，姦謀一成，悔亦何及！臣爲郎十五年，皆耳目聞見，瑀之所爲，誠皇天所不復赦。願陛下留漏刻之聽，裁省臣表，埽滅醜類，以荅天怒。與瑀考驗，有不如言，願受湯鑊之誅，妻子幷徙，以絕妄言之路。」章寢不報。節遂領尙書令。四年，卒，贈車騎將軍。後瑀亦病卒，皆養子傳國。

〔一〕五臣謂禹、稷、契、咎陶、伯益也。

〔二〕論語文也。

〔三〕桓思竇后。

〔四〕竇后傳誅康及霸。

〔五〕撞音直江反。

〔六〕水入宮苑爲御水。

〔七〕高宗祭，有雉升鼎耳而雊，高宗修德，殷以中興。見尙書也。

〔八〕詩魯頌曰：「在泮獻馘。」音古獲反。鄭玄注云：「謂所殺者之左耳。」

〔九〕謂復任用曹節等也。

〔一〇〕左傳曰，吳伐越獲俘焉，以爲閽，使守舟。吳子餘祭觀舟，閽人以刀殺之。

〔一一〕公羊傳曰，晉大夫荀息請以屈產之乘與垂棘之璧，假道於虞以伐虢，宮之奇諫，不聽。後晉滅虞，虞公抱寶牽馬而至，荀息見曰：「臣之謀何如？」又曰，昭公將殺季氏，告子家駒曰：「季氏爲無道，僭于公室久矣。吾欲殺之，何如？」子家駒曰：「諸侯僭於天子，大夫僭於諸侯，久矣，君無多辱焉。」昭公不從其言，後逐季氏，昭公奔于乾侯，遂死焉。

審忠字公誠，宦官誅後，辟公府。

呂強字漢盛，河南成皋人也。少以宦者爲小黄門，再遷中常侍。爲人清忠奉公。靈帝時，例封宦者，以強爲都鄉侯。強辭讓懇惻，固不敢當，帝乃聽之。因上疏陳事曰：

臣聞諸侯上象四七，下裂王土，高祖重約非功臣不侯，所以重天爵明勸戒也。伏聞中常侍曹節、王甫、張讓等，及侍中許相，並爲列侯。節等宦官祐薄，品卑人賤，讒諂媚主，佞邪徼寵，放毒人物，疾妒忠良，有趙高之禍，未被轘裂之誅，〔一〕掩朝廷之明，成私樹之黨。而陛下不悟，妄授茅土，開國承家，小人是用。〔二〕又并及家人，重金兼紫，〔三〕相繼爲蕃輔。受國重恩，不念爾祖，述脩厥德，〔四〕而交結邪黨，下比羣佞。陛下或其瑣才，〔五〕特蒙恩澤。又授位乖越，賢才不升，素餐私倖，必加榮擢。陰陽乖剌，稼穡荒蔬，〔六〕人用不康，罔不由茲。臣誠知封事已行，言之無逮，所以冒死干觸陳愚忠者，實願陛下損改既謬，從此一止。

〔一〕趙高指鹿爲馬，而殺胡亥。轘裂，以車裂也。
〔二〕易曰：「開國承家，小人勿用。」

〔三〕金印紫綬。重、絫，言累積也。

〔四〕詩大雅云：「無念爾祖，聿脩厥德。」聿，述也。

〔五〕瑣，小也。

〔六〕鄭玄注周禮云：「蓏，草有實者。」

臣又聞後宮綵女數千餘人，衣食之費，日數百金。比穀雖賤，而戶有飢色。案法當貴而今更賤者，由賦發繁數，以解縣官，〔一〕寒不敢衣，飢不敢食。民有斯戹，而莫之卹。宮女無用，填積後庭，天下雖復盡力耕桑，猶不能供。昔楚女悲愁，則西宮致災，〔二〕況終年積聚，豈無憂怨乎！夫天生蒸民，立君以牧之。君道得，則民戴之如父母，仰之猶日月，〔三〕雖時有征稅，猶望其仁恩之惠。易曰：「悅以使民，民忘其勞；悅以犯難，民忘其死。」〔四〕儲君副主，宜諷誦斯言；南面當國，宜履行其事。〔五〕

〔一〕縣官調發既多，故賤糶穀以供之。

〔二〕公羊傳曰：「西宮災，何以書？記災也。」何休注云：「是時僖公爲齊桓公所脅，以齊媵爲嫡，楚女廢居西宮而不見恤，悲愁怨曠所生也。」

〔三〕左傳師曠對晉侯曰：「君養人如子，蓋之如天，容之如地。人奉其君，愛之如父母，仰之如日月，敬之如神明，畏之如雷霆。天生人而立之君，使司牧之，勿使失其性」也。

〔四〕易兌卦彖辭。

〔五〕易曰：「聖人南面，嚮明而化。」杜預注左傳曰：「當國，執政也。」

又承詔書，當於河閒故國起解瀆之館。陛下龍飛卽位，雖從藩國，然處九天之高，豈宜有顧戀之意。〔一〕且河閒疏遠，解瀆邈絕，而當勞民單力，未見其便。又今外戚四姓貴倖之家，及中官公族無功德者，造起館舍，凡有萬數，樓閣連接，丹青素堊，〔二〕雕刻之飾，不可單言。喪葬踰制，奢麗過禮，競相放效，莫肯矯拂。〔三〕穀梁傳曰：「財盡則怨，力盡則懟。」尸子曰：〔四〕「君如杅，民如水，杅方則水方，杅圓則水圓。」〔五〕上之化下，猶風之靡草。今上無去奢之儉，下有縱欲之敝，至使禽獸食民之甘，木土衣民之帛。昔師曠諫晉平公曰：「梁柱衣繡，民無褐衣；池有弃酒，士有渴死；廐馬秣粟，民有飢色。近臣不敢諫，遠臣不得暢。」此之謂也。〔六〕

〔一〕楚辭曰：「圜則九重，孰營度之？」圜謂天也。

〔二〕郭璞注山海經曰：「堊似土，白色，音惡。」

〔三〕矯，正也。拂，戾也，音扶弗反。

〔四〕尸子，晉人也，名佼，秦相衞鞅客也。鞅謀計，未嘗不與佼規也。商君被刑，恐并誅，乃亡逃入蜀，作書二十篇，十九篇陳道德仁義之紀，一篇言九州險阻，水泉所起也。

〔五〕杅，椀屬也，音于。字亦作盂。

〔六〕說苑咎犯諫晉文公之辭也。

又聞前召議郎蔡邕對問於金商門，而令中常侍曹節、王甫等以詔書喻旨。邕不敢懷道迷國，而切言極對，毀刺貴臣，譏呵豎宦。陛下不密其言，至令宣露，羣邪項領，膏脣拭舌，〔一〕競欲咀嚼，造作飛條。〔二〕陛下回受誹謗，致邕刑罪，室家徙放，老幼流離，豈不負忠臣哉！今羣臣皆以邕爲戒，上畏不測之難，下懼劍客之害，〔三〕臣知朝廷不復得聞忠言矣。故太尉段熲，武勇冠世，習於邊事，垂髮服戎，功成皓首，〔四〕歷事二主，〔五〕勳烈獨昭。陛下既已式序，位登台司，而爲司隸校尉陽球所見誣脅，一身既斃，而妻子遠播。天下惆悵，功臣失望。宜徵邕更授任，反熲家屬，則忠貞路開，衆怨以弭矣。

〔一〕毛詩曰：「駕彼四牡，四牡項領。」注云：「項，大也。四牡者人所駕，今但養大其領，不肯爲用。諭大臣自恣，王不能使也。」膏脣拭舌謂欲讒毀故也。

〔二〕飛條，飛書也。

〔三〕謂蔡邕徙朔方時，陽球使刺客追刺邕也。

〔四〕垂髮謂童子也。

〔五〕謂桓帝、靈帝也。

帝知其忠而不能用。

時帝多稸私臧，收天下之珍，每郡國貢獻，先輸中署，名爲「導行費」。〔一〕強上疏諫曰：

〔一〕中署，內署也。導，引也。貢獻外別有所入，以爲所獻希之導引也。

天下之財，莫不生之陰陽，歸之陛下。〔一〕歸之陛下，豈有公私？而今中尚方斂諸郡之寶，中御府積天下之繒，西園引司農之臧，中廄聚太僕之馬，而所輸之府，輒有導行之財。調廣民困，費多獻少，姦吏因其利，百姓受其敝。又阿媚之臣，好獻其私，容諂姑息，自此而進。

〔一〕萬物稟陰陽而生。

舊典選舉委任三府，三府有選，參議掾屬，咨其行狀，度其器能，〔一〕受試任用，責以成功。若無可察，然後付之尚書。尚書舉劾，請下廷尉，覆案虛實，行其誅罰。今但任尚書，或復敕用。如是，三公得免選舉之負，尚書亦復不坐，責賞無歸，豈肯空自苦勞乎！

〔一〕咨，謀也。

夫立言無顯過之咎，明鏡無見玭之尤。如惡立言以記過，則不當學也；不欲明鏡之見玭，則不當照也。〔一〕願陛下詳思臣言，不以記過見玭爲責。

〔一〕韓子曰：「古人之目短於自見，故以鏡觀面。智短於自規，故以道正己。鏡無見疵之罪，道無明過之惡。目失鏡則無以正鬢眉，身失道則無以知迷惑。」玼與疵同也。

書奏不省。

中平元年，黃巾賊起，帝問強所宜施行。強欲先誅左右貪濁者，大赦黨人，料簡刺史、二千石能否。帝納之，乃先赦黨人。於是諸常侍人人求退，又各自徵還宗親子弟在州郡者。中常侍趙忠、夏惲等遂共搆強，云「與黨人共議朝廷，數讀霍光傳。〔一〕強兄弟所在並皆貪穢」。帝不悅，使中黃門持兵召強。強聞帝召，怒曰：「吾死，亂起矣。丈夫欲盡忠國家，豈能對獄吏乎！」遂自殺。忠、惲復譖曰：「強見召未知所問，而就外草自屏，有姦明審。」〔二〕遂收捕宗親，沒入財產焉。

〔一〕言其欲謀廢立也。

〔二〕外草自屏謂在外野草中自殺也。

時宦者濟陰丁肅、下邳徐衍、南陽郭耽、汝陽李巡、北海趙祐等五人稱為清忠，皆在里巷，不爭威權。巡以為諸博士試甲乙科，爭弟高下，更相告言，至有行賂定蘭臺漆書經字，以合其私文者，乃白帝，與諸儒共刻五經文於石，於是詔蔡邕等正其文字。自後五經一定，爭者用息。趙祐博學多覽，著作校書，諸儒稱之。

又小黃門甘陵吳伉，善為風角，博達有奉公稱。知不得用，常託病還寺舍，從容養志云。

張讓者，潁川人；趙忠者，安平人也。少皆給事省中，桓帝時爲小黃門。忠以與誅梁冀功封都鄉侯。〔一〕延熹八年，黜爲關（中）〔內〕侯，食本縣租千斛。

〔一〕與音預。

靈帝時，讓、忠並遷中常侍，封列侯，與曹節、王甫等相爲表裏。節死後，忠領大長秋。讓有監奴典任家事，交通貨賂，威形諠赫。扶風人孟佗，〔一〕資產饒贍，與奴朋結，傾竭饋問，無所遺愛。奴咸德之，問佗曰：「君何所欲？力能辦也。」曰：「吾望汝曹爲我一拜耳。」時賓客求謁讓者，車恆數百千兩，佗時詣讓，後至，不得進，監奴乃率諸倉頭迎拜於路，遂共轝車入門。賓客咸驚，謂佗善於讓，皆爭以珍玩賂之。佗分以遺讓，讓大喜，遂以佗爲涼州刺史。〔二〕

〔一〕佗音駝。

〔二〕三輔決錄注曰：「佗字伯郎。以蒲陶酒一斗遺讓，讓卽拜佗爲涼州刺史。」

是時讓、忠及夏惲、郭勝、孫璋、畢嵐、栗嵩、段珪、高望、張恭、韓悝、宋典十二人，皆爲中常侍，封侯貴寵，父兄子弟布列州郡，所在貪殘，爲人蠹害。黄巾既作，盜賊糜沸，郎中中山張鈞上書曰：「竊惟張角所以能興兵作亂，萬人所以樂附之者，其源皆由十常侍多放父兄、子弟、婚親、賓客典據州郡，辜榷財利，侵掠百姓，百姓之冤無所告訴，故謀議不軌，聚爲盜賊。宜斬十常侍，縣頭南郊，以謝百姓，又遣使者布告天下，可不須師旅，而大寇自消。」天子以鈞章示讓等，皆免冠徒跣頓首，乞自致洛陽詔獄，並出家財以助軍費。有詔皆冠履視事如故。帝怒鈞曰：「此眞狂子也。十常侍固當有一人善者不？」鈞復重上，猶如前章，輒寢不報。詔使廷尉、侍御史考爲張角道者，御史承讓等旨，遂誣奏鈞學黄巾道，收掠死獄中。而讓等實多與張角交通。後中常侍封諝、徐(奏)〔奉〕事獨發覺坐誅，帝因怒詰讓等曰：「汝曹常言黨人欲爲不軌，皆令禁錮，或有伏誅。今黨人更爲國用，汝曹反與張角通，爲可斬未？」皆叩頭云：「故中常侍王甫、侯覽所爲。」帝乃止。

明年，南宮災。讓、忠等說帝令斂天下田畝稅十錢，以修宮室。發太原、河東、狄道諸郡材木及文石，每州郡部送至京師，黄門常侍輒令譴呵不中者，因強折賤買，十分雇一，〔一〕因復貨之於宦官，復不爲卽受，材木遂至腐積，宮室連年不成。刺史、太守復增私調，百姓呼嗟。凡詔所徵求，皆令西園騶密約勑，〔二〕號曰「中使」，恐動州郡，多受賕賂。刺史、二千石及茂才孝廉遷除，皆責助軍修宮錢，大郡至二三千萬，餘各有差。當之官者，皆先至西園諸價，然後得去。〔三〕有錢不畢者，或至自殺。其守清者，乞不之官，皆迫遣之。

〔一〕雇謂讎其價也。

〔二〕騶，養馬人。

〔三〕諸謂平論定其價也。

時鉅鹿太守河內司馬直新除，以有清名，減責三百萬。直被詔，悵然曰：「爲民父母，而反割剝百姓，以稱時求，吾不忍也。」辭疾，不聽。行至孟津，上書極陳當世之失，古今禍敗之戒，卽吞藥自殺。書奏，帝爲暫絕修宮錢。

又造萬金堂於西園，引司農金錢繒帛，仞積其中。〔一〕又還河閒買田宅，起第觀。帝本侯家，宿貧，每歎桓帝不能作家居，故聚爲私臧，復（臧）寄小黃門常侍錢各數千萬。常云：「張常侍是我公，趙常侍是我母。」宦官得志，無所憚畏，並起第宅，擬則宮室。帝常登永安候臺，〔二〕宦官恐其望見居處，乃使中大人尚但諫曰：〔三〕「天子不當登高，登高則百姓虛散。」自是不敢復升臺榭。〔四〕

〔一〕仞，滿也。

〔二〕永安，宮也。

〔三〕尙姓，但名。

〔四〕春秋潛潭巴曰：「天子無高臺榭，高臺榭，則下畔之。」蓋因此以誑帝也。

明年，遂使鉤盾令宋典繕修南宮玉堂。又使掖庭令畢嵐鑄銅人四列於倉龍、玄武闕。〔一〕又鑄四鐘，皆受二千斛，縣於玉堂及雲臺殿前。又鑄天祿蝦蟇，吐水於平門外橋東，轉水入宮。又作翻車渴烏，〔二〕施於橋西，用灑南北郊路，以省百姓灑道之費。又鑄四出文錢，錢皆四道。識者竊言侈虐已甚，形象兆見，此錢成，必四道而去。及京師大亂，錢果流布四海。復以忠爲車騎將軍，百餘日罷。

〔一〕倉龍，東闕。玄武，北闕。

〔二〕翻車，設機車以引水。渴烏，爲曲筒，以氣引水上也。

六年，帝崩。中軍校尉袁紹說大將軍何進，令誅中官以悅天下。謀泄，讓、忠等因進入省，遂共殺進。而紹勒兵斬忠，捕宦官無少長悉斬之。讓等數十人劫質天子走河上。追急，讓等悲哭辭曰：「臣等殄滅，天下亂矣。惟陛下自愛！」皆投河而死。

論曰：自古喪大業絕宗禋者，其所漸有由矣。三（世）〔代〕以嬖色取禍，〔一〕嬴氏以奢虐致災，〔二〕西京自外戚失祚，東都緣閹尹傾國。成敗之來，先史商之久矣。〔三〕至於釁起宦夫，其略猶或可言。何者？刑餘之醜，理謝全生，聲榮無暉於門閥，肌膚莫傳於來體，推情未鑒其敝，即事易以取信，加漸染朝事，頗識典物，故少主憑謹舊之庸，女君資出內之命，顧訪無猜憚之心，恩狎有可悅之色。亦有忠厚平端，懷術糾邪；〔四〕或敏才給對，飾巧亂實；〔五〕或借譽貞良，先時薦譽。〔六〕非直苟恣凶德，止於暴橫而已。然眞邪並行，情貌相越，〔七〕故能回惑昏幼，迷瞀視聽，蓋亦有其理焉。〔八〕詐利既滋，朋徒日廣，直臣抗議，必漏先言之閒，〔九〕至戚發憤，方啓專奪之隙，〔一〇〕斯忠賢所以智屈，社稷故其爲墟。易曰：「履霜堅冰至。」云所從來久矣。今迹其所以，亦豈一朝一夕哉！〔一一〕

〔一〕夏以末嬉，殷以妲己，周以褒姒。

〔二〕秦始皇，嬴姓也。

〔三〕商謂商略。

〔四〕謂呂強也。

〔五〕若良賀對順帝不舉人也。

〔六〕曹騰進邊韶、延固等也。

〔七〕越，違也。 謂貌雖似忠而情實姦邪。

〔八〕瞀，亂也，音茂。

〔九〕謂蔡邕對詔，王甫、曹節竊觀之，乃宣布於外，而邕下獄也。

〔一〇〕謂竇武謀誅宦者，反爲宦者所殺也。

〔二〕易曰：「非一朝一夕之故，其所由來者漸矣，由辨之不早辨也。」易曰：「履霜堅冰至。」蓋言愼也。言初履霜而至堅冰至者，以喻物漸而至大也。

贊曰：任失無小，過用則違。況乃巷職，遠參天機。〔一〕舞文巧態，作惠作威。凶家害國，夫豈異歸！〔二〕

〔一〕毛詩曰：「寺人巷伯，作爲此詩。」巷職卽寺人之職也。

〔二〕尚書曰：「臣無作威作福。臣有作威作福，其害于而家，凶于而國。」又曰：「爲惡不同，同歸於亂。」

校勘記

二五〇七頁四行　王之正內者五人　按：刊誤謂多一「者」字。

二五〇七頁一三行　寺人掌王之正內五人　按：周禮天官職云「寺人王之正內五人」，無「掌」字。

二五〇八頁一行　於周(禮)則爲內宰　按：殿本考證引何焯說，謂月令呂不韋作，故鄭注云「於周則爲內宰」，「禮」字不學者所增，文選注中尚無「禮」字。今據刪。

二五〇八頁五行　然而有得焉　校補謂文選注引「得」作「德」。今按：得德古通作。

二五〇九頁七行　宦官悉用閹人　按：刊誤謂「宦」字當作「內」，謂省內官不用他士也。

二五〇九頁一四行　朝臣國議　按：文選「國」作「圖」。

二五二〇頁四行　宮中(小)〔之〕門謂之闈　據校補改，與爾雅合。

二五二〇頁八行　五服內親故也　按：汲本作「五服內之親故也」，殿本作「五服內之親也」，王先謙謂殿本是。

二五二一頁八行　荆楊之州　「楊」原譌「陽」，逕改正。

二五二一頁一一行　土木衣綺繡　按：前書東方朔傳「土木」作「木土」。

二五二一頁一六行　羣英謂劉猛朱寓之屬　按：「寓」原譌「寓」，逕據汲本、殿本改正。

二五二二頁一三行　鄳音士交反　按：汲本、殿本作「七交反」。

二五二二頁一三行　南(郡)〔陽〕棘陽縣有鄳鄉　集解引洪亮吉說，謂棘陽屬南陽，非南郡也。又校補引柳從辰說，謂今說文注本作「南陽」，惟「棘」誤爲「棗」，段玉裁已訂之。今據改。

二五二三頁一一行　鄧太后以倫久宿衞　按：汲本、殿本「久」下有「在」字。

二五二三頁一二行　各讎校(漢)家法　刊誤謂諸儒各謂其師說爲家法，後人不知，妄加一「漢」字。今據刪。

二五二四頁八行　立平原王(德)〔翼〕　據殿本考證引何焯說改。

二五二五頁一一行　屯朔平門　按：集解引惠棟說，謂袁宏紀云「平朔門」。

二五二六頁一三行　又〔分〕與光　據汲本、殿本補。

二五二七頁四行　西平昌(諸)縣屬平原郡　據殿本刪。按：王先謙謂殿本無「諸」字是。

二五一七頁七行　襄信山都並屬南陽郡也　按：集解引錢大昕說，謂案郡國志，襄信屬汝南，不屬南陽。

二五一七頁八行　下雋縣〔屬〕長沙郡　校補謂案注「縣」下脫「屬」字。今據補。

二五一七頁一五行　五官〔中〕郎將　據殿本補。按：刊誤謂「五官」下少一「中」字。

二五一八頁二行　而分程半　按：校補謂案文「程」下少一「國」字。

二五一八頁一一行　陽嘉中詔九卿舉武猛　按：校補引侯康說，謂陽嘉中無此詔，永和三年有之。通鑑考異謂此傳誤以永和爲陽嘉，是也。

二五一九頁六行　益州刺史种暠於斜谷關搜得其書　按：「斜谷關」汲本、殿本作「斜谷閒」，魏志裴注引續漢書作「函谷關」。

二五一九頁一〇行　乃與少子疾避亂琅邪　按：殿本考證謂魏志嵩少子德。

二五二一頁五行　（將軍）侍御史護喪　刊誤謂按超贈將軍爾，不可使將軍護喪，明衍二字。今據刪。按：張森楷校勘記謂治要無「將軍」二字。

二五二三頁四行　輸作右校　按：張森楷校勘記謂案輸作者皆左校，此獨右校，待考。

二五二三頁四行　京兆尹袁逢於旅舍閱參車三百餘兩　按：李慈銘謂治要「車」下有「重」字。

二五二四頁二行　其本魏郡人　按：校補引錢大昭說，謂「其」下疑脫「先」字。

二五二四頁七行　增邑三千戶　按：校補謂「邑」下蓋脫「至」字。此并前六百戶合爲三千戶也，否則下文增邑四千六百戶，幷前不止七千六百戶矣。

二五二八頁五行　節等宦官祐薄　按：集解引周壽昌說，謂「祐薄」之「祐」，恐應作「祜」，蓋呂強原疏避安帝諱也。

二五二八頁八行　陛下或其瑣才　汲本、殿本「或」作「惑」。按：或與惑通。

二五三二頁二行　以爲所獻希之導引也　按：「希」字無義，必有誤，刊誤謂當作「物」。

二五三三頁一行　下邳徐衍　按：集解引惠棟說，謂袁宏紀「衍」作「演」。

二五三三頁一行　汝陽李巡　按：集解引惠棟說，謂「汝陽」經典序錄作「汝南」。

二五三三頁一行　北海趙祐　按：集解引惠棟說，謂袁宏紀「祐」作「裕」。

二五三四頁三行　黜爲關(中)〔內〕侯　按：殿本考證謂何焯校本「中」改「內」。今據改。

二五三五頁一行　郎中中山張鈞　按：集解引惠棟說，謂袁宏紀「郎中」作「中郎將」，「鈞」作「均」。

二五三五頁八行　後中常侍封諝徐(奏)〔奉〕事獨發覺　按：「徐奏」當依皇甫嵩傳作「徐奉」，通鑑亦作「徐奉」，各本皆未正，今改。

二五三五頁二行　狄道諸郡　按：集解引錢大昕說，謂狄道非郡名，當云「隴西」。

二五三六頁九行　故聚爲私臧復(臧)寄小黃門常侍錢各數千萬　據李慈銘說刪。按：李云治要無下「臧」字，是也，當據刪。

二五三六頁九行　張常侍是我公　汲本、殿本「公」作「父」。按：通鑑作「公」。

二五三七頁五行　形象兆見　按：「形」原譌「刑」，逕據汲本、殿本改正。

二五三七頁一二行　三〔世〕〔代〕以嬖色取禍　據汲本改。

二五三八頁一行　故少主凴謹舊之庸　按：「主」原譌「王」，逕改正。

二五三九頁一行　由辨之不早辨也　按：兩「辨」字原並譌「辯」，逕改正。

二五三九頁一行　蓋言愼也　按：「愼」原譌「順」，逕改正。

後漢書卷七十九上

儒林列傳第六十九上

昔王莽、更始之際，天下散亂，禮樂分崩，典文殘落。及光武中興，愛好經術，未及下車，而先訪儒雅，採求闕文，補綴漏逸。〔一〕先是四方學士多懷協圖書，遁逃林藪。自是莫不抱負墳策，雲會京師，范升、陳元、鄭興、杜林、衞宏、劉昆、桓榮之徒，繼踵而集。於是立五經博士，各以家法教授，易有施、孟、梁丘、京氏，尚書歐陽、大小夏侯，詩齊、魯、韓，禮大小戴，春秋嚴、顏，凡十四博士，太常差次總領焉。

〔一〕禮記曰：「武王克殷反商，未及下車，而封黃帝之後於薊。」

建武五年，乃修起太學，稽式古典，籩豆干戚之容，備之於列，〔一〕服方領習矩步者，委它乎其中。〔二〕中元元年，初建三雍。明帝即位，親行其禮。天子始冠通天，〔三〕衣日月，〔四〕備法物之駕，〔五〕盛清道之儀，〔六〕坐明堂而朝羣后，登靈臺以望雲物，〔七〕袒割辟雍之上，尊養三老五更。饗射禮畢，帝正坐自講，諸儒執經問難於前，冠帶搢紳之人，圜橋門而觀聽者蓋億萬計。〔八〕其後復爲功臣子孫、四姓末屬別立校舍，搜選高能以受其業，自期門羽林之士，悉令通孝經章句，匈奴亦遣子入學。濟濟乎，洋洋乎，盛於永平矣！

〔一〕籩豆，禮器也。竹謂之籩，木謂之豆。干，盾也。戚，鉞也。舞者所執。

〔二〕方領，直領也。委它，行貌也。委音於危反。它音以支反。

〔三〕徐廣輿服雜注曰：「天子朝，冠通天冠，高九寸，黑介幘，金薄山，所常服也。」

〔四〕續漢志曰「乘輿備文日月星辰」也。

〔五〕胡廣漢制度曰「天子出，有大駕、法駕、小駕。大駕則公卿奉引，大將軍驂乘，太僕御，屬車八十一乘，備千乘萬騎。法駕，公不在鹵簿，唯河南尹、執金吾、洛陽令奉引，侍中驂乘，奉車郎御，屬車三十六乘。小駕，太僕奉駕，侍御史整車騎」也。

〔六〕漢官儀曰「清道以旄頭爲前驅」也。

〔七〕雲物，解見明紀。

〔八〕漢官儀曰：「辟雍四門外有水，以節觀者。」門外皆有橋，觀者水外，故云圜橋門也。圜，遶也。

建初中，大會諸儒於白虎觀，考詳同異，連月乃罷。肅宗親臨稱制，如石渠故事，〔一〕顧命史臣，著爲通義。〔二〕又詔高才生受古文尚書、毛詩、穀梁、左氏春秋，雖不立學官，然皆擢高第爲講郎，給事近署，所以網羅遺逸，博存衆家。孝和亦數幸東觀，覽閱書林。及鄧后稱制，學者頗懈。時樊準、徐防並陳敦學之宜，又言儒職多非其人，於是制詔公卿妙簡其選，三署郎能通經術者，皆得察舉。自安帝覽政，薄於蓺文，博士倚席不講，〔三〕朋徒相視怠散，學舍穨敝，鞠爲園蔬，〔四〕牧兒蕘豎，至於薪刈其下。順帝感翟酺之言，乃更脩黌宇，〔五〕凡所造構二百四十房，千八百五十室。試明經下第補弟子，增甲乙之科員各十人，除郡國耆儒皆補郎、舍人。本初元年，梁太后詔曰：「大將軍下至六百石，悉遣子就學，每歲輒於鄉射月一饗會之，以此爲常。」〔六〕自是遊學增盛，至三萬餘生。然章句漸疏，而多以浮華相尚，儒者之風蓋衰矣。黨人既誅，其高名善士多坐流廢，後遂至忿爭，更相言告，亦有私行金貨，定蘭臺桼書經字，以合其私文。熹平四年，靈帝乃詔諸儒正定五經，刊於石碑，爲古文、篆、隸三體書法以相參檢，樹之學門，〔七〕使天下咸取則焉。

〔一〕石渠見章紀。

〔二〕卽白武通（議）〔義〕是。

〔三〕禮記曰：「凡侍坐於大司成者，遠近閒三席。」又曰：「若非飲食之客則布席，席閒函丈。」注云：「謂講問客也。」倚席言不施講坐也。

〔四〕詩小雅曰：「鞠爲茂草。」注云：「鞠，窮也。」

〔五〕說文曰：「黌，學也。」黌與横同。

〔六〕漢官儀曰：「春三月，秋九月，習鄉射禮，禮生皆使太學學生。」

〔七〕古文謂孔子壁中書。篆書，秦始皇使程邈所作也。隸書亦程邈所獻也，主於徒隸，從簡易也。謝承書曰：「碑立太學門外，瓦屋覆之，四面欄障，開門於南，河南郡設吏卒視之。」楊龍驤洛陽記載朱超石與兄書云：「石經文都似碑，高一丈許，廣四尺，駢羅相接。」

初，光武遷還洛陽，其經牒祕書載之二千餘兩，自此以後，參倍於前。及董卓移都之際，吏民擾亂，自辟雍、東觀、蘭臺、石室、宣明、鴻都諸藏典策文章，競共剖散，其縑帛圖書，大則連爲帷蓋，小乃制爲縢囊。〔一〕及王允所收而西者，裁七十餘乘，道路艱遠，復弃其半矣。後長安之亂，一時焚蕩，莫不泯盡焉。

〔一〕縢亦幐也，音徒恆反。說文曰：「幐，囊也。」

東京學者猥衆，難以詳載，今但錄其能通經名家者，以爲儒林篇。其自有列傳者，則不兼書。若師資所承，〔一〕宜標名爲證者，乃著之云。

〔一〕老子曰：「善人者，不善人之師也。不善人者，善人之資也。」故因曰師資。

前書云：田何傳易授丁寬，〔一〕丁寬授田王孫，王孫授沛人施讎、東海孟喜、琅邪梁丘賀，〔二〕由是易有施、孟、梁丘之學。又東郡京房受易於梁國焦延壽，〔三〕別爲京氏學。又有東萊費直，〔四〕傳易，授琅邪王橫，爲費氏學。〔五〕本以古字，號古文易。又沛人高相傳易，授子康及蘭陵毋將永，爲高氏學。〔六〕施、孟、梁丘、京氏四家皆立博士，費、高二家未得立。

〔一〕前書寬字子襄。

〔二〕前書讎字長卿，喜字長卿，賀字長翁。

〔三〕前書延壽名贛。

〔四〕前書直字長翁。

〔五〕前書「横」作「璜」，字平仲。

〔六〕毋將姓也，毋讀曰無。

劉昆字桓公，陳留東昏人，〔一〕梁孝王之胤也。少習容禮。〔二〕平帝時，受施氏易於沛人戴賓。能彈雅琴，知清角之操。〔三〕

〔一〕東昏屬陳留郡，東緡屬山陽郡，諸本作「緡」者誤。

〔二〕容，儀也。前書魯徐生善爲容，孝文時，以容爲禮官大夫。

〔三〕劉向別錄曰：「雅琴之意，事皆出龍德諸琴雜事中。」前書藝文志曰：「雅琴，龍氏名德，趙氏名定。」韓子曰：「師曠對晉平公曰：『昔黃帝合鬼神，駕象車，交龍畢，方並轄，蚩尤居前，風伯進埽，雨師灑道，作爲清角。今君德薄，不足以聽之。』」

王莽世，教授弟子恆五百餘人。每春秋饗射，常備列典儀，以素木瓠葉爲俎豆，桑弧蒿矢，以射「菟首」。〔一〕每有行禮，縣宰輒率吏屬而觀之。王莽以昆多聚徒衆，私行大禮，有僭上心，乃繫昆及家屬於外黃獄。尋莽敗得免。既而天下大亂，昆避難河南負犢山中。〔二〕

〔一〕詩小雅瓠葉詩序曰：「刺幽王弃禮而不能行，故思古之人，不以微薄廢禮焉。」詩曰：「幡幡瓠葉，采之亨之。君子有酒，酌言嘗之。有菟斯首，炰之燔之。君子有酒，酌言獻之。」昆懼禮之廢，故引以瓠葉爲俎實，射則歌「菟首」之詩而爲節也。

〔二〕郡國志河南郡有負犢山。

建武五年，舉孝廉，不行，遂逃，教授於江陵。光武聞之，即除爲江陵令。時縣連年火災，昆輒向火叩頭，多能降雨止風。徵拜議郎，稍遷侍中、弘農太守。

先是崤、黽驛道多虎災，行旅不通。昆爲政三年，仁化大行，虎皆負子度河。帝聞而異之。二十二年，徵代杜林爲光祿勳。詔問昆曰：「前在江陵，反風滅火，後守弘農，虎北度河，行何德政而致是事？」昆對曰：「偶然耳。」左右皆笑其質訥。帝歎曰：「此乃長者之言也。」顧命書諸策。乃令入授皇太子及諸王小侯五十餘人。二十七年，拜騎都尉。三十年，以老乞骸骨，詔賜洛陽第舍，以千石祿終其身。中元二年卒。

子軼，字君文，傳昆業，門徒亦盛。永平中，爲太子中庶子。建初中，稍遷宗正，卒官，遂世掌宗正焉。

洼丹字子玉，〔一〕南陽育陽人也。世傳孟氏易。王莽時，常避世教授，專志不仕，徒衆數百人。建武初，爲博士，稍遷，十一年，爲大鴻臚。作易通論七篇，世號洼君通。丹學義研深，易家宗之，稱爲大儒。十七年，卒於官，年七十。

〔一〕風俗通「洼」音「圭」。

時中山觟陽鴻，字孟孫，〔二〕亦以孟氏易教授，有名稱，永平中爲少府。

〔二〕姓觟陽，名鴻也。觟音胡瓦反。其字從「角」字，或作「鮭」。從「魚」者，音胡佳反。

任安字定祖，廣漢綿竹人也。少遊太學，受孟氏易，兼通數經。又從同郡楊厚學圖讖，究極其術。時人稱曰：「欲知仲桓問任安。」又曰：「居今行古任定祖。」學終，還家教授，諸生自遠而至。初仕州郡。後太尉再辟，除博士，公車徵，皆稱疾不就。州牧劉焉表薦之，時王塗隔塞，詔命竟不至。年七十九，建安七年，卒于家。

楊政字子行，京兆人也。少好學，從代郡范升受梁丘易，善說經書。京師爲之語曰：「說經鏗鏗楊子行。」教授數百人。

范升嘗爲出婦所告，坐繫獄，政乃肉袒，以箭貫耳，抱升子潛伏道傍，候車駕，而持章叩頭大言曰：「范升三娶，唯有一子，今適三歲，孤之可哀。」武騎虎賁懼驚乘輿，舉弓射之，猶不肯去；旄頭又以戟叉政，傷胷，政猶不退。哀泣辭請，有感帝心，詔曰：「乞楊生師。」〔一〕即尺一出升。政由是顯名。

〔一〕乞讀曰（氣）〔气〕。

爲人嗜酒，不拘小節，果敢自矜，然篤於義。時帝壻梁松，皇后弟陰就，皆慕其聲名，而請與交友。政每共言論，常切磋懇至，不爲屈撓。嘗詣楊虛侯馬武，武難見政，稱疾不爲起。政入戶，徑升牀排武，把臂責之曰：「卿蒙國恩，備位藩輔，不思求賢以報殊寵，而驕天下英俊，此非養身之道也。今日動者刀入脅。」武諸子及左右皆大驚，以爲見劫，操兵滿側，政顏色自若。會陰就至，責數武，令爲交友。其剛果任情，皆如此也。建初中，官至左中郎將。

張興字君上，潁川鄢陵人也。習梁丘易以教授。建武中，舉孝廉爲郎，謝病去，復歸聚徒。後辟司徒馮勤府，勤舉爲孝廉，稍遷博士。永平初，遷侍中祭酒。十年，拜太子少傅。

顯宗數訪問經術。既而聲稱著聞，弟子自遠至者，著錄且萬人，爲梁丘家宗。〔一〕十四年，卒於官。

〔一〕著於籍錄。

子魴，傳興業，位至張掖屬國都尉。

戴憑字次仲，汝南平輿人也。習京氏易。年十六，郡舉明經，徵試博士，拜郎中。時詔公卿大會，羣臣皆就席，憑獨立。光武問其意。憑對曰：「博士說經皆不如臣，而坐居臣上，是以不得就席。」帝卽召上殿，令與諸儒難說，憑多所解釋。帝善之，拜爲侍中，數進見問得失。帝謂憑曰：「侍中當匡補國政，勿有隱情。」憑對曰：「陛下嚴。」帝曰：「朕何用嚴？」憑曰：「伏見前太尉西曹掾蔣遵，清亮忠孝，學通古今，陛下納膚受之訴，遂致禁錮，〔一〕世以是爲嚴。」帝怒曰：「汝南子欲復黨乎？」憑出，自繫廷尉，有詔勑出。後復引見，憑謝曰：「臣無謇諤之節，而有狂瞽之言，不能以尸伏諫，〔二〕偷生苟活，誠慙聖朝。」帝卽勑尙書解遵禁錮，拜憑虎賁中郎將，以侍中兼領之。

〔一〕論語孔子曰：「膚受之訴。」注云：「謂受人之訴辭，〔在〕皮膚之〔外〕，不深知其情核也。」

〔二〕韓詩外傳曰：「昔衞大夫史魚病且死，謂其子曰：『我數知蘧伯玉之賢而不能進，彌子瑕不肖而不能退，死不當居喪正堂，殯我於側室足矣。』衞君問其故，子以父言聞於君，君乃召蘧伯玉而貴之，彌子瑕退之，徙殯於正堂，成禮而後去。」

正旦朝賀，百僚畢會，帝令羣臣能說經者更相難詰，義有不通，輒奪其席以益通者，憑遂重坐五十餘席。故京師爲之語曰：「解經不窮戴侍中。」在職十八年，卒於官，詔賜東園梓器，錢二十萬。

時南陽魏滿字叔牙，亦習京氏易，教授。永平中，至弘農太守。

孫期字仲彧，濟陰成武人也。少爲諸生，習京氏易、古文尚書。家貧，事母至孝，牧豕於大澤中，以奉養焉。遠人從其學者，皆執經壟畔以追之，里落化其仁讓。黄巾賊起，過期里陌，相約不犯孫先生舍。郡舉方正，遣吏齎羊酒請期，期驅豕入草不顧。司徒黄琬特辟，不行，終於家。

建武中，范升傳孟氏易，以授楊政，而陳元、鄭衆皆傳費氏易，其後馬融亦爲其傳。融授鄭玄，玄作易注，荀爽又作易傳，自是費氏興，而京氏遂衰。

前書云：濟南伏生〔一〕傳尚書，授濟南張生及千乘歐陽生，〔二〕歐陽生授同郡兒寬，寬授歐陽生之子，世世相傳，至曾孫歐陽高，〔三〕爲尚書歐陽氏學；張生授夏侯都尉，〔四〕都尉授族子始昌，始昌傳族子勝，爲大夏侯氏學；勝傳從兄子建，建別爲小夏侯氏學：三家皆立博士。又魯人孔安國傳古文尚書授都尉朝，〔五〕朝授膠東庸譚，爲尚書古文學，未得立。

〔一〕名勝。
〔二〕前書字和伯。
〔三〕高字子陽。
〔四〕都尉名。
〔五〕姓都尉名朝。

歐陽歙字正思，樂安千乘人也。自歐陽生傳伏生尚書，至歙八世，皆爲博士。歙既傳業，而恭謙好禮讓。王莽時，爲長社宰。〔一〕更始立，爲原武令。世祖平河北，到原武，見歙在縣脩政，遷河南都尉，後行太守事。世祖卽位，始爲河南尹，封被陽侯。〔二〕建武五年，坐事免官。明年，拜揚州牧，遷汝南太守。推用賢俊，政稱異迹。九年，更封夜侯。〔三〕

〔一〕長社，今許州縣也。

〔二〕被陽故城在今淄州高苑縣西南。

〔三〕夜，今萊州掖縣。

歙在郡，教授數百人，視事九歲，徵爲大司徒。坐在汝南臧罪千餘萬發覺下獄。諸生守闕爲歙求哀者千餘人，至有自髡剔者。平原禮震，〔一〕年十七，聞獄當斷，馳之京師，行到河內獲嘉縣，自繫，上書求代歙死。曰：「伏見臣師大司徒歐陽歙，學爲儒宗，八世博士，而以臧咎當伏重辜。歙門單子幼，未能傳學，身死之後，永爲廢絕，上令陛下獲殺賢之譏，下使學者喪師資之益。乞殺臣身以代歙命。」書奏，而歙已死獄中。歙掾陳元上書追訟之，言甚切至，帝乃賜棺木，贈印綬，賻縑三千匹。

〔一〕謝承書曰：「震字仲威。光武嘉其仁義，拜震郎中，後以公事左遷淮陽王廄長。」

子復嗣。復卒，無子，國除。

濟陰曹曾字伯山，從歙受尚書，門徒三千人，位至諫議大夫。子祉，河南尹，傳父業教授。

又陳留陳弇，字叔明，亦受歐陽尚書於司徒丁鴻，仕爲蘄長。〔一〕

〔一〕續漢書曰：「弇以尚書教授，躬自耕種，常有黃雀飛來，隨弇翱翔。」

牟長字君高，樂安臨濟人也。其先封牟，春秋之末，國滅，因氏焉。長少習歐陽尚書，不仕王莽世。建武二年，大司空弘〔一〕特辟，拜博士，稍遷河內太守，坐墾田不實免。

〔一〕宋弘也。

長自爲博士及在河內，諸生講學者常有千餘人，著錄前後萬人。著尚書章句，皆本之歐陽氏，俗號爲牟氏章句。復徵爲中散大夫，賜告一歲，卒於家。子紆，又以隱居教授，門生千人。肅宗聞而徵之，欲以爲博士，道物故。〔一〕

〔一〕在路死也。案：魏臺訪〔議〕問物故之義，高堂隆荅曰：「聞之先師，物，無也，故，事也。言死者無復所能於事也。」

宋登字叔陽，京兆長安人也。父由，爲太尉。

登少傳歐陽尚書，教授數千人。爲汝陰令，政爲明能，號稱「神父」。遷趙相，入爲尚書僕射。順帝以登明識禮樂，使持節臨太學，奏定典律，轉拜侍中。數上封事，抑退權臣，由是出爲潁川太守。市無二價，道不拾遺。病免，卒于家，汝陰人配社祠之。

張馴字子儁，濟陰定陶人也。少遊太學，能誦春秋左氏傳。以大夏侯尚書教授。辟公府，舉高第，拜議郎。與蔡邕共奏定六經文字。擢拜侍中，典領祕書近署，甚見納異。多因便宜陳政得失，朝廷嘉之。遷丹陽太守，化有惠政。光和七年，徵拜尚書，遷大司農。初平中，卒於官。

尹敏字幼季，南陽堵陽人也。〔一〕少為諸生。初習歐陽尚書，後受古文，兼善毛詩、穀梁、左氏春秋。

〔一〕堵音者。

建武二年，上疏陳洪範消災之術。時世祖方草創天下，未遑其事，命敏待詔公車，拜郎中，辟大司空府。

帝以敏博通經記，令校圖讖，使蠲去崔發所為王莽著錄次比。〔一〕敏對曰：「讖書非聖人所作，其中多近鄙別字，頗類世俗之辭，恐疑誤後生。」帝不納。敏因其闕文增之曰：「君無口，為漢輔。」帝見而怪之，召敏問其故。敏對曰：「臣見前人增損圖書，敢不自量，竊幸萬一。」帝深非之，雖竟不罪，而亦以此沈滯。

〔一〕前書王莽居攝三年，廣饒侯劉京、車騎將軍千人扈雲、太保屬臧鴻奏符命。京言齊郡新井，雲言巴郡石牛，鴻言扶風雍石，莽皆迎受。十一月甲子，莽上奏太后曰：「巴郡石牛，雍石文，皆到未央宮之前殿，臣與太保安陽侯舜等視。天風起塵冥，風止，得銅章帛圖於石前，文曰：『天告帝符，獻者封侯，承天命，用神說。』」騎都尉崔發等視說，其後莽封發爲說符侯。

與班彪親善，每相遇，輒日旰忘食，夜分不寢，〔一〕自以爲鍾期伯牙、莊周惠施之相得也。〔二〕

〔一〕旰，晚也。

〔二〕說苑曰，伯牙子鼓琴，其友鍾子期聽之，志在於山水，子期皆知之。子期死，伯牙屏琴絕絃，終身不復鼓琴。莊子曰，莊子送葬過惠子之墓，顧謂從者曰：「郢人堊墁其鼻端若蠅翼，使匠石斲之，匠石運斤成風，聽而斲之，盡堊而鼻不傷，郢人立不失容。元君聞之，召匠石曰：『嘗爲寡人爲之。』匠石曰：『臣則嘗斲之。雖然，臣之質死久矣。自惠子之死，吾無以爲質矣，吾無與言之。』」堊墁，有泥墁之也。堊音於各反。墁音莫干反。蠅翼薄也。

後三遷長陵令。永平五年，詔書捕男子周慮。慮素有名稱，而善於敏，敏坐繫免官。及出，歎曰：「瘖聾之徒，眞世之有道者也，何謂察察而遇斯患乎？」十一年，除郎中，遷諫議大夫。卒於家。

周防字偉公，汝南汝陽人也。父揚，少孤微，常脩逆旅，〔一〕以供過客，而不受其報。

〔一〕杜預注左傳曰：「逆旅，客舍也。」

防年十六，仕郡小吏。世祖巡狩汝南，召掾史試經，防尤能誦讀，拜爲守丞。防以未冠，謁去。〔一〕師事徐州刺史蓋豫，受古文尚書。經明，舉孝廉，拜郎中。撰尚書雜記三十二篇，四十萬言。太尉張禹薦補博士，稍遷陳留太守，坐法免。年七十八，卒於家。子舉，自有傳。

〔一〕禮男子二十而冠。自以年未成人，故請去。謁，請也。

孔僖字仲和，魯國魯人也。自安國以下，世傳古文尚書、毛詩。曾祖父子建，少遊長安，與崔篆友善。及篆仕王莽爲建新大尹，〔一〕嘗勸子建仕。對曰：「吾有布衣之心，子有袞冕之志，各從所好，不亦善乎！道既乖矣，請從此辭。」遂歸，終於家。

〔一〕莽改千乘國曰建信，又改曰建新；郡守曰大尹。

僖與崔篆孫駰復相友善，同遊太學，習春秋。因讀吳王夫差時事，僖廢書歎曰：「若是，所謂畫龍不成反爲狗者。」〔一〕駰曰：「然。昔孝武皇帝始爲天子，年方十八，崇信聖道，師則先王，五六年閒，號勝文、景。〔二〕及後恣己，忘其前之爲善。」〔三〕僖曰：「書傳若此多矣！」鄰房生梁郁儳和之曰：〔四〕「如此，武帝亦是狗邪？」僖、駰默然不對。郁怒恨之，陰上書告駰、僖誹謗先帝，刺譏當世。事下有司，駰詣吏受訊。僖以吏捕方至，恐誅，乃上書肅宗自訟曰：「臣之愚意，以爲凡言誹謗者，謂實無此事而虛加誣之也。至如孝武皇帝，政之美惡，顯在漢史，坦如日月。是爲直說書傳實事，非虛謗也。夫帝者爲善，則天下之善咸歸焉；其不善，則天下之惡亦萃焉。斯皆有以致之，故不可以誅於人也。〔五〕且陛下卽位以來，政教未過，而德澤有加，〔六〕天下所具也，臣等獨何譏刺哉？假使所非實是，則固應悛改；儻其不當，亦宜含容，又何罪焉？陛下不推原大數，深自爲計，徒肆私忿，以快其意。臣等受戮，死卽死耳，顧天下之人，必回視易慮，以此事闚陛下心。自今以後，苟見不可之事，終莫復言者矣。臣之所以不愛其死，猶敢極言者，誠爲陛下深惜此大業。陛下若不自惜，則臣何賴焉？齊桓公親揚其先君之惡，以唱管仲，〔七〕然後羣臣得盡其心。今陛下乃欲以十世之武帝，遠諱實事，豈不與桓公異哉？臣恐有司卒然見構，銜恨蒙枉，不得自敍，使後世論者，擅以陛下有所方比，寧可復使子孫追掩之乎？謹詣闕伏待重誅。」帝始亦無罪僖等意，及書奏，立詔勿問，拜僖蘭臺令史。

〔一〕夫差伐越，敗之，越王句踐乃以甲兵五千人棲於會稽，使大夫種因吳太宰嚭而行成。吳王將許之，伍子胥諫曰：「今不滅，後必悔之。」吳王不聽。後句踐滅吳。吳王曰：「吾悔不用子胥之言！」遂自剄死。

〔二〕前書，武帝年十七卽位。卽位一年，議立明堂，安車蒲輪徵魯申公。六年，舉賢良。班固贊曰「以武帝之雄才大略，不改文、景之恭儉，以濟斯人，雖詩書所稱，何以加茲」也。

〔三〕謂武帝末年好神仙祭祀之事，征伐四夷，連兵三十餘年，又信巫蠱，天下戶口減半，人相食，筭及舟車，官賣鹽鐵也。

〔四〕儳謂不與之言而儳對也。禮記曰：「無儳言。」儳音仕鑒反。

〔五〕誅，責也。

〔六〕言政教未有過失也。

〔七〕國語曰，魯莊公束縛管仲以與齊桓公，公親迎於郊，而與之坐，問焉。曰：「昔吾先君襄公，築臺以爲高位，田狩畢弋，不聽國政，卑聖侮士，而唯女是崇，九妃六嬪，陳妾數百，食必粱肉，衣必文繡，戎士凍餒，是以國家不日引，不月長。恐宗廟不埽除，社稷不血食，敢問爲此若何？」管子曰：「昔者聖王之理天下，定人之居，成人之事，而慎用其六柄焉。四人者勿使雜處，雜處則其言哤，其事易」也。

元和二年春，帝東巡狩，還過魯，幸闕里，以太牢祠孔子及七十二弟子，〔一〕作六代之樂，〔二〕大會孔氏男子二十以上者六十三人，命儒者講論〔語〕。僖因自陳謝。帝曰：「今日之會，寧於卿宗有光榮乎？」對曰：「臣聞明王聖主，莫不尊師貴道。今陛下親屈萬乘，辱臨敝里，此乃崇禮先師，增煇聖德。至於光榮，非所敢承。」帝大笑曰：「非聖者子孫，焉有斯言乎！」遂拜僖郎中，賜褒成侯損及孔氏男女錢帛，詔僖從還京師，使校書東觀。

〔一〕案史記達者七十二人。

〔二〕黃帝曰雲門，堯曰咸池，舜曰大韶，禹曰大夏，湯曰大護，周曰大武。

冬，拜臨晉令，崔駰以家林筮之，〔一〕謂爲不吉，止僖曰：「子盍辭乎？」僖曰：「學不爲人，仕不擇官，凶吉由己，而由卜乎？」在縣三年，卒官，遺令即葬。

〔一〕崔篆所作易林也。

二子長彥、季彥，並十餘歲。蒲坂令許君然勸令反魯。對曰：「今載柩而歸，則違父令；舍墓而去，心所不忍。」遂留華陰。

長彥好章句學，季彥守其家業，門徒數百人。延光元年，河西大雨雹，大者如斗。安帝詔有道術之士極陳變眚，乃召季彥見於德陽殿，帝親問其故。對曰：「此皆陰乘陽之徵也。今貴臣擅權，母后黨盛，陛下宜脩聖德，慮此二者。」帝默然，左右皆惡之。舉孝廉，不就。三年，年四十七，終於家。

初，平帝時王莽秉政，乃封孔子後孔均爲褒成侯，追謚孔子爲褒成宣尼。及莽敗，失國。建武十三年，世祖復封均子志爲褒成侯。志卒，子損嗣。永元四年，徙封褒亭侯。損卒，子曜嗣。曜卒，子完嗣。世世相傳，至獻帝初，國絕。〔一〕

〔一〕臣賢案：獻帝後至魏，封孔子二十一葉孫羨爲崇聖侯。晉封二十三葉孫震爲奉聖亭侯。後魏封二十七葉孫乘爲崇聖大夫。太和十九年，孝文幸魯，親祠孔子廟，又改封二十八葉孫珍爲崇聖侯。北齊改封三十一葉孫爲恭聖侯，周武帝平齊，改封鄒國公，隋文帝仍舊封鄒國公，隋煬帝改封爲紹聖侯。貞觀十一年，封夫子裔孫子德倫爲褒聖侯，倫今見存。

楊倫字仲理，陳留東昏人也。少爲諸生，師事司徒丁鴻，習古文尚書。爲郡文學掾。更歷數將，志乖於時，以不能人閒事，遂去職，不復應州郡命。講授於大澤中，弟子至千餘人。元初中，郡禮請，三府並辟，公車徵，皆辭疾不就。後特徵博士，爲清河王傅。是歲，安帝崩，倫輒弃官奔喪，號泣闕下不絕聲。閻太后以其專擅去職，坐抵罪。

順帝卽位，詔免倫刑，遂留行喪于恭陵。服闋，徵拜侍中。是時邵陵令任嘉在職貪穢，因遷武威太守，後有司奏嘉臧罪千萬，徵考廷尉，其所牽染將相大臣百有餘人。倫乃上書曰：「臣聞春秋誅惡及本，本誅則惡消；振裘持領，領正則毛理。今任嘉所坐狼藉，未受辜戮，猥以垢身，改典大郡，自非案坐舉者，無以禁絕姦萌。往者湖陸令張疊、蕭令駟賢、徐州刺史劉福等，釁穢旣章，咸伏其誅，而豺狼之吏至今不絕者，豈非本舉之主不加之罪乎？昔齊威之霸，殺姦臣五人，并及舉者，以弭謗讟。當斷不斷，黃石所戒。〔一〕夫聖王所以聽僮夫匹婦之言者，猶塵加嵩岱，霧集淮海，雖未有益，不爲損也。惟陛下留神省察。」奏御，有司以倫言切直，辭不遜順，下之。尚書奏倫探知密事，激以求直。坐不敬，結鬼薪。〔二〕詔書以倫數進忠言，特原之，免歸田里。

〔一〕黃石公三略曰：「當斷不斷，反受其亂。」

〔二〕結，正其罪也。鬼薪，取薪以給宗廟，三歲刑也。

陽嘉二年，徵拜太中大夫。大將軍梁商以爲長史。諫諍不合，出補常山王傅，病不之官。詔書勑司隸催促發遣，倫乃留河內朝歌，以疾自上，曰：「有留死一尺，無北行一寸。刎頸不易，九裂不恨。〔一〕匹夫所執，彊於三軍。〔二〕固敢有辭。」帝乃下詔曰：「倫出幽升高，〔三〕寵以藩傅，稽留王命，擅止道路，託疾自從，苟肆狷志。」〔四〕遂徵詣廷尉，有詔原罪。

〔一〕裂，死也。楚詞曰「雖九死其猶未悔」也。

〔二〕論語曰：「三軍可奪帥，匹夫不可奪志。」

〔三〕詩曰：「出于幽谷，升于喬木。」

〔四〕狷，狂狷也，音絹。

倫前後三徵，皆以直諫不合。既歸，閉門講授，自絕人事。公車復徵，遜遁不行，卒於家。〔一〕

〔一〕遁，逃也。

中興，北海牟融習大夏侯尚書，東海王良習小夏侯尚書，沛國桓榮習歐陽尚書。榮世習相傳授，東京最盛。扶風杜林傳古文尚書，林同郡賈逵爲之作訓，馬融作傳，鄭玄注解，由是古文尚書遂顯于世。

校勘記

二五六五頁四行　懷協圖書　汲本、殿本改「協」作「挾」。按：方術傳序「天下懷協道藝之士」，惠棟補注引孔平仲云，後漢「懷挾」字都作「懷協」。

二五六五頁六行　詩齊魯韓　按：汲本、殿本「韓」下衍「毛」字。

二五六七頁二行　收兒蕘豎　按：「豎」原譌「竪」，逕據汲本改正。

二五六七頁一〇行　卽白武通(議)〔義〕　據汲本、殿本改。按：汲本、殿本作「白虎通義」，此避唐諱，改「虎」爲「武」也。

二五六九頁一行　蘭陵毋將永　按：「毋」原譌「母」，逕改正。注同。

二五六九頁九行　劉昆　按：集解引惠棟說，謂論衡「昆」作「琨」。

二五七二頁六行　乞讀曰(氣)〔气〕　據集解引惠棟說改。按：惠氏謂「氣」當作「气」。气，匄也。

二五七三頁一三行　〔在〕皮膚之〔外〕　據刊誤補。按：論語何晏集解引馬融云「膚受之愬，皮膚外語，非其內寶」。

二五五四頁七行　孫期字仲彧　按：集解引惠棟說，謂經典序錄「彧」作「奇」。

二五五四頁一一行　范升傳孟氏易　按：集解引錢大昭說，謂范升傳云習梁丘易，又上疏云「臣與博士梁恭、山陽太守呂羌俱修梁丘易」，此傳亦云楊政從升受梁丘易，則此云「孟氏易」誤。

二五五四頁一二行　以授楊政　按：「楊」原譌「揚」，逕改正。

二五五四頁一三行　而京氏遂衰　按：集解引何焯說，謂「京氏」上疑當有「孟氏」二字。

二五五五頁一〇行　歐陽歙字正思　按：「正」原譌「王」，逕據汲本改正。

二五五六頁一〇行　按：此注原在「書奏而歙已死獄中」下，今據集解本移正。

二五五七頁八行　魏臺訪〔議〕　按：史記匈奴傳索隱、藝文類聚歲時部、初學記歲時部及服食部、御覽時序部並引魏臺訪議，此脫「議」字，今補。

二五五八頁一行　張馴　按：集解引惠棟說，謂「馴」一作「訓」，古文通。

二五六〇頁六行　孔僖字仲和　按：集解引惠棟說，謂連叢子作「子和」。

二五六〇頁六行　世傳古文尚書毛詩　按：集解引李良裘說，謂安國未聞受毛詩，「毛詩」疑「魯詩」之誤。

二五六〇頁一一行　所謂畫龍不成反爲狗者　按：刊誤謂「龍」字乃「虎」字之誤。補注引王懋說，謂唐避

「虎」字，改「虎」爲「龍」，非誤也。

二五六一頁四行　天下所具也　按：集解謂袁宏紀云「天下所共見也」。

二五六二頁一行　命儒者講論〔語〕　按：校補引錢大昭說，謂閩本「論」下有「語」字。校補謂閩本是，各本皆脫一字。今據補。

二五六三頁九行　年四十七終於家　按：集解引惠棟說，謂連叢子云年四十有九，延光三年十一月丁丑卒。

二五六三頁一〇行　追謚孔子爲褒成宣尼　按：刊誤謂案文此少一「公」字。

二五六三頁一一行　建武十三年世祖復封均子志爲褒成侯　按：集解引洪亮吉說，謂案紀在十四年四月，注引古今注，云志時爲密令。此云「十三年」，似誤。

二五六四頁二行　楊倫字仲理　按：集解引洪頤煊說，謂楊震傳「震舉薦明經陳留楊倫等」。李注「字仲桓。謝承書薦楊仲桓等五人，各從家拜博士」。與此字仲理不同。又按：「楊」原譌「揚」，逕改正。

後漢書卷七十九下

儒林列傳第六十九下

前書魯人申公受詩於浮丘伯，爲作詁訓，是爲魯詩；齊人轅固生亦傳詩，是爲齊詩；燕人韓嬰亦傳詩，是爲韓詩：三家皆立博士。趙人毛萇傳詩，是爲毛詩，未得立。

高詡字季回，平原般人也。〔一〕曾祖父嘉，以魯詩授元帝，仕至上谷太守。父容，少傳嘉學，哀平閒爲光祿大夫。

〔一〕般音卜滿反。

詡以父任爲郎中，世傳魯詩。以信行清操知名。王莽篡位，父子稱盲，逃，不仕莽世。光武卽位，大司空宋弘薦詡，徵爲郎，除符離長。〔一〕去官，後徵爲博士。建武十一年，拜大司農。在朝以方正稱。十三年，卒官，賜錢及冢田。

〔一〕符離，縣，故城在今徐州符離縣東也。

包咸字子良，會稽曲阿人也。〔一〕少爲諸生，受業長安，師事博士右師細君，〔二〕習魯詩、論語。王莽末，去歸鄉里，於東海界爲赤眉賊所得，遂見拘執。十餘日，咸晨夜誦經自若，賊異而遣之。因住東海，立精舍講授。光武即位，乃歸鄉里。太守黃讜署戶曹史，欲召咸入授其子。咸曰：「禮有來學，而無往教。」〔三〕讜遂遣子師之。

〔一〕曲阿今潤州縣。

〔二〕姓右師。

〔三〕禮記曰「禮聞來學，不聞往敎」也。

舉孝廉，除郎中。建武中，入授皇太子論語，又爲其章句。拜諫議大夫、侍中、右中郎將。永平五年，遷大鴻臚。每進見，錫以几杖，入屏不趨，贊事不名。經傳有疑，輒遣小黃門就舍即問。

顯宗以咸有師傅恩，而素清苦，常特賞賜珍玩束帛，奉祿增於諸卿，咸皆散與諸生之貧者。病篤，帝親輦駕臨視。八年，年七十二，卒於官。

子福，拜郎中，亦以論語入授和帝。

魏應字君伯，任城人也。少好學。建武初，詣博士受業，習魯詩。閉門誦習，不交僚黨，京師稱之。後歸爲郡吏，舉明經，除濟陰王文學。以疾免官，教授山澤中，徒衆常數百人。永平初，爲博士，再遷侍中。十三年，遷大鴻臚。十八年，拜光祿大夫。建初四年，拜五官中郎將，詔入授千乘王伉。

應經明行修，弟子自遠方至，著錄數千人。肅宗甚重之，數進見，論難於前，特受賞賜。時會京師諸儒於白虎觀，講論五經同異，使應專掌難問，侍中淳于恭奏之，帝親臨稱制，如石渠故事。明年，出爲上黨太守，徵拜騎都尉，卒於官。

伏恭字叔齊，琅邪東武人，司徒湛之兄子也。湛弟黯，字稚文，以明齊詩，改定章句，作解說九篇，位至光祿勳，無子，以恭爲後。

恭性孝，事所繼母甚謹，少傳黯學，以任爲郎。建武四年，除劇令。視事十三年，以惠政公廉聞。青州舉爲尤異，太常試經第一，拜博士，遷常山太守。敦脩學校，教授不輟，由是北州多爲伏氏學。永平二年，代梁松爲太僕。四年，帝臨辟雍，於行禮中拜恭爲司空，儒者以爲榮。

初，父黯章句繁多，恭乃省減浮辭，定爲二十萬言。在位九年，以病乞骸骨罷，詔賜千石奉以終其身。十五年，行幸琅邪，引遇如三公儀。建初二年冬，肅宗行饗禮，以恭爲三老。年九十，元和元年卒，賜葬顯節陵下。

子壽，官至東郡太守。

任末字叔本，蜀郡繁人也。〔一〕少習齊詩，遊京師，教授十餘年。友人董奉德於洛陽病亡，末乃躬推鹿車，載奉德喪致其墓所，由是知名。爲郡功曹，辭以病免。後奔師喪，於道物故。臨命，勑兄子造曰：「必致我尸於師門，使死而有知，魂靈不慙；如其無知，得土而已。」造從之。

〔一〕繁，縣，故城在今益州新繁縣北。

景鸞字漢伯，廣漢梓潼人也。少隨師學經，涉七州之地。能理齊詩、施氏易，兼受河洛圖緯，作易說及詩解，文句兼取河洛，以類相從，名爲交集。又撰禮內外記，號曰禮略。又抄風角雜書，列其占驗，作興道一篇。及作月令章句。凡所著述五十餘萬言。數上書陳救災變之術。州郡辟命不就。以壽終。

薛漢字公子，淮陽人也。世習韓詩，父子以章句著名。漢少傳父業，尤善說災異讖緯，教授常數百人。建武初，爲博士，受詔校定圖讖。當世言詩者，推漢爲長。永平中，爲千乘太守，政有異迹。後坐楚事辭相連，下獄死。弟子犍爲杜撫、會稽澹臺敬伯、鉅鹿韓伯高最知名。

杜撫字叔和，犍爲武陽人也。少有高才。受業於薛漢，定韓詩章句。後歸鄉里教授。沈靜樂道，舉動必以禮。弟子千餘人。後爲驃騎將軍東平王蒼所辟，及蒼就國，掾史悉補王官屬，未滿歲，皆自劾歸。時撫爲大夫，不忍去，蒼聞，賜車馬財物遣之。辟太尉府。建初中，爲公車令，數月卒官。其所作詩題約義通，學者傳之，曰杜君法云。

召馴字伯春，九江壽春人也。曾祖信臣，元帝時爲少府。〔一〕父建武中爲卷令，〔二〕

〔一〕前書信臣字翁卿，爲南陽太守，吏人親愛，號曰「召父」。
〔二〕卷，縣，屬滎陽郡。卷音丘圓反。

馴少習韓詩，博通書傳，以志義聞，鄉里號之曰「德行恂恂召伯春」。累仕州郡，辟司徒府。建初元年，稍遷騎都尉，侍講肅宗。拜左中郎將，入授諸王。帝嘉其義學，恩寵甚崇。

出拜陳留太守，賜刀劍錢物。元和二年，入爲河南尹。章和二年，代任隗爲光祿勳，卒於官，賜冢塋陪園陵。

孫休，位至青州刺史。

楊仁字文義，巴郡閬中人也。建武中，詣師學習韓詩，數年歸，靜居教授。仕郡爲功曹，舉孝廉，除郎。太常上仁經中博士，〔一〕仁自以年未五十，不應舊科，〔二〕上府讓選。

〔一〕上音時掌反，下同。

〔二〕漢官儀曰：「博士限年五十以上。」

顯宗特詔補北宮衞士令，〔一〕引見，問當世政迹。仁對以寬和任賢，抑黜驕戚爲先。又上便宜十二事，皆當世急務。帝嘉之，賜以縑錢。

〔一〕漢官儀曰：「北宮衞士令一人，秩六百石。」

及帝崩，時諸馬貴盛，各爭欲入宮。仁被甲持戟，嚴勒門衞，莫敢輕進者。肅宗既立，諸馬共譖仁刻峻，帝知其忠，愈善之，拜什邡令。〔一〕寬惠爲政，勸課掾史弟子，悉令就學。其有通明經術者，顯之右署，〔二〕或貢之朝，由是義學大興。墾田千餘頃。行兄喪去官。

〔一〕今益州什邡縣也，音十方。

〔二〕右署，上司。

後辟司徒桓虞府。掾有宋章者，貪奢不法，仁終不與交言同席，時人畏其節。後爲閬中令，卒於官。

趙曄字長君，會稽山陰人也。少嘗爲縣吏，奉檄迎督郵，曄恥於廝役，遂弃車馬去。到犍爲資中，〔一〕詣杜撫受韓詩，究竟其術。積二十年，絕問不還，家爲發喪制服。（曄）〔撫〕卒（業）乃歸。州召補從事，不就。舉有道。卒于家。

〔一〕資中，縣名，今資州資陽縣。

曄著吳越春秋、詩細歷神淵。蔡邕至會稽，讀詩細而歎息，以爲長於論衡。邕還京師，傳之，學者咸誦習焉。

時山陽張匡，字文通。亦習韓詩，作章句。後舉有道，博士徵，不就。卒於家。

衞宏字敬仲，東海人也。少與河南鄭興俱好古學。初，九江謝曼卿善毛詩，乃爲其訓。宏從曼卿受學，因作毛詩序，善得風雅之旨，于今傳於世。後從大司空杜林更受古文尚書，爲作訓旨。時濟南徐巡師事宏，後從林受學，亦以儒顯，由是古學大興。光武以爲議郎。

宏作漢舊儀四篇，以載西京雜事；又著賦、頌、誄七首，皆傳於世。

中興後，鄭衆、賈逵傳毛詩，後馬融作毛詩傳，鄭玄作毛詩箋。〔一〕

〔一〕箋，薦也，薦成毛義也。張華博物志曰：「鄭注毛詩曰箋，不解此意。或云毛公嘗爲北海相，玄是郡人，故以爲敬云。」

前書魯高堂生，漢興傳禮十七篇。後瑕丘蕭奮以授同郡后蒼，蒼授梁人戴德及德兄子聖、沛人慶普。〔一〕於是德爲大戴禮，聖爲小戴禮，普爲慶氏禮，三家皆立博士。孔安國所獻禮古經五十六篇及周官經六篇，前世傳其書，未有名家。中興已後，亦有大、小戴博士，雖相傳不絕，然未有顯於儒林者。建武中，曹充習慶氏學，傳其子褒，遂撰漢禮，事在褒傳。

〔一〕德字近君。聖字次君。普字孝公。

董鈞字文伯，犍爲資中人也。習慶氏禮。事大鴻臚王臨。元始中，舉明經，遷廩犧令，〔一〕病去官。建武中，舉孝廉，辟司徒府。

〔一〕前書平帝元始五年，舉明經。漢官儀曰：「廩犧令一人，秩六百石。」

鈞博通古今，數言政事。永平初，爲博士。時草創五郊祭祀，〔二〕及宗廟禮樂，威儀章服，輒令鈞參議，多見從用，當世稱爲通儒。累遷五官中郎將，常教授門生百餘人。後坐事左轉騎都尉。年七十餘，卒於家。

〔二〕續漢志曰：「永平中，以禮儀讖及月令有五郊迎氣，因採元〔和〕〔始〕中故事，兆五郊于洛陽四方，中兆在未，壇皆三尺。」

中興，鄭衆傳周官經，後馬融作周官傳，授鄭玄，玄作周官注。玄本習小戴禮，後以古經校之，取其義長者，故爲鄭氏學。玄又注小戴所傳禮記四十九篇，通爲三禮焉。

前書齊胡母子都傳公羊春秋，授東平嬴公，嬴公授東海孟卿，孟卿授魯人眭孟，眭孟授東海嚴彭祖、魯人顏安樂。彭祖爲春秋嚴氏學，安樂爲春秋顏氏學，〔一〕又瑕丘江公傳穀梁春秋，三家皆立博士。梁太傅賈誼爲春秋左氏傳訓詁，授趙人貫公。

〔一〕前書彭祖字公子。安樂字翁孫。安樂即眭孟姊子也。

丁恭字子然，山陽東緡人也。〔一〕習公羊嚴氏春秋。恭學義精明，教授常數百人，州郡請召不應。建武初，爲諫議大夫、博士，封關內侯。十一年，遷少府。諸生自遠方至者，著錄數千人，當世稱爲大儒。太常樓望、侍中承宮、長水校尉樊（儵）〔鯈〕等皆受業於恭。二十年，拜侍中祭酒、騎都尉，與侍中劉昆俱在光武左右，每事諮訪焉。卒於官。

〔一〕東緡，今兗州金鄉縣。

周澤字穉都，北海安丘人也。少習公羊嚴氏春秋，隱居教授，門徒常數百人。建武末，辟大司馬府，署議曹祭酒。數月，徵試博士。中元元年，遷黽池令。奉公剋己，矜恤孤羸，吏人歸愛之。永平五年，遷右中郎將。十年，拜太常。

澤果敢直言，數有據爭。後北地太守廖信〔一〕坐貪穢下獄，沒入財產，顯宗以信臧物班諸廉吏，唯澤及光祿勳孫堪、大司農常沖特蒙賜焉。是時京師翕然，在位者咸自勉勵。

〔一〕廖音力弔反。

堪字子穉，河南緱氏人也。明經學，有志操，清白貞正，愛士大夫，然一毫未嘗取於人，以節介氣勇自行。王莽末，兵革並起，宗族老弱在營保閒，堪常力戰陷敵，無所回避，數被創刃，宗族賴之，郡中咸服其義勇。

建武中，仕郡縣。公正廉絜，奉祿不及妻子，皆以供賓客。及爲長吏，所在有迹，爲吏人所敬仰。喜分明去就。嘗爲縣令，謁府，趨步遲緩，門亭長譴堪御吏，堪使解印綬去，不之官。後復仕爲左馮翊，坐遇下促急，司隸校尉舉奏免官。數月，徵爲侍御史，再遷尚書令。永平十一年，拜光祿勳。

堪清廉，果於從政，數有直言，多見納用。十八年，以病乞身，爲侍中騎都尉，卒於官。堪行類於澤，故京師號曰「二稺」。

十二年，以澤行司徒事，如眞。澤性簡，忽威儀，頗失宰相之望。數月，復爲太常。清絜循行，盡敬宗廟。常臥疾齋宮，其妻哀澤老病，闚問所苦。澤大怒，以妻干犯齋禁，遂收送詔獄謝罪。當世疑其詭激。時人爲之語曰：「生世不諧，作太常妻，一歲三百六十日，三百五十九日齋。」〔一〕十八年，拜侍中騎都尉。後數爲三老五更。建初中致仕，卒於家。

〔一〕漢官儀此下云「一日不齋醉如泥」。

鍾興字次文，汝南汝陽人也。少從少府丁恭受嚴氏春秋。恭薦興學行高明，光武召見，問以經義，應對甚明。帝善之，拜郎中，稍遷左中郎將。詔令定春秋章句，去其復重，〔一〕以授皇太子。又使宗室諸侯從興受章句。封關內侯。興自以無功，不敢受爵。帝曰：「生教訓太子及諸王侯，非大功邪？」興曰：「臣師丁恭。」於是復封恭，而興遂固辭不受爵，卒於官。

〔一〕復音複。重音直容反。

甄宇字長文，北海安丘人也。清靜少欲。習嚴氏春秋，教授常數百人。建武中，爲州從事，徵拜博士，〔一〕稍遷太子少傅，卒於官。

〔一〕東觀記曰：「建武中每臘，詔書賜博士一羊。羊有大小肥瘦。時博士祭酒議欲殺羊分肉，又欲投鉤，宇復恥之。宇因先自取其最瘦者，由是不復有爭訟。後召會，問『瘦羊博士』所在，京師因以號之。」

傳業子普，普傳子承。承尤篤學，未嘗視家事，講授常數百人。諸儒以承三世傳業，莫不歸服之。建初中，舉孝廉，卒於梁相。子孫傳學不絕。

樓望字次子，陳留雍丘人也。少習嚴氏春秋。操節清白，有稱鄉閭。建武中，趙節王栩〔一〕聞其高名，遣使齎玉帛請以爲師，望不受。後仕郡功曹。永平初，爲侍中、越騎校尉，入講省內。十六年，遷大司農。十八年，代周澤爲太常。建初五年，坐事左轉太中大夫，後爲左中郎將。教授不倦，世稱儒宗，諸生著錄九千餘人。年八十，永元十二年，卒於官，門生會葬者數千人，儒家以爲榮。

〔一〕光武叔父趙王良之子，謚曰節。

程曾字秀升，豫章南昌人也。受業長安，習嚴氏春秋，積十餘年，還家講授。會稽顧奉等數百人常居門下。著書百餘篇，皆五經通難，又作孟子章句。建初三年，舉孝廉，遷海西令，卒於官。

張玄字君夏，河內河陽人也。少習顏氏春秋，兼通數家法。建武初，舉明經，補弘農文學，遷陳倉縣丞。〔一〕清淨無欲，專心經書，方其講問，乃不食終日。及有難者，輒爲張數家之說，令擇從所安。諸儒皆伏其多通，著錄千餘人。

玄初爲縣丞，嘗以職事對府，不知官曹處，吏白門下責之。時右扶風琅邪徐業，亦大儒也，聞玄諸生，試引見之，與語，大驚曰：「今日相遭，眞解矇矣！」〔一〕遂請上堂，難問極日。

〔一〕遭，逢也。

後玄去官，舉孝廉，除爲郎。會顏氏博士缺，玄試策第一，拜爲博士。居數月，諸生上言玄兼說嚴氏、（宣）〔冥〕氏，不宜專爲顏氏博士。光武且令還署，未及遷而卒。

李育字元春，扶風漆人也。〔一〕少習公羊春秋。沈思專精，博覽書傳，知名太學，深爲同郡班固所重。固奏記薦育於驃騎將軍東平王蒼，由是京師貴戚爭往交之。州郡請召，育到，輒辭病去。

〔一〕漆，縣，今豳州辛平縣。

常避地教授，門徒數百。頗涉獵古學。嘗讀左氏傳，雖樂文采，然謂不得聖人深意，以爲前世陳元、范升之徒更相非折，〔一〕而多引圖讖，不據理體，於是作難左氏義四十一事。

〔一〕折，難也，音之舌反。

建初元年，衞尉馬廖舉育方正，爲議郎。後拜博士。四年，詔與諸儒論五經於白虎觀，育以公羊義難賈逵，往返皆有理證，最爲通儒。

再遷尚書令。及馬氏廢，〔一〕育坐爲所舉免歸。歲餘復徵，再遷侍中，卒於官。

〔一〕建初八年，順陽侯馬廖子豫爲步兵校尉，坐投書怨謗，豫免，廖歸國。見馬援傳。

何休字邵公，任城樊人也。〔一〕父豹，少府。休爲人質朴訥口，而雅有心思，精研六經，世儒無及者。以列卿子詔拜郎中，非其好也，辭疾而去。不仕州郡。進退必以禮。

〔一〕樊，縣，故城在今兗州瑕丘縣西南。

太傅陳蕃辟之，與參政事。蕃敗，休坐廢錮，乃作春秋公羊解詁，〔一〕覃思不闚門，十有七年。又注訓孝經、論語、風角七分，皆經緯典謨，不與守文同說。又以春秋駮漢事六百餘條，妙得公羊本意。休善歷筭，與其師博士羊弼，追述李育意以難二傳，作公羊墨守、〔二〕左氏膏肓、穀梁廢疾。

〔一〕博物志曰：「何休注公羊云『何氏學』，有不解者，或荅曰『休謙辭受學於師，乃宣此義不出於己』。」此言爲允也。

〔二〕言公羊之義不可攻，如墨翟之守城也。

黨禁解，又辟司徒。羣公表休道術深明，宜侍帷幄，倖臣不悅之，乃拜議郎，屢陳忠言。再遷諫議大夫，年五十四，光和五年卒。

服虔字子愼，初名重，又名祇，後改爲虔，河南滎陽人也。少以清苦建志，入太學受業。有雅才，善著文論，作春秋左氏傳解，行之至今。又以左傳駮何休之所駮漢事六十條。舉孝廉，稍遷，中平末，拜九江太守。免，遭亂行客，病卒。所著賦、碑、誄、書記、連珠、九憤，凡十餘篇。

潁容字子嚴，陳國長平人也。〔一〕博學多通，善春秋左氏，師事太尉楊賜。郡舉孝廉，州辟，公車徵，皆不就。初平中，避亂荆州，聚徒千餘人。劉表以爲武陵太守，不肯起。著春秋左氏條例五萬餘言，建安中卒。

〔一〕長平，縣，故城在今陳州西北。

謝該字文儀，南陽章陵人也。善明春秋左氏，爲世名儒，門徒數百千人。建安中，河東人樂詳條左氏疑滯數十事以問，該皆爲通解之，名爲謝氏釋，行於世。〔一〕

〔一〕魏略曰：「詳字文載，少好學，聞謝該善左氏傳，乃從南陽步涉詣許，從該問〔疑〕難諸要。今左氏〔樂氏〕問七十二事，詳所撰也。杜畿爲太守，署詳文學祭酒。黄初中，徵拜博士。〔時有博士〕十餘人，學多褊〔狹〕，又不熟悉，唯詳五業並授。其或質難不解，詳無愠色，以杖畫地，牽譬引類，至忘寢食也。」

仕爲公車司馬令，以父母老，託疾去官。欲歸鄉里，會荆州道斷，不得去。少府孔融上書薦之曰：「臣聞高祖創業，韓、彭之將征討暴亂，陸賈、叔孫通進説詩書。〔一〕光武中興，吳、耿佐命，范升、衛宏脩述舊業，故能文武並用，成長久之計。陛下聖德欽明，同符二祖，勞謙戹運，三年乃讙。〔二〕今尚父鷹揚，方叔翰飛，〔三〕王師電鷙，羣凶破殄，始有櫜弓臥鼓之次，〔四〕宜得名儒，典綜禮紀。竊見故公車司馬令謝該，體曾、史之淑性，〔五〕兼商、偃之文學，〔六〕博通羣蓺，周覽古今，物來有應，事至不惑，清白異行，敦悅道訓。求之遠近，少有疇匹。若乃巨骨出吳，〔七〕隼集陳庭，〔八〕黃能入寢，〔九〕亥有二首，〔一〇〕非夫洽聞者，莫識其端也。雋不疑定北闕之前，〔一一〕夏侯勝辯常陰之驗，然後朝士益重儒術。〔一二〕今該實卓然比跡前列，閒以父母老疾，弃官欲歸，道路險塞，無由自致。猥使良才抱樸而逃，踰越山河，沈淪荊楚，所謂往而不反者也。〔一三〕後日當更饋樂以釣由余，剋像以求傅說，豈不煩哉？〔一四〕臣愚以爲可推錄所在，召該令還。楚人止孫卿之去國，〔一五〕漢朝追匡衡於平原，〔一六〕尊儒貴學，惜失賢也。」書奏，詔卽徵還，拜議郎。以壽終。

〔一〕陸賈爲太中大夫，時時前說稱詩書，著書十二篇，每奏一篇，高祖未嘗不稱善。叔孫通爲高祖制禮儀。並見前書。

〔二〕史記：「高宗諒闇，三年不言，言乃讙。」時靈帝崩後，獻帝居諒闇，初釋服也。

〔三〕尙父，太公也。毛詩曰：「維師尙父，時惟鷹揚。」又曰：「方叔涖止，其車三千。鴥彼飛隼，翰飛戾天。」注云：「方叔，卿士，命爲將也。涖，臨也。鴥，急疾之貌也。飛乃至天，喻士卒至勇，能深入攻敵。」

〔四〕毛詩曰：「載櫜弓矢。」櫜所以盛弓。言今太平，櫜弓臥鼓，不用征伐，故須賢人也。

〔五〕曾參、史魚。

〔六〕卜商、言偃也。論語曰：「文學則子游、子夏。」

〔七〕史記曰：「吳伐越，隳會稽，得骨節專車。吳使使問仲尼：『骨何者最大？』仲尼曰：『禹致羣神於會稽山，防風氏後至，禹殺而僇之，其節專車，此爲大也。』」

〔八〕史記曰：「有隼集于陳庭而死，楛矢貫之，石砮矢長尺有咫。陳湣公使問仲尼，仲尼曰：『隼來遠矣，此肅愼之矢也。昔武王克商，通道九夷百蠻，使各以其方賄來貢，於是肅愼貢楛矢石砮，長尺有咫。先王以分大姬，配虞胡公而封諸陳。』試求之故府，果得之。」

〔九〕左傳曰：「鄭子產聘于晉，晉侯有疾，韓宣子曰：『寡君寢疾，於今三月矣。今夢黃能入於寢門，其何厲鬼邪？』對曰：『昔堯殛鯀于羽山，其神化爲黃能，以入羽泉，實爲夏郊，三代祀之。晉爲盟主，其或者未之祀也？』韓子祀夏郊，晉侯有閒。」

〔一〇〕左傳：「晉悼夫人食輿人之城杞者，絳縣人或年長矣，無子，而往與於食。有與疑年，使之年，曰：『臣小人也，不知紀年。臣生之歲，正月甲子朔，四百有四十五甲子矣。其季於今，三之一也。』吏走問諸朝。師曠曰：『魯叔仲惠伯會郤成子于承匡之歲也，七十三年矣。』史趙曰：『亥有二首六身，下二如身，是其日數也。』士文伯曰：『然則二萬六千六百有六旬也。』」杜注云：「『亥』字二畫在上，併三六爲身，如筭之六也。」

〔一一〕前書昭帝時，有男子成方遂詣北闕，自稱衞太子。丞相、御史、二千石至者，(立)〔並〕莫敢發言，京兆尹雋不疑後到，叱從吏收縛。或曰：「是非未可知？」不疑曰：「諸君何患於衞太子？昔蒯聵違命出奔，輒距而不納，春秋是之。衞太子得罪先帝，亡不即死，今來自詣，此罪人也。」遂送(下)詔獄。天子與大將軍霍光聞而嘉之，曰「公卿大臣當用經術，明於大義」也。

〔一二〕前書曰，昌邑王嗣立，數出，勝當乘輿車前諫曰：「天久陰不雨，臣下有謀上者，陛下欲何之？」王怒，謂勝爲妖言，縛以屬吏。吏白霍光。是時光與張子孺謀欲廢王，光讓子孺，以爲泄，子孺實不泄，召問勝，對言「在洪範」。光、子孺以此益重儒術士。

〔一三〕韓詩外傳曰：「山林之士爲名，故往而不能反也。朝廷之士爲祿，故入而不能出。」

〔一四〕史記曰：「由余，其先晉人也，亡入戎，能晉言。〔戎王〕聞繆公賢，故使由余觀秦。秦繆公示以宮室積聚。由余曰：『使鬼爲之，則勞神矣；使人爲之，亦苦人矣。』繆公退而問內史廖曰：『孤聞鄰國有聖人，敵國之憂也。今由余寡人之害，將柰何？』廖曰：『戎王處僻，未聞中國之聲，君試遺以女樂，以奪其志；爲由余請，以疏其閒；留而莫遣，以失其期。戎王怪之，必疑由余。君臣有閒，乃可虜也。』乃令內史廖以女樂二八遺戎王，戎王受而說之。由余數諫不聽，繆公又數使人閒要由余，由余遂去降秦。」

〔一五〕劉向孫卿子後序所論孫卿事曰：「卿名況，趙人也。楚相春申君以爲蘭陵令。或謂春申君曰：『湯以七十里，文王以百里。孫卿賢者，今與之百里地，楚其危乎！』春申君謝之。孫卿去之趙，後客或謂春申君曰：『伊尹去夏入殷，殷王而夏亡，管仲去魯入齊，魯弱而齊彊，故賢者所在，君尊國安。今孫卿天下賢人，所去之國其不安乎？』春申君使人聘孫卿，乃還，復爲蘭陵令。」

〔一六〕前書匡衡爲平原文學，長安令楊興薦之於車騎將軍史高，曰：「衡材智有餘，經學絕倫，但以無階朝廷，故隨牒在遠方。將軍試召置幕府，貢之朝廷，必爲國器。」高然其言，辟衡爲議曹（吏）〔史〕，薦衡於帝，帝以爲郎中。

建武中，鄭興、陳元傳春秋左氏學。時尚書令韓歆上疏，欲爲左氏立博士，范升與歆爭之未決，陳元上書訟左氏，遂以魏郡李封爲左氏博士。後羣儒蔽固者數廷爭之。及封卒，光武重違衆議，而因不復補。

許慎字叔重，汝南召陵人也。性淳篤，少博學經籍，馬融常推敬之，時人爲之語曰：「五經無雙許叔重。」爲郡功曹，舉孝廉，再遷除洨長。卒于家。〔一〕

〔一〕洨音侯交反。

初，慎以五經傳說臧否不同，於是撰爲五經異義，又作說文解字十四篇，皆傳於世。

蔡玄字叔陵，汝南南頓人也。學通五經，門徒常千人，其著錄者萬六千人。徵辟並不就。順帝特詔徵拜議郎，講論五經異同，甚合帝意。遷侍中，出爲弘農太守，卒官。

論曰：自光武中年以後，干戈稍戢，專事經學，自是其風世篤焉。其服儒衣，稱先王，〔一〕遊庠序，聚橫〔二〕塾者，蓋布之於邦域矣。若乃經生所處，不遠萬里之路，〔三〕精廬暫建，嬴糧動有千百，〔四〕其耆名高義開門受徒者，編牒不下萬人，皆專相傳祖，莫或訛雜。至有分爭王庭，樹朋私里，繁其章條，穿求崖穴，以合一家之說。故楊雄曰：「今之學者，非獨爲之華藻，又從而繡其鞶帨。」〔五〕夫書理無二，義歸有宗，而碩學之徒，莫之或徙，〔六〕故通人鄙其固焉，又雄所謂「譊譊之學，各習其師」也。〔七〕且觀成名高第，終能遠至者，蓋亦寡焉，而迂滯若是矣。然所談者仁義，所傳者聖法也。故人識君臣父子之綱，家知違邪歸正之路。

〔一〕儒服爲章甫之冠，縫掖之衣也。禮記曰：「言必則古昔，稱先王。」

〔二〕「横」又作「黌」。

〔三〕經生謂博士也。就之者不以萬里爲遠而至也。

〔四〕精廬，講讀之舍。贏，擔負也。

〔五〕楊雄法言之文也。喻學者文煩碎也。鞶，帶也，字或作「幋」。說文曰：「幋，覆衣巾也。」音盤。帨，佩巾也，音稅。

〔六〕無二，專一也。

〔七〕亦法言之文也。譊譊，諠也，音奴交反。

自桓、靈之閒，君道秕僻，〔一〕朝綱日陵，國隙屢啓，〔二〕自中智以下，靡不審其崩離；而權彊之臣，息其闚盜之謀，〔三〕豪俊之夫，屈於鄙生之議者，〔四〕人誦先王言也，下畏逆順埶也。〔五〕至如張溫、皇甫嵩之徒，功定天下之半，聲馳四海之表，俯仰顧眄，則天業可移，猶鞠躬昏主之下，狼狽折札之命，散成兵，就繩約，而無悔心。〔六〕暨乎剝橈自極，人神數盡，〔七〕然後羣英乘其運，世德終其祚。〔八〕跡衰敝之所由致，而能多歷年所者，斯豈非學之

效乎？〔九〕故先師垂典文，褒勵學者之功，篤矣切矣。不循春秋，至乃比於殺逆，其將有意乎！〔一〇〕

〔一〕秕，穀不成也。以喻政化之惡也。
〔二〕陵，陵遲也。
〔三〕謂閻忠勸皇甫嵩，令推亡漢而自立，嵩不從其言。
〔四〕謂董卓欲大起兵，鄭泰止之，卓從其言。
〔五〕言政化雖壞，而朝久不傾危者，以經籍道行，下人懼逆順之埶。
〔六〕昏主謂獻帝也。札，簡也。折簡而召，言不勞重命也。繩約猶拘制也。謂溫及嵩並被徵而就拘制也。
〔七〕易大過卦曰：「棟橈凶。」橈，折也。極，終也。言漢祚自終，人神之數盡。橈音女教反。
〔八〕羣英謂袁術、曹操之屬。代德終其祚謂曹丕即位，廢獻帝爲山陽公，自廢至薨十四年，以壽終。
〔九〕跡猶尋也。言由有儒學，故能長久也。
〔一〇〕史記曰「爲人君父而不通春秋之義者，必蒙首惡之名。爲人臣子〔而〕不通春秋之義者，必陷篡弒誅死之罪」也。

贊曰：斯文未陵，亦各有承。〔一〕塗分流別，專門並興。精疏殊會，通閡相徵。千載不作，淵原誰澂？〔二〕

〔一〕論語曰：「天之將喪斯文也。」言斯文未陵遲，故學者分門，各自承襲其家業也。
〔二〕說經者，各自是其一家，或精或疏，或通或閡，去聖既久，莫知是非。若千載一聖，不復作起，則泉原混濁，誰能瀫之。

校勘記

二五七〇頁三行　年七十二　按：汲本、殿本「二」作「一」。

二五七三頁四行　犍爲武陽人也　集解引惠棟說，謂華陽國志作「資中人」。按：張森楷校勘記謂案下趙長君傳，言到犍爲資中詣杜撫受韓詩，疑「資中」爲是，「武陽」非也。

二五七三頁七行　杜君法　按：汲本、殿本並作「杜君注」。

二五七三頁八行　召馴　按：集解引惠棟說，謂桓郁傳作「召訓」，訓馴古文通。

二五七三頁一一行　卷縣屬滎陽郡　按：集解引洪亮吉說，謂漢無滎陽郡，當屬河南。

二五七四頁一行　章和二年代任隗爲光祿勳　按：集解引洪頤煊說，謂章帝紀章和元年光祿勳任隗爲司空，則馴之代隗，當在章和元年。

二五七五頁五行　(曄)〔撫〕卒(業)乃歸　據殿本改。按：集解引惠棟說，謂會稽典錄云「撫卒，曄經營葬之，然後歸」。

二五七五頁一一行　衞宏字敬仲　按：集解引惠棟說，謂「宏」書斷作「密」。鄭康成自序云「字次仲」。書斷亦云。

二五七六頁五行　魯高堂生　按：汲本、殿本此下有注「高堂生名隆」五字，殿本考證李良裘謂高堂隆乃三國時人，此注疑誤，前書注中亦不記其名。

二五七六頁五行　後瑕丘蕭奮以授同郡后蒼　按：沈家本謂按前書瑕丘蕭奮以禮至淮陽太守，孟卿事蕭奮，以授后蒼，是奮授卿，卿授蒼，此云奮授蒼，誤。

二五七六頁九行　德字近君　按：沈家本謂前書「近君」作「延君」，釋文敍錄同。此作「近」，形近而譌。

二五七七頁二行　永平初　按：汲本、殿本「初」作「中」。

二五七七頁五行　因探元（和）〔始〕中故事　據集解本改。

二五七八頁三行　長水校尉樊（鯈）〔儵〕等　據殿本改。

二五七九頁三行　坐遇下促急　按：汲本、殿本「遇」作「御」。

二五七九頁七行　十二年以澤行司徒事　按：通鑑作「十四年」。考異謂澤傳云「十二年」，按十二年不闕司徒，當是虞延免後，邢穆未至閒，澤行司徒事耳，故云數月。

二五八〇頁八行　傳業子普　按：校補引柳從辰說，謂東觀記「普」作「晉」，書鈔引同。

二五八〇頁一三行　永元十二年　按：汲本、殿本「二」作「三」。

二五八一頁六行　少習顏氏春秋　按：原作「春秋顏氏」，逕據汲本、殿本乙正。

二五八一頁一三行　玄兼說嚴氏（宣）〔冥〕氏　按：集解引惠棟說，謂前書春秋有冥氏學，「宣氏」當作「冥氏」。今據改。

二五八三頁一二行　作春秋左氏傳解　按：隋書經集志「解」下有「誼」字。

二五八四頁一行　潁容　按：「潁」原作「穎」，逕據汲本改。

二五八四頁七行　從該問〔疑〕難諸要　殿本考證謂何焯校本「問」字下添「疑」字，今據補。按：以下並據何焯校本，於「今左氏」今下補「樂氏」二字，「徵拜博士」下補「時有博士」四字，「學多徧」下補「狹」字。

二五八六頁一二行　（立）〔並〕莫敢發言　王念孫漢書雜志謂「立」當作「並」，漢紀孝昭紀作「並不敢言」，是其證。王先謙漢書補注謂通鑑亦作「並」。今據改。

二五八六頁一四行　遂送（下）詔獄　據刊誤刪。按：漢書無「下」字。

二五八七頁三行　〔戎王〕聞繆公賢　據汲本、殿本補。

二五八七頁一三行　將軍試召置幕府　按：校補引柳從辰說，謂注引前書，據今本「試」作「誠」。

二五八七頁一三行　辟衡爲議曹（吏）〔史〕　張森楷校勘記謂「吏」當依前書匡衡傳作「史」，今據改。

二五九〇頁一二行　爲人臣子〔而〕不通春秋之義者　據汲本補。

後漢書卷八十上

文苑列傳第七十上

杜篤字季雅，京兆杜陵人也。高祖延年，宣帝時爲御史大夫。〔一〕篤少博學，不修小節，不爲鄉人所禮。居美陽，與美陽令遊，數從請託，不諧，頗相恨。令怒，收篤送京師。會大司馬吳漢薨，光武詔諸儒誄之，篤於獄中爲誄，辭最高，帝美之，賜帛免刑。

〔一〕前書延年字幼公，周之子也，爲御史大夫。延年居父官府，不敢當舊位，臥坐皆易其處也。

篤以關中表裏山河，先帝舊京，不宜改營洛邑，乃上奏論都賦曰：

臣聞知而復知，是爲重知。〔一〕臣所欲言，陛下已知，故略其梗概，〔二〕不敢具陳。昔般庚去奢，行儉於亳，〔三〕成周之隆，乃卽中洛。〔四〕遭時制都，不常厥邑。〔五〕賢聖之慮，蓋有優劣；霸王之姿，明知相絕。守國之埶，同歸異術：或弃去阻阸，務處平易；〔六〕或據山帶河，并吞六國；〔七〕或富貴思歸，不顧見襲；或掩空擊虛，自蜀漢出；〔八〕卽日車駕，策由一卒；〔九〕或知而不從，久都墝埆。〔一〇〕臣不敢有所據。竊見司馬相如、楊子雲作辭賦以諷主上，臣誠慕之，伏作書一篇，名曰論都，謹并封奏如左。

〔一〕韓詩外傳曰：「知者知其所知，乃爲知矣。」

〔二〕梗概猶粗略也。

〔三〕帝王紀曰：「般庚以耿在河北，迫近山川，自祖辛以來，奢淫不絕，般庚乃南度河，徙都於亳。人咨嗟相怨，不欲徙，乃作書三篇以告之。」

〔四〕周成王就土中都洛陽也。

〔五〕尚書曰：「不常厥邑，于今五遷。」

〔六〕淮南子曰：「武王克殷，欲築宮於五行之山。周公曰：『不可。夫五行之山，固塞險阻之地。使我德能覆之，則天下納其貢職者固矣；使我有暴亂之行，則天下之伐我難也。』」高誘注云：「明周公恃德不恃險也。」

〔七〕謂秦也。

〔八〕韓生勸項羽都關中，羽曰：「富貴不歸故鄉，如衣錦夜行。」乃歸都彭城，而高祖自蜀漢出襲擊之也。見前書。

〔九〕前書戍卒婁敬說高祖都關中，即日車駕西都長安。

〔一〇〕謂光武久都洛陽也。墝埆，薄地也。前書張良曰：「洛陽田地薄，四面受敵。」墝音苦交反。埆音苦角反。

皇帝以建武十八年二月甲辰，升輿洛邑，巡于西岳。〔一〕推天時，順斗極，〔二〕排閶闔，入函谷，〔三〕觀阸於崤、黽，圖險於隴、蜀。〔四〕其三月丁酉，行至長安。經營宮室，傷愍舊京，即詔京兆，迺命扶風，齋肅致敬，告覲園陵。悽然有懷祖之思，〔五〕喟乎以思諸夏之隆。〔六〕遂天旋雲遊，造舟于渭，北斻涇流。〔七〕千乘方轂，萬騎駢羅，衍陳於岐、梁，東橫乎大河。〔八〕瘞后土，〔九〕禮邠郊。〔一〇〕其歲四月，反于洛都。明年，有詔復函谷關，作大駕宮、〔一一〕六王邸、高車廄於長安，脩理東都城門，〔一二〕橋涇、渭。往往繕離觀，東臨霸、滻，西望昆明，北登長平，〔一三〕規龍首，撫未央，覛平樂，儀建章。〔一四〕

〔一〕光武紀曰：「甲寅西巡狩。」

〔二〕楊雄長楊賦曰：「順斗極，運天關。」極，北極星也，言順斗建及北極之星運轉而行也。

〔三〕閶闔，天門也。函谷故關在今洛州新安縣也。

〔四〕圖猶規度也。

〔五〕懷，思也。

〔六〕喟，歎聲。

〔七〕爾雅曰：「天子造舟。」造，並也。以舟相並而濟也。斻，舟度也，音胡郎反。方言：「關而東或謂舟爲航。」說文「斻」字在方部，今流俗不解，遂與「杭」字相亂者，誤也。

〔八〕衍，布也。橫，絕流度也。楚辭曰「橫大江兮揚舲」也。

〔九〕瘞，埋也，謂埋牲幣也。爾雅曰：「祭地曰瘞埋。」后土祠在今蒲州汾陰縣北也。

〔一〇〕甘泉祭天所也，在邠地之郊。

〔一一〕大駕見儒林傳。大駕宮即天子行幸也。

〔三〕長安外城門，東面北頭第一門也。

〔三〕長平，坂名也，在池陽宮南也。

〔四〕龍首，山名，蕭何於其上作未央宮。撫，巡也。或云「撫」亦「模」，其字從「木」。覛，視也，音麥。平樂，觀名，建章，宮名，並在城西。謂光武規模而修理也。

是時山東翕然狐疑，意聖朝之西都，懼關門之反拒也。〔一〕客有爲篤言：「彼埳井之潢汙，固不容夫吞舟；〔二〕且洛邑之渟瀯，曷足以居乎萬乘哉？〔三〕咸陽守國利器，不可久虛，以示姦萌。」〔四〕篤未甚然其言也，故因爲述大漢之崇，〔五〕世據雍州之利，而今國家未暇之故，以喻客意。〔六〕曰：

〔一〕恐西都置關，所以拒外山東也。

〔二〕埳井喻小也。莊子曰：「埳井之蛙。」潢汙，停水也。吞舟，大魚也。賈誼曰：「彼尋常之汙瀆，豈容夫吞舟之魚。」

〔三〕楊雄甘泉賦曰：「梁弱水之濎瀯。」濎瀯，小貌也。渟音天鼎反。瀯音烏迴反。

〔四〕老子曰：「國之利器，不可以示人。」

〔五〕崇，高盛也。

〔六〕喻，曉也。

昔在強秦，爰初開畔，〔一〕霸自岐、雍，國富人衍，卒以幷兼，桀虐作亂。〔二〕天命有聖，託之大漢。大漢開基，高祖有勳，斬白蛇，屯黑雲，〔三〕聚五星於東井，提干將而呵暴秦。〔四〕蹈滄海，跨崑崙，〔五〕奮彗光，埽項軍，〔六〕遂濟人難，蕩滌於泗、沂。〔七〕劉敬建策，初都長安。〔八〕太宗承流，守之以文。〔九〕躬履節儉，側身行仁，食不二味，衣無異采，賑人以農桑，率下以約己，曼麗之容不悅於目，鄭衞之聲不過於耳，〔一〇〕佞邪之臣不列於朝，巧僞之物不鬻於市，〔一一〕故能理升平而刑幾措。富衍於孝景，功傳於後嗣。〔一二〕

〔一〕畔，疆界也。

〔二〕衍，饒也，音以戰反。桀虐，如桀之無道也。

〔三〕前書高祖斬大蛇，有一老嫗夜哭，曰：「吾子，白帝子，今赤帝子斬之。」故曰白蛇。又呂后曰：「季所居上常有雲氣。」

〔四〕高祖初至霸上，五星聚東井。干將，劒名也。高祖曰：「吾提三尺劒取天下。」

〔五〕楊雄長楊賦曰：「横巨海，（乘）〔漂〕昆崙。」此言蹈跨，喻遠大也。

〔六〕彗星者，所以除舊布新也，故曰埽。

〔七〕項羽都彭城。泗水、沂水近彭城地也。蕩滌謂誅之也。

〔八〕解見班固傳。

〔九〕太宗，文帝也。繼體之君，以文德守之。

〔一〇〕曼，美也。

〔二〕禮記曰「用器不中度，不鬻於市。布帛精麤不中數，廣狹不中量，不鬻於市。姦色亂正色，不鬻於市」也。

〔三〕前書景帝時，太倉之粟紅腐而不可食，都內之錢貫朽而不可校也。

是時孝武因其餘財府帑之蓄，始有鉤深圖遠之意，探冒頓之罪，〔一〕校平城之讎。〔二〕遂命票騎，〔三〕勤任衞青，〔四〕勇惟鷹揚，軍如流星，〔五〕深之匈奴，割裂王庭，〔六〕席卷漠北，叩勒祁連，〔七〕横分單于，屠裂百蠻。〔八〕燒罽帳，〔九〕繫閼氏，〔一〇〕燔康居，灰珍奇，〔一一〕椎鳴鏑，〔一二〕釘鹿蠡，〔一三〕馳阬岸，獲昆彌，〔一四〕虜儠侲，〔一五〕驅騾驢，馭宛馬，〔一六〕鞭駃騠。〔一七〕拓地萬里，威震八荒。肇置四郡，據守敦煌。〔一八〕并域屬國，一郡領方。〔一九〕立候隅北，建護西羌。〔二〇〕捶驅氐、僰，寥狼邛、莋。〔二一〕東攡烏桓，蹂轔濊貊。〔二二〕南羈鉤町，水劒強越。〔二三〕殘夷文身，海波沫血。〔二四〕郡縣日南，漂槩朱崖。〔二五〕部尉東南，兼有黃支。〔二六〕連緩耳，瑣雕題，〔二七〕摧天督，〔二八〕牽象犀，椎蜯蛤，碎瑠璃，甲瑇瑁，戕觜觿。〔二九〕於是同穴裘褐之域，〔三〇〕共川鼻飲之國，〔三一〕莫不袒跣稽顙，失氣虜伏。〔三二〕非夫大漢之盛，世藉靡土之饒，得御外理內之術，孰能致功若斯！故創業於高祖，嗣傳於孝惠，德隆於太宗，財衍於孝景，威盛於聖武，政行於宣、元，侈極於成、哀，祚缺於孝平。傳世十一，歷載三百，〔三三〕德衰而復盈，道微而復章，〔三四〕皆莫能遷於雝州，而背於咸陽。宮室寢廟，山陵相望，高顯弘麗，可思可榮，羲、農已來，無茲著明。

〔一〕前書冒頓殺其父頭曼單于，又爲書使遺高后曰：「孤僨之君，生於沮澤之中，長於平野牛馬之域，數至邊境，願遊中國。陛下獨立，孤僨獨居，兩主不樂，無以自娛，願以所有，易其所無。」

〔二〕校，報也。冒頓單于圍高祖於平城七日，故報之也。

〔三〕票騎將軍霍去病也。

〔四〕青爲大將軍霍去病舅也。

〔五〕毛詩曰：「時惟鷹揚。」注云：「如鷹之飛揚也。」長楊賦曰：「疾如奔星。」

〔六〕匈奴王庭也。長楊賦曰：「遂獵乎王庭。」

〔七〕漠，沙漠也。祁連，匈奴中山名也。叩，擊也。勒謂銜勒也。

〔八〕百蠻，夷狄之總稱也。

〔九〕罽，毛布也。

〔一〇〕單于妻號也。

〔一一〕康居，西域國也。居音渠。

〔一二〕前書曰：「冒頓作鳴鏑。」今之髇箭也。

〔一三〕蠡音離。匈奴有左右鹿蠡王。前書作「谷蠡」。

〔一四〕昆彌，西域國也。

〔一五〕方言：「侲，養馬人也。」字書侲音眞。字書無「⿰亻數」字。諸家並音數侲爲粟犢，西域國名也。傳讀如此，不知所出。今有肅特國，恐是也。

〔一六〕大宛，國名，出汗血馬。

〔一七〕駃馬也。駃音決。騠音啼。生七日而超其母也。

〔一八〕四郡謂酒泉、武威、張掖、敦煌也。

〔一九〕幷西域，以屬國都尉主之，以敦煌一郡部領西方也。

〔二〇〕楊雄解嘲曰：「西北一候。」孟康注云：「敦煌玉門關候也。」置護羌校尉，以主西羌。

〔二一〕捶，擊也。寥狼猶擘擾也。氐、僰、邛、筰並西南夷號。

〔二二〕字書「攠」亦「靡」字也，音摩。方言云：「摩，滅也。」蹂，踐也。轔，轢也，音吝。濊貊，東夷號也。

〔二三〕羈，係也。鉤町，西南夷也。水劍謂戈船將軍等下水誅南越也。鉤町音劬挺。

〔二四〕穀梁傳曰：「越人被髮文身。」沫血，水沫如血。

〔二五〕武帝元鼎六年，平南越，以爲南海、蒼梧、鬱林、合浦、交阯、九眞、日南、珠崖、儋耳九郡。漂槩謂摩近之也。前書音義曰：「珠崖言珠若崖也。」此作「朱」，古字通。茂陵書曰：「珠崖郡都郎瞫，去長安七千三百里。」瞫音審。

〔二六〕楊雄解嘲曰：「東南一尉。」孟康注云：「會稽東部都尉也。」前書曰「自都盧國船行可二月餘，有黄支國，俗與珠崖相類」也。

〔二七〕緩耳，耳下垂，即儋耳也。禮記曰：「南方曰蠻，雕題交阯。」鄭玄注曰：「謂刻其身以丹青涅之也。」王逸注楚詞曰：「雕，畫也。題，額也。」

〔二八〕即天竺國也。

〔一九〕郭義恭廣志曰：「瑇瑁形似龜，出南海。」甲謂取其甲也。戕，殘也。觜觿，大龜，亦瑇瑁之屬。觜音子期反。觿音以規反。

〔二〇〕同穴，挹婁之屬也。衣裘褐，北狄也。

〔二一〕前書賈捐之曰「駱越之俗，父子同川而浴，相習以鼻飲」也。

〔二二〕稽，止也。方言曰：「額，額顙也。」以額至地而稽止也。宋玉高唐賦曰：「虎豹豺兕，失氣恐喙。」言其恐懼如奴虜之伏也。

〔二三〕高祖至平帝十一代。歷，涉也。合二百十四年，此言「三百」者，謂出二百年，涉三百年也。

〔二四〕謂呂氏亂而文帝立，昌邑廢而宣帝中興也。

夫廱州本帝皇所以育業，〔一〕霸王所以衍功，戰士角難之場也。〔二〕禹貢所載，厥田惟上。〔三〕沃野千里，原隰彌望。保殖五穀，桑麻條暢。濱據南山，帶以涇、渭，號曰陸海，蠢生萬類。〔四〕楩柟檀柘，蔬果成實。畎瀆潤淤，水泉灌溉，〔五〕漸澤成川，粳稻陶遂。〔六〕厥土之膏，畝價一金。〔七〕田田相如，鐇钁株林。〔八〕火耕流種，功淺得深。〔九〕既有蓄積，阸塞四臨：西被隴、蜀，南通漢中，北據谷口，東阻嶔巖。〔一〇〕關函守嶢，山東道窮；〔一一〕置列汧、隴，廱偃西戎；〔一二〕拒守褒斜，嶺南不通；杜口絕津，朔方無從。〔一三〕鴻、渭之流，徑入于河；大船萬艘，轉漕相過；東綜滄海，西綱流沙；朔南暨聲，諸夏是和。〔一四〕城池百尺，阸塞要害。關梁之險，多所衿帶。〔一五〕一卒舉礧，千夫沈滯；〔一六〕一人奮戟，三軍沮敗。〔一七〕地埶便利，介胄剽悍，可與守近，利以攻遠。〔一八〕士卒易保，人不肉袒。〔一九〕肇十有二，是爲贍腴。〔二〇〕用霸則兼幷，〔二一〕先據則功殊；〔二二〕修文則財衍，行武則士要；〔二三〕爲政則化上，篡逆則難誅；〔二四〕進攻則百剋，退守則有餘：斯固帝王之淵囿，而守國之利器也。

〔一〕周始祖后稷封邰，公劉居豳，大王居岐，文王居酆，武王居鎬，並在關中，故曰育業也。

〔二〕衍，廣也。秦都關中也。

〔三〕尚書：「廱州厥田上上。」

〔四〕濱，近也。前書東方朔曰「漢都涇、渭之南，此謂天下陸海之地」也。

〔五〕說文曰：「淤，澱滓也。」顧野王曰：「今水中泥草也。」

〔六〕薛君注韓詩曰：「陶，暢也。」爾雅曰：「遂，生也。」

〔七〕前書東方朔曰：「酆鎬之閒，號爲土膏，其價畝一金。」一金，一斤金也。

〔八〕相如言地皆沃美相類也。廣雅曰：「鐇，(推)〔椎〕也。」音甫袁反。埤蒼云：「鐇，鏟也。」謂以鏟钁去林木之株蘖也。

〔九〕以火燒所伐林株，引水溉之而布種也。

〔一〇〕谷口在今雲陽縣。穀梁傳秦襲鄭，蹇叔送其子而戒之曰：「汝必死於崤之巖唫之下。」嶔巖謂崤也。嶔音吟。

〔一一〕函，函谷關也。嶢謂嶢山之關也，在藍田南，故武關之西。嶢音堯。

〔一二〕廱音擁。

〔一三〕杜塞谷口，絕黃河之津。

〔一四〕尚書曰：「朔南暨聲教。」注云：「朔，北方也。」

〔一五〕衿帶，衣服之要，故以喻之。

〔一六〕礧，石也。前書：「匈奴乘隅下礧石。」音力對反。

〔一七〕淮南子曰「狹路津關，大山石塞，龍蛇蟠，簦笠居，羊腸道，魚笱門，一人守險，千人弗敢過」也。

〔一八〕剽，急疾也。悍，勇也。所據險要，故可守近；士卒勇疾，故可攻遠也。

〔一九〕左傳鄭伯肉袒牽羊以降楚，言關中士卒易與保守不降下也。

〔二〇〕尚書曰「肇十有二州」，謂雍、梁、荊、豫、徐、楊、青、兗、冀、幽、并、營也。雍州田第一，故曰贍腴。今流俗比地之良沃者爲贍者也。

〔二一〕謂秦并六國也。

〔二二〕高祖先入關，功爲諸侯最也。

〔二三〕修文德，則財產富衍。若用武，則士皆奮勵而要功也。

〔二四〕地險固，故難誅也。

逮及亡新，時漢之衰，偷忍淵囿，篡器慢違，〔一〕徒以埶便，莫能卒危。〔二〕假之十八，誅自京師。〔三〕天畀更始，不能引維，〔四〕慢藏招寇，復致赤眉。〔五〕海內雲擾，諸夏滅徵；羣龍並戰，未知是非。〔六〕于時聖帝，赫然申威。荷天人之符，兼不世之姿。〔七〕受命於皇上，獲助於靈祇。〔八〕立號高邑，搴旗四麾。〔九〕首策之臣，運籌出奇；〔一〇〕虓怒之旅，如虎如螭。〔一一〕師之攸向，無不靡披。蓋夫燔魚剸蛇，莫之方斯。〔一二〕大呼山東，響動流沙。要龍淵，首鏌鋣，〔一三〕命騰太白，親發狼、弧。〔一四〕南禽公孫，北背強胡，西平隴、冀，東據洛都。乃廓平帝宇，濟蒸人於塗炭，成兆庶之亹亹，遂興復乎大漢。〔一五〕

〔一〕偷忍猶盜竊也。淵囿謂秦中也。

〔二〕卒音倉忽反。

〔三〕莽居攝篡位十八年，公賓就始斬之也。

〔四〕畀，與也。言更始不能持其綱維，故致敗亡。

〔五〕易曰：「慢藏誨盜。」又曰：「負且乘，致寇至。」言更始爲赤眉所破也。

〔六〕赤伏符曰：「四夷雲擾，龍鬭于野。」易曰：「龍戰于野。」謂更始敗後，劉永、張步等重起，未知受命者爲誰也。

〔七〕聖帝，光武也。天人符謂彊華自關中持赤伏符也。前書曰王吉上疏曰：「欲化之主不代出。」言有時而出，難常遇也。

〔八〕皇上謂天也。尚書曰：「惟皇上帝降衷於下人。」靈祇謂呼池冰及白衣老父等也。

〔九〕搴，拔也。

〔一〇〕前書高祖曰：「運籌帷幄之中，決勝千里之外，子房是也。」出奇謂陳平從高祖定天下，凡六出奇計，以比鄧禹、馮異、吳漢、耿弇等也。

〔一一〕詩曰：「闞如虓虎。」注云：「虎之怒虓然也。」史記周武王誓衆曰：「如虎如羆，如豺如螭。」杜預注左傳曰：「螭，山神，獸形也。」虓音呼交反。

〔一二〕尚書今文太誓篇曰：「太子發升舟，中流，白魚入於王舟，王跪取出，以燎。羣公咸曰『休哉』。」鄭玄注云：「燔魚以祭，變禮也。」剸，割也，音之兗反，謂高祖斬蛇也。

〔一三〕龍淵，劍，解見韓稜傳。說文：「鏌鋣，大戟也。」音莫邪。首謂建之於首也。吳越春秋有莫邪劍，義與此不同也。

〔一四〕騰，馳也。太白，天之將軍。狼、弧，並星名也。史記曰：「天苑東有大星曰天狼，下有四星曰弧。」宋均注演孔圖曰：「狼爲野將，用兵象也。」合誠圖曰：「弧主司兵，兵弩象。」

〔一五〕爾雅曰：「亹亹，勉也。」易曰：「成天下之亹亹。」

今天下新定，矢石之勤始瘳，〔一〕而主上方以邊垂爲憂，忿葭萌之不柔，〔二〕未遑於論都而遺思廱州也。〔三〕方躬勞聖思，以率海內，厲撫名將，略地疆外，信威於征伐，展武乎荒裔。〔四〕若夫文身鼻飲緩耳之主，椎結左衽鐻鍝之君，〔五〕東南殊俗不羈之國，西北絕域難制之鄰，靡不重譯納貢，請爲藩臣。上猶謙讓而不伐勤。〔六〕意以爲獲無用之虜，不如安有益之民；略荒裔之地，不如保殖五穀之淵；〔七〕遠救於已亡，不若近而存存也。〔八〕今國家躬脩道德，吐惠含仁，湛恩沾洽，時風顯宣。〔九〕徒垂意於持平守實，務在愛育元元，苟有便於王政者，聖主納焉。何則？物罔挹而不損，道無隆而不

移，陽盛則運，陰滿則虧，〔一〇〕故存不忘亡，安不諱危，雖有仁義，猶設城池也。〔一一〕

〔一〕謬，差也。

〔二〕楊子雲長楊賦曰：「遐萌爲之不安。」謂遠人也。案：篤此賦每取子雲甘泉、長楊賦事，意此「葭」即「遐」也。時蜀郡守將史歆及交阯徵側反，盧芳亡入匈奴，故云忿其不柔也。

〔三〕遺猶留也。

〔四〕信讀曰申。

〔五〕結音髻。前書：「尉佗椎結箕踞。」注云：「如今兵士椎頭髻也。」孔子曰：「微管仲吾其被髮左衽矣。」鐻音渠呂反。山海經曰：「神武羅穿耳以鐻。」郭璞注云：「金銀器之名，未詳形制。」鍝音牛于反。埤蒼曰：「鍝，鋸也。」案今夷狄好穿耳以垂金寶等，此並謂夷狄之君長也。

〔六〕前書司馬相如曰：「上猶謙讓而未俞也。」

〔七〕左傳曰：「吾將略地焉。」略，取也。

〔八〕易曰「成性存存」也。

〔九〕前書司馬相如難蜀父老曰：「湛恩汪濊。」湛音沈。易通卦驗曰「巽氣退則時風不至，萬物不成。冬至廣莫風至，立春條風至，春分明庶風至，立夏清明風至，夏至景風至，立秋涼風至，秋分閶闔風至，立冬不周風至」也。

〔一〇〕淮南子曰：「孔子觀桓公之廟，有器焉謂之宥坐。孔子曰：『善哉乎，得見此器！』顧曰：『弟子取水。』水至灌之，其中則正，其盈則覆。孔子造然革容曰：『善哉持盈者乎！』子貢在側，曰：『請問持盈？』曰：『挹而損之。』曰：『何謂挹而損之？』曰：『夫物盛而衰，樂極而悲；日中而移，月盈而虧。是故聰明睿智，守之以愚；多聞博辯，守之以儉；武力毅勇，守之以畏；富貴廣大，守之以陋；德施天下，守之以讓：此五者，先王所以守天下而弗失也。』」

〔二〕易曰「君子存不忘亡，安不忘危」也。

客以利器不可久虛，而國家亦不忘乎西都，何必去洛邑之渟瀯與？

篤後仕郡文學掾，以目疾，二十餘年不闚京師。

篤之外高祖破羌將軍辛武賢，以武略稱。〔一〕篤常歎曰：「杜氏文明善政，而篤不任爲吏；〔二〕辛氏秉義經武，而篤又怯於事。外內五世，至篤衰矣！」

〔一〕前書武賢，狄道人，爲破羌將軍，以勇武稱，左將軍慶忌之父。

〔二〕謂杜周及延年並以文法著名也。

女弟適扶風馬氏。建初三年，車騎將軍馬防擊西羌，請篤爲從事中郎，戰沒於射姑山。所著賦、誄、弔、書、讚、七言、女誡及雜文，凡十八篇。又著明世論十五篇。子碩，豪俠，以貨殖聞。

王隆字文山，馮翊雲陽人也。王莽時，以父任爲郎，後避難河西，爲竇融左護軍。建武中，爲新汲令。〔一〕能文章，所著詩、賦、銘、書凡二十六篇。

〔一〕新汲，縣，屬潁川郡，故城在今許州扶溝縣西也。

初，王莽末，沛國史岑子孝亦以文章顯，莽以爲謁者，著頌、誄、復神、說疾凡四篇。〔一〕

〔一〕岑一字孝山，著出師頌。

夏恭字敬公，梁國蒙人也。習韓詩、孟氏易，講授門徒常千餘人。王莽末，盜賊從橫，攻沒郡縣，恭以恩信爲衆所附，擁兵固守，獨安全。光武卽位，嘉其忠果，召拜郎中，再遷太山都尉。和集百姓，甚得其歡心。恭善爲文，著賦、頌、詩、勵學凡二十篇。年四十九卒官，諸儒共謚曰宣明君。子牙，少習家業，著賦、頌、讚、誄凡四十篇。舉孝廉，早卒，鄉人號曰文德先生。

傅毅字武仲，扶風茂陵人也。少博學。永平中，於平陵習章句，因作迪志詩曰：

咨爾庶士，迨時斯勗。〔一〕日月逾邁，豈云旋復！〔二〕哀我經營，旅力靡及。〔三〕在茲弱冠，靡所庶立。〔四〕

〔一〕追，及也。勗，勉也。

〔二〕尚書曰：「日月逾邁。」逾，過。邁，行。言日月之過往，不可復還也。

〔三〕旅，陳也。言已欲經營仁義之道，然非陳力之所能及也。

〔四〕禮記曰年二十曰弱冠。言已在弱冠之歲，無所庶幾成立也。

於赫我祖，顯于殷國。〔一〕二迹阿衡，克光其則。〔二〕武丁興商，伊宗皇士。〔三〕爰作殷肱，萬邦是紀。奕世載德，迄我顯考。〔四〕保膺淑懿，纘脩其道。〔五〕漢之中葉，俊乂式序。秩彼殷宗，光此勳緒。〔六〕

〔一〕謂傅說也。

〔二〕阿，倚；衡，平也。言依倚之以取平也。謂伊尹也。高宗命傅說曰：「爾尚明保〔予〕，罔俾阿衡專美有商。」故曰二迹也。言傅說功比伊尹，而能光大其法則也。

〔三〕武丁，殷王高宗也。伊，惟；宗，尊也。詩曰：「思皇多士。」皇，美也。言武丁所以能興殷者，惟尊皇美之士，謂傅說。

〔四〕易曰：「德積載。」載，重也。

〔五〕纘，繼也。

〔六〕中葉謂宣帝中興。秩，序也。言漢代序殷高宗用傅說之事，光大其勳功，而用其緒胤也。謂傅介子以軍功封義陽侯；傅喜論議正直，爲大司馬，封高武侯；傅晏爲孔鄉侯；傅商爲汝昌侯；建武中傅俊爲昆陽侯也。

伊余小子，穢陋靡逮。懼我世烈，自茲以墜。誰能革濁，清我濯溉？〔一〕誰能昭闇，啓我童昧？先人有訓，我訊我誥。訓我嘉務，誨我博學。爰率朋友，尋此舊則。契闊夙夜，庶不懈忒。〔二〕

〔一〕毛詩曰：「誰能執熱，逝不以濯。」此言誰能革易我之濁，而以清泉洗濯我也？

〔二〕詩云：「與子契闊。」契闊謂辛苦也。懈，惰也。忒，差也。

秩秩大猷，紀綱庶式。匪勤匪昭，匪壹匪測。〔一〕農夫不怠，越有黍稷，〔二〕誰能云作，考之居息？〔三〕二事敗業，多疾我力。〔四〕如彼遵衢，則罔所極。〔五〕二志靡成，聿勞我心。如彼兼聽，則溷於音。〔六〕

〔一〕詩大雅曰：「秩秩大猷，聖人謨之。」秩秩，美也。猷，道也。庶，衆也。式，法也。言美哉乎大道，可以綱紀衆法。若不勤勵，則不能昭明其道；不專一，則不能深測。

〔二〕尚書曰「若農服田力穡，乃亦有秋。惰農自安，乃其罔有黍稷」也。

〔三〕考，成也。言誰能有所作，而居息閑暇可能成者？言必須勤之也。

〔四〕二事謂事不專一也。疾，害也。言爲事不專，則多害其力也。

〔五〕遵，循也。如循長路，則不知所終極也。

〔六〕聿，辭也。溷，亂也。志不專一，徒煩勞於我心。兼聽衆聲則音亂。

於戲君子，無恆自逸。徂年如流，鮮茲暇日。〔一〕行邁屢稅，胡能有迄。〔二〕密勿朝

夕，聿同始卒。〔三〕

〔一〕人當自勉脩德義，專志勤學，不可自放逸。年之過往如流，言其速也。少有閑暇之日也。

〔二〕行邁之人，㢢稅駕停止，何能有所至也？言當自勗，不可中廢也。

〔三〕（毛）〔韓〕詩曰：「密勿從事。」密勿，黽勉也。聿，循也。卒，終也。言朝夕黽勉，終始如一也。

毅以顯宗求賢不篤，士多隱處，故作七激以爲諷。

建初中，肅宗博召文學之士，以毅爲蘭臺令史，拜郎中，與班固、賈逵共典校書。毅追美孝明皇帝功德最盛，而廟頌未立，乃依清廟作顯宗頌十篇奏之，〔一〕由是文雅顯於朝廷。

〔一〕清廟，詩周頌篇名，序文王之德也。

車騎將軍馬防，外戚尊重，請毅爲軍司馬，待以師友之禮。及馬氏敗，免官歸。

永元元年，車騎將軍竇憲復請毅爲主記室，崔駰爲主簿。及憲遷大將軍，復以毅爲司馬，班固爲中護軍。憲府文章之盛，冠於當世。

毅早卒，著詩、賦、誄、頌、祝文、七激、連珠凡二十八篇。

黄香字文彊，江夏安陸人也。年九歲，失母，思慕憔悴，殆不免喪，〔一〕鄉人稱其至孝。

年十二，太守劉護聞而召之，署門下孝子，甚見愛敬。香家貧，內無僕妾，躬執苦勤，盡心奉養。遂博學經典，究精道術，能文章，京師號曰「天下無雙江夏黃童」。

〔一〕免喪，終喪。

初除郎中，元和元年，肅宗詔香詣東觀，讀所未嘗見書。香後告休，及歸京師，時千乘王冠，〔一〕帝會中山邸，乃詔香殿下，顧謂諸王曰：「此『天下無雙江夏黃童』者也。」左右莫不改觀。後召詣安福殿言政事，拜尚書郎，數陳得失，賞賚增加。常獨止宿臺上，晝夜不離省闥，帝聞善之。

〔一〕千乘貞王伉，章帝子也。冠謂二十加冠也。

永元四年，拜左丞，功滿當遷，和帝留，增秩。六年，累遷尚書令。後以爲東郡太守，香上疏讓曰：「臣江淮孤賤，愚矇小生，經學行能，無可筭錄。遭值太平，先人餘福，〔一〕得以弱冠特蒙徵用，連階累任，遂極臺閣。訖無纖介稱，報恩効死，誠不意悟，卒被非望，顯拜近郡，尊位千里。臣聞量能授官，則職無廢事；因勞施爵，則賢愚得宜。臣香小醜，少爲諸生，典郡從政，固非所堪，誠恐矇頓，孤忝聖恩。又惟機密端首，至爲尊要，〔二〕復非臣香所當久奉。承詔驚惶，不知所裁。臣香年在方剛，適可驅使。〔三〕願乞餘恩，留備冗官，賜以督責小職，任之宮臺煩事，以畢臣香螻蟻小志，誠瞑目至願，土灰極榮。」帝亦惜香幹用，久習舊事，復留爲尚書令，增秩二千石，賜錢三十萬。是後遂管樞機，甚見親重，而香亦祗勤物務，憂公如家。

〔一〕謝承書：「香代爲冠族，葉令況之子也。」

〔二〕謂尚書令。

〔三〕論語曰：「及其壯也，血氣方剛。」言少壯也。

十二年，東平清河奏訞言卿仲遼等，所連及且千人。香科别據奏，全活甚衆。每郡國疑罪，輒務求輕科，愛惜人命，每存憂濟。又曉習邊事，均量軍政，皆得事宜。帝知其精勤，數加恩賞，疾病存問，賜醫藥。在位多所薦達，寵遇甚盛，議者譏其過倖。

延平元年，遷魏郡太守。郡舊有内外園田，常與人分種，收穀歲數千斛。香曰：「田令『商者不農』，王制『仕者不耕』，〔一〕伐冰食禄之人，不與百姓爭利。」〔二〕乃悉以賦人，課令耕種。時被水年飢，乃分奉禄及所得賞賜班贍貧者，於是豐富之家各出義穀，助官禀貸，荒民獲全。後坐水潦事免，數月，卒於家。

〔一〕王制曰：「上農夫食九人，下士視上農夫，禄足以代耕也。」

〔二〕伐冰解見馮衍傳。

所著賦、牋、奏、書、令凡五篇。子瓊，自有傳。

劉毅，北海敬王子也。初封平望侯，〔一〕永元中，坐事奪爵。毅少有文辯稱，元初元年，上漢德論并憲論十二篇。時劉珍、鄧耽、尹兑、馬融共上書稱其美，安帝嘉之，賜錢三萬，拜議郎。

〔一〕平望，縣，屬北海郡。

李尤字伯仁，廣漢雒人也。少以文章顯。和帝時，侍中賈逵薦尤有相如、楊雄之風，召詣東觀，受詔作賦，拜蘭臺令史。稍遷，安帝時爲諫議大夫，受詔與謁者僕射劉珍等俱撰漢記。後帝廢太子爲濟陰王，尤上書諫爭。順帝立，遷樂安相。年八十三卒。所著詩、賦、銘、誄、頌、七歎、哀典凡二十八篇。

尤同郡李勝，亦有文才，爲東觀郎，著賦、誄、頌、論數十篇。

蘇順，字孝山，京兆霸陵人也。和安閒以才學見稱。好養生術，隱處求道。晚乃仕，拜郎中，卒於官。所著賦、論、誄、哀辭、雜文凡十六篇。

時三輔多士，扶風曹衆伯師亦有才學，著誄、書、論四篇。〔一〕

〔一〕三輔決錄注曰：「衆與鄉里蘇孺文、竇伯向、馬季長並遊宦，唯衆不遇，以壽終于家。」

又有曹朔，不知何許人，作漢頌四篇。

劉珍字秋孫，〔一〕一名寶，南陽蔡陽人也。少好學。永初中，爲謁者僕射。鄧太后詔使與校書劉騊駼、馬融及五經博士，校定東觀五經、諸子傳記、百家蓺術，整齊脫誤，是正文字。永寧元年，太后又詔珍與騊駼作建武已來名臣傳，遷侍中、越騎校尉。延光四年，拜宗正。明年，轉衞尉，卒官。著誄、頌、連珠凡七篇。又撰釋名三十篇，以辯萬物之稱號云。

〔一〕諸本時有作「秘孫」者，其人名珍，與「秘」義相扶，而作「秋」者多也。

葛龔字元甫，梁國寧陵人也。和帝時，以善文記知名。〔一〕性慷慨壯烈，勇力過人。安帝永初中，舉孝廉，爲太官丞，上便宜四事，拜蕩陰令。〔二〕辟太尉府，病不就。州舉茂才，爲臨汾令。居二縣，皆有稱績。著文、賦、碑、誄、書記凡十二篇。

〔一〕龔善爲文奏。或有請龔奏以干人者，龔爲作之，其人寫之，忘自載其名，因幷寫龔名以進之。故時人爲之語曰：「作奏雖工，宜去葛龔。」事見笑林。

〔二〕蕩陰，縣名，今相州縣也。蕩音湯。

王逸字叔師，南郡宜城人也。元初中，舉上計吏，爲校書郞。順帝時，爲侍中。著楚辭章句行於世。其賦、誄、書、論及雜文凡二十一篇。又作漢詩百二十三篇。

子延壽，字文考，有儁才。少遊魯國，作靈光殿賦。後蔡邕亦造此賦，未成，及見延壽所爲，甚奇之，遂輟翰而已。曾有異夢，意惡之，乃作夢賦以自厲。後溺水死，時年二十餘。〔一〕

〔一〕張華博物志曰：「王子山與父叔師到泰山從鮑子眞學筭，到魯賦靈光殿，歸度湘水溺死。」文考一字子山也。

崔琦字子瑋，涿郡安平人，濟北相瑗之宗也。少遊學京師，以文章博通稱。初舉孝廉，爲郎。河南尹梁冀聞其才，請與交。冀行多不軌，〔一〕琦數引古今成敗以戒之，冀不能受。乃作外戚箴。其辭曰：

〔一〕軌，法也。

赫赫外戚，華寵煌煌。昔在帝舜，德隆英、皇。〔一〕周興三母，〔二〕有莘崇湯。〔三〕宣王晏起，姜后脫簪。〔四〕齊桓好樂，衞姬不音。〔五〕皆輔主以禮，扶君以仁，達才進善，以義濟身。

〔一〕帝舜妃娥皇、女英，帝堯之女，聰明貞仁。事舜於畎畝之中，事瞽叟謙讓恭儉，思盡婦道也。

〔二〕列女傳曰：「太姜者，太王之妃，賢而有色。生太伯、仲雝、王季，化導三子，皆成賢德。太王有事，必諮謀焉。太姙者，王季之妃。端懿誠莊，唯德之行。及其有身，目不視惡色，耳不聽淫聲，而生文王。大姒者，文王之妃，號曰文母。思媚大姜、太姙，旦夕勤勞，以進婦道。文王理外，文母理內，生十男」也。

〔三〕列女傳曰「湯娶有莘氏女，德高而明，伊尹爲之媵臣，佐湯致王，訓正後宮，嬪御有序，咸無嫉妒」也。

〔四〕列女傳曰：「周宣王嘗夜臥而晏起，姜后乃脫簪珥待罪於永巷，使其傅母通言王曰：『妾不才，妾之淫心見矣，至使君王失禮而晏朝，以見君王樂色而忘德也。敢請婢子之罪。』王乃勤於政，早朝晏罷，卒成中興焉。」

〔五〕列女傳曰：「齊桓公好淫樂，衞姬不聽鄭衞之音。」

爰暨末葉，漸已穨虧。貫魚不敘，九御差池。〔一〕晉國之難，禍起於麗。〔二〕惟家之索，牝雞之晨。〔三〕專權擅愛，顯己蔽人。陵長閒舊，圮剝至親。〔四〕並后匹嫡，〔五〕淫女斃陳。〔六〕匪賢是上，番爲司徒。〔七〕荷爵負乘，采食名都。〔八〕詩人是刺，德用不憮。〔九〕暴辛惑婦，拒諫自孤。〔一〇〕蝠蛇其心，縱毒不辜。〔一一〕諸父是殺，孕子是刳。天怒地忿，人謀鬼圖。甲子昧爽，身首分離。〔一二〕初爲天子，後爲人螭。〔一三〕

〔一〕易曰：「貫魚以宮人寵。」謂王者之御宮人，如貫魚之有次敍，不偏愛也。禮后夫人已下進御之法云：「凡天子進御之儀，從后而下，十五日徧。自下始，以象月之初生，漸進至盛，法陰道之義也。」其法，九嬪已下皆九九而御，則女御八十一人爲九夕也，世婦二十七人爲三夕，九嬪爲一夕，夫人爲一夕，凡十四夕，后當一夕。故曰十五日一徧也。

〔二〕獻公麗姬也。

〔三〕尙書曰：「牝雞無晨。牝雞之晨，惟家之索。」孔安國注云「索，盡也。雌代雄鳴則家盡，婦奪夫政則國亡」也。

〔四〕左傳曰：「少陵長，新閒舊。」言其亂政也。圮，毁也。

〔五〕左傳曰，辛伯諗周桓公曰：「並后匹嫡，亂之本也。」

〔六〕陳夏姬通於孔寧、儀行父，又通於靈公。夏姬之子徵舒弒靈公，楚伐陳，滅之。見左傳。

〔七〕詩小雅也。番，幽王之后親黨也。幽王淫色，不尙賢德之人，寵其后親，而以番爲司徒之官。

〔八〕易曰：「負且乘。」負也者，小人之事也。乘也者，君子之器也。以小人而乘君子之器，寇必至也。毛詩曰：「皇父孔聖，作都于向。」皇父，幽王后之親黨也。向，邑也。以向爲皇父食采邑也。

〔九〕憮，大也，音呼。謂詩人刺番爲司徒及皇父都向，用其后親黨，是以其德不大也。

〔10〕暴，虐也。紂字受德，名辛。以其暴虐，故曰暴辛。惑婦謂惑妲己也。紂智足以拒諫。祖伊諫紂，紂不從。自孤謂紂爲獨夫也。

〔一一〕字書蝠音福，卽蝙蝠也。此當作「蝮」，音芳福反。不辜謂菹梅伯，脯鬼侯之類也。

〔一二〕王子比干，紂之諸父也，紂殺之。尚書曰，紂刳剔孕婦，爲周武王所伐。甲子日，紂衣其寶衣赴火而死，武王乃斬以輕呂之劍也。

〔一三〕左傳曰：「螭魅魍魎。」杜預注云：「螭，山神，獸形。」故以比紂之惡也。

非但耽色，母后尤然。不相率以禮，而競獎以權。先笑後號，卒以辱殘。〔一〕家國泯絕，宗廟燒燔。末嬉喪夏，〔二〕褒姒斃周，〔三〕妲己亡殷，趙靈沙丘。〔四〕戚姬人豕，呂宗以敗。〔五〕陳后作巫，卒死於外。〔六〕霍欲鴆子，身乃罹廢。〔七〕

〔一〕母后不能循用禮法，爭競相勸，以擅權柄也。易曰：「旅人先笑而後號咷。」言初雖恃權執而笑，後竟罹禍而號哭也。

〔二〕末喜，桀妃，有施氏女。美於色，薄於德，女子行丈夫心。桀嘗置末喜於膝上，聽用其言，昏亂失道。湯伐之，遂死於南巢。見列女傳。

〔三〕周幽王嬖褒姒，爲犬戎所殺也。

〔四〕趙武靈王以長子章爲太子，後得吳娃，愛之，生子何，乃廢章而立何。後自號主父，立何爲王。吳娃死，何愛弛，主父憐章北面臣詘於其弟，欲分趙王章於代。計未決，主父及王遊於沙丘宮，公子章以其徒作亂，公子成與李兌自國起兵，公子章敗，往走主父，主父開之，成、兌因圍主父宮，章死。成、兌謀曰：「以章故圍主父，卽解兵，吾屬夷矣。」乃遂圍主父，令宮人後出者夷。宮中人悉出，主父欲出不得，飢探雀鷇而食之，三月餘，死沙丘宮。見史記。

〔五〕解見皇后紀。

〔六〕孝武帝陳皇后以巫蠱廢。

〔七〕孝宣帝霍皇后，霍光之女，欲謀毒太子被廢也。

故曰：無謂我貴，天將爾摧；無恃常好，色有歇微；無怙常幸，愛有陵遲；無曰我能，天人爾違。患生不德，福有愼機。〔一〕日不常中，月盈有虧。履道者固，杖埶者危。微臣司戚，敢告在斯。

〔一〕無德而貴寵者，患害之所生也。左傳曰：「無德而祿，殃也。」若愼其機事，則有福也。

琦以言不從，失意，復作白鵠賦以爲風。〔一〕梁冀見之，呼琦問曰：「百官外內，各有司存，天下云云，豈獨吾人之尤，君何激刺之過乎？」琦對曰：「昔管仲相齊，樂聞機諫之言；蕭何佐漢，乃設書過之吏。今將軍累世台輔，任齊伊、公，〔二〕而德政未聞，黎元塗炭，不能結納貞良，以救禍敗，反復欲鉗塞士口，杜蔽主聽，將使玄黃改色，馬鹿易形乎？」〔三〕冀無以對，因遣琦歸。

〔一〕風讀曰諷。

〔二〕伊尹、〔周〕公。

〔三〕史記趙高欲爲亂，恐羣臣不聽，乃先設驗，持鹿獻胡亥，曰「馬也」。胡亥笑曰：「丞相誤邪？」問左右，或默，或言馬以阿順高。或言鹿，高因陰中諸言鹿者以法。後羣臣畏高，高遂作亂也。

後除爲臨濟長，不敢之職，解印綬去。冀遂令刺客陰求殺之。客見琦耕於陌上，懷書一卷，息輒偃而詠之。客哀其志，以實告琦，曰：「將軍令吾要子，今見君賢者，情懷忍忍，〔一〕可亟自逃，吾亦於此亡矣。」琦得脫走，冀後竟捕殺之。所著賦、頌、銘、誄、箴、弔、論、九咨、七言，凡十五篇。

〔一〕忍忍猶不忍也。

邊韶字孝先，陳留浚儀人也。以文章知名，教授數百人。韶口辯，曾晝日假臥，〔一〕弟子私謿之曰：「邊孝先，腹便便。〔二〕嬾讀書，但欲眠。」韶潛聞之，應時對曰：「邊爲姓，孝爲字。腹便便，五經笥。但欲眠，思經事。寐與周公通夢，靜與孔子同意。師而可謿，出何典記？」謿者大慙。韶之才捷皆此類也。

〔一〕左傳：「趙盾坐而假寐。」杜注云：「不脫衣冠而睡也。」

〔二〕便音蒲堅反。

桓帝時，爲臨潁侯相，徵拜太中大夫，著作東觀。再遷北地太守，入拜尚書令。後爲陳相，卒官。著詩、頌、碑、銘、書、策凡十五篇。

校勘記

二五九五頁三行　郎日車駕策由一卒　按：校補謂案文「郎」上亦應有「或」字。高帝非自蜀漢出郎都關中，則二語自另爲一事也。

二五九七頁六行　言順斗建及北極之星運轉而行也　按：殿本作「言順斗建及斗極北星運轉而行也」。

二五九九頁二行　（乘）〔漂〕昆崙　據殿本改。按：校補謂殿本注「乘」作「漂」，與文選合，前書作「票」。

二六〇二頁八行　攠亦靡字也音摩　按：汲本作「攠亦摩字也，音靡」。殿本作「攠亦摩字，音摩」。

二六〇四頁五行　大王居岐　按：「岐」原誤「歧」，逕改正。

二六〇四頁三行　鐇（推）〔椎〕也　據殿本改。

二六〇五頁九行　今流俗比地之良沃者爲膽者也　按：汲本、殿本「比」作「北」，刊誤謂案文「北」當作「以」，又衍一「者」字。

二六〇六頁一四行　呼池　按：汲本、殿本作「滹沱」。

二六一一頁六行　奕世載德　按：「奕」原譌「弈」，逕改正。

二六一一頁九行　爾尙明保〔予〕　據殿本、集解本補。

二六一二頁一三行　二事謂事不專一也　按：「二事」之「事」原譌「十」，逕改正。

二六一三頁四行　（毛）〔韓〕詩曰密勿從事　據殿本改。

二六一四頁二行　遂博學經典　按：校補謂此句上當有脫文，蓋盡心奉養下必接敍其父事，奉養乃有所屬，亦必有所藉，乃得博學經典也。

二六一四頁一一行　連階累任　按：「階」原譌「偕」，逕據汲本、殿本改正。

二六一五頁三行　謝承書　按：「承」原譌「丞」，逕據汲本改正。

二六一五頁八行　賜醫藥　按：「醫」原作「毉」，逕據汲本、殿本改。

二六一五頁九行　田令商者不農　按：錢大昭謂「田」字疑誤，或是「甲」字。校補謂錢所見甚是。前書敍傳述景紀云「匪怠匪荒，務在農桑，著于甲令，民用寧康」。顏注「甲令卽景紀令甲也」。

二六一八頁二行　凡十二篇　按：汲本作「二十篇」。

二六一九頁八行　事瞽叟謙讓恭儉　按：汲本、殿本「儉」作「敬」。

二六二〇頁二行　番爲司徒　按：「爲」依詩當作「唯」。

二六二二頁一三行 湯伐之遂死於南巢 按：殿本作「湯遂放桀於南巢」。

二六二三頁一四行 乃設書過之吏 按：刊誤謂「吏」當作「史」。

二六二三頁二行 伊尹〔周〕公 校補謂「公」上明脫一「周」字，張森楷校勘記則謂「公」字下脫一「旦」字。今依校補補「周」字。

二六二三頁八行 七言 按：集解引王補說，謂御覽、初學記、藝文類聚引崔琦七蠲凡六處，即文選劉峻辨命論、曹植王仲宣誄、王康琚反招隱詩注，皆引作「七蠲」，獨傳作「七言」，殆言蠲音近而訛與？當從蠲爲是。

後漢書卷八十下

文苑列傳第七十下

張升字彥眞，陳留尉氏人，富平侯放之孫也。〔一〕升少好學，多關覽，而任情不羈。〔二〕其意相合者，則傾身交結，不問窮賤；如乖其志好者，雖王公大人，終不屈從。〔三〕常歎曰：「死生有命，富貴在天。其有知我，雖胡越可親；苟不相識，從物何益？」〔四〕

〔一〕放，湯六代孫也。

〔二〕闕，涉也。不羈謂超絕等倫，不可羈束也。鄒陽上書曰：「使不羈之士與牛驥同皁。」

〔三〕杜預注左傳曰「大人謂在位者」也。

〔四〕前書鄒陽上書曰「意合則胡越爲兄弟」也。

仕郡爲綱紀，以能出守外黃令。吏有受賕者，卽論殺之。或譏升守領一時，何足趨明威戮乎？〔一〕對曰：「昔仲尼暫相，誅齊之侏儒，手足異門而出，故能威震強國，反其侵地。〔二〕君子仕不爲己，職思其憂，〔三〕豈以久近而異其度哉？」遇黨錮去官，後竟見誅，年四十九。

〔一〕趨，急也，讀曰促。

〔二〕侏儒，短人，能爲俳優也。穀梁傳曰：「魯定公與齊侯會于頰谷，兩君就壇，齊人鼓譟而起，欲以執魯君。孔子歷階而上，不盡一等。曰：『兩君合好，夷狄之人何爲來？』齊侯逡巡而謝曰：『寡人之過也。』罷會，齊人使優施舞於魯君之幕下。孔子曰：『笑國君者罪當死！』使司馬行法焉，首足異門而出。齊人乃歸魯鄆、讙、龜陰之田。」

〔三〕詩唐風曰：「無以太康，職思其憂。」職，主也。君子之居位，當思盡忠，不爲己身。

著賦、誄、頌、碑、書，凡六十篇。

趙壹字元叔，漢陽西縣人也。體貌魁梧，〔一〕身長九尺，美須豪眉，望之甚偉。而恃才倨傲，爲鄉黨所擯，乃作解擯。〔二〕後屢抵罪，幾至死，友人救得免。壹乃貽書謝恩曰：

〔一〕魁梧，壯大之貌。

〔二〕擯，斥也。

昔原大夫贖桑下絕氣，傳稱其仁；〔一〕秦越人還虢太子結脈，世著其神。〔二〕設曩之二人不遭仁遇神，則結絕之氣竭矣。然而糒脯出乎車軨，〔三〕鍼石運乎手爪。〔四〕今所賴者，非直車軨之糒脯，手爪之鍼石也。乃收之於斗極，還之於司命，〔五〕使乾皮復含血，枯骨復被肉，允所謂遭仁遇神，眞所宜傳而著之。余畏禁，不敢班班顯言，〔六〕竊爲窮鳥賦一篇。其辭曰：

〔一〕原大夫謂趙衰之子盾，謚曰宣。呂氏春秋曰：「趙宣孟將之絳，見骩桑之下有臥餓人，宣孟與脯二朐，拜受之，不敢食，問其故，曰：『臣有母，持以遺之。』宣孟更賜之脯二束，遂去。」贖卽續也。骩，古委字也。

〔二〕扁鵲姓秦，名越人。過虢，虢太子死。扁鵲曰：「臣能生之。若太子病，所謂尸蹷也。」乃使弟子子陽厲鍼砥石，以取三陽五會。有閒，太子蘇。見史記。

〔三〕說文：「軨，車轖閒橫木。」

〔四〕古者以砭石爲鍼。凡鍼之法，右手象天，左手法地，彈而怒之，搔而下之，此運手爪也。砭音必廉反。

〔五〕禮記曰：「祭司命。」鄭玄注云：「文昌中星。」

〔六〕班班，明貌。

有一窮鳥，戢翼原野。畢網加上，機穽在下，〔一〕前見蒼隼，後見驅者，繳彈張右，〔二〕羿子彀左，〔三〕飛丸激矢，交集于我。思飛不得，欲鳴不可，舉頭畏觸，搖足恐墮。內獨怖急，乍冰乍火。幸賴大賢，我矜我憐，昔濟我南，今振我西。〔四〕鳥也雖頑，猶識密恩，內以書心，外用告天。天乎祚賢，歸賢永年，且公且侯，子子孫孫。

〔一〕禮記曰：「羅網畢翳。」鄭玄注云：「小而柄長謂之畢。」機，捕獸機檻也。穽，穿地陷獸。

〔二〕繳，以縷係箭而射者也。

〔三〕羿子謂羿也。淮南子曰：「堯時十日並出，命羿仰射十日，中其九烏，皆死，墮其羽翼。」彀，引弓也。

〔四〕西，協韻音先。

又作刺世疾邪賦，以舒其怨憤。曰：

伊五帝之不同禮，三王亦又不同樂，數極自然變化，非是故相反駮。〔一〕德政不能救世溷亂，賞罰豈足懲時清濁？春秋時禍敗之始，戰國愈復增其荼毒。〔二〕秦、漢無以相踰越，乃更加其怨酷。寧計生民之命，唯利己而自足。

〔一〕禮記曰：「五帝殊時，不相沿樂；三王異代，不相襲禮。樂極則憂，禮粗則偏矣。」

〔二〕尚書曰：「罹其凶害，不忍荼毒。」孔注云：「荼毒，苦也。」

于茲迄今，情僞萬方。佞諂日熾，剛克消亡。舐痔結駟，正色徒行。〔一〕嫗㛹名埶，撫拍豪強。〔二〕偃蹇反俗，立致咎殃。〔三〕捷懾逐物，日富月昌。〔四〕渾然同惑，孰溫孰涼。邪夫顯進，直士幽藏。

〔一〕莊子曰：「宋有曹商者，爲宋王使秦，秦王悅之，益車百乘。見莊子，莊子曰：『秦王有病，召醫舐痔者，得車五乘，子豈舐痔邪？何得車之多乎？』」

〔二〕嫗㛹猶傴僂也。嫗音衣宇反。㛹音丘矩反。撫拍，相親狎也。

〔三〕偃蹇，驕傲也。

〔四〕捷，疾也。懾，懼也。急懼逐物，則致富昌。

原斯瘼之攸興，寔執政之匪賢。女謁掩其視聽兮，近習秉其威權。所好則鑽皮出其毛羽，所惡則洗垢求其瘢痕。雖欲竭誠而盡忠，路絕嶮而靡緣。九重既不可啓，又羣吠之狺狺。〔一〕安危亡於旦夕，肆嗜慾於目前。奚異涉海之失柂，積薪而待燃。〔二〕榮納由於閃揄，孰知辨其蚩妍。〔三〕故法禁屈撓於勢族，恩澤不逮於單門。寧飢寒於堯舜之荒歲兮，不飽暖於當今之豐年。乘理雖死而非亡，違義雖生而匪存。

〔一〕楚辭曰：「豈不思夫君兮？君之門以九重。猛犬狺狺以迎吠，關梁閉而不通。」狺音銀。

〔二〕柂可以正船也，音徒我反。前書賈誼曰：「措火積薪之下而寢其上，火未及燃而謂之安。當今之勢，何以異此？」

〔三〕閃揄，傾佞之貌也。行傾佞者則享榮寵而見納用。揄音輸。

有秦客者，乃爲詩曰：河清不可俟，人命不可延。〔一〕順風激靡草，富貴者稱賢。文籍雖滿腹，不如一囊錢。伊優北堂上，抗髒倚門邊。〔二〕

〔一〕左傳曰：「俟河之清，人壽幾何？」言人壽促，河清遲也。

〔二〕伊優，屈曲佞媚之貌。抗髒，高亢婞直之貌也。佞媚者見親，故昇堂；婞直者見弃，故倚門。髒音葬。

魯生聞此辭，繫而作歌曰：〔一〕勢家多所宜，欬唾自成珠。被褐懷金玉，蘭蕙化爲芻。〔二〕賢者雖獨悟，所困在羣愚。且各守爾分，勿復空馳驅。哀哉復哀哉，此是命矣夫！

〔一〕秦客、魯生，皆寓言也。

〔二〕老子曰：「被褐懷玉。」言處卑賤而懷德義也。楚辭曰「蘭芷變而不芳，荃蕙化而爲茅」也。

光和元年，舉郡上計到京師。是時司徒袁逢受計，計吏數百人皆拜伏庭中，莫敢仰視，壹獨長揖而已。逢望而異之，令左右往讓之，曰：「下郡計（史）〔吏〕而揖三公，何也？」對曰：「昔酈食其長揖漢王，今揖三公，何遽怪哉？」〔一〕逢則斂衽下堂，執其手，延置上坐，因問西方事，大悅，顧謂坐中曰：「此人漢陽趙元叔也。朝臣莫有過之者，吾請爲諸君分坐。」〔二〕坐者皆屬觀。既出，往造河南尹羊陟，不得見。壹以公卿中非陟無足以託名者，乃日往到門，陟自強許通，〔三〕尚臥未起，壹逕入上堂，遂前臨之，曰：「竊伏西州，承高風舊矣，〔四〕乃今方遇而忽然，〔五〕柰何命也！」因舉聲哭，門下驚，皆奔入滿側。陟知其非常人，乃起，延與語，大奇之。謂曰：「子出矣。」陟明旦大從車騎奉謁造壹。〔六〕時諸計吏多盛飾車馬帷幕，而壹獨柴車草屏，〔七〕露宿其傍，延陟前坐於車下，左右莫不歎愕。陟遂與言談，至熏夕，極歡而去，執其手曰：「良璞不剖，必有泣血以相明者矣！」〔八〕陟乃與袁逢共稱薦之。名動京師，士大夫想望其風采。

〔一〕前書酈食其初見高祖，長揖不拜，因說高祖，高祖引之上坐。左傳曰：「豈不遽止。」杜預注曰：「遽，畏懼。」

〔二〕分坐，別坐也。

〔三〕陟意未許通壹，以壹數至門，故自勉強許通之。

〔四〕前書雋不疑見暴勝之曰：「竊伏海濱，承暴公子舊矣。」舊，久也。

〔五〕謂死也。

〔六〕奉謁，通名也。

〔七〕韓詩外傳曰，周子高對齊景公：「臣賴君之賜，疏食惡肉可得而食，駑馬柴車可得而乘。」柴車，弊惡之車也。

〔八〕琴操曰：「卞和得玉璞，以獻楚懷王。使樂正子占之，言非玉。以其欺謾，斬其一足。懷王死，子平王立，和復抱其璞而獻之。平王復以爲欺，斬其一足。平王死，和復獻，恐復見斷，乃抱其玉而哭荆山之中，晝夜不止，涕盡繼之以血。」

及西還，道經弘農，過候太守皇甫規，門者不卽通，壹遂遁去。門吏懼，以白之。規聞壹名大驚，乃追書謝曰：「蹉跌不面，企德懷風，虛心委質，爲日久矣。側聞仁者愍其區區，冀承清誨，以釋遙悚。今旦外白有一尉兩計吏，不道屈尊門下，〔一〕更啓乃知已去。如印綬可投，夜豈待旦。惟君明叡，平其夙心。寧當慢傲，加於所天。〔二〕事在悖惑，不足具責。儻可原察，追脩前好，則何福如之！謹遣主簿奉書。下筆氣結，汗流竟趾。」壹報曰：「君學成師範，縉紳歸慕，仰高希驥，歷年滋多。〔三〕旋轅兼道，渴於言侍，沐浴晨興，昧旦守門，實望仁兄，昭其懸遲。〔四〕以貴下賤，握髮垂接，〔五〕高可敷翫墳典，起發聖意，下則抗論當世，消弭時災。豈悟君子，自生怠倦，失恂恂善誘之德，同亡國驕惰之志！〔六〕蓋見機而作，不俟終日，〔七〕是以夙退自引，畏使君勞。〔八〕昔人或歷說而不遇，或思士而無從，皆歸之於天，不尤於物。〔九〕今壹自譴而已，豈敢有猜！仁君忽一匹夫，於德何損？而遠辱手筆，追路相尋，誠足愧也。壹之區區，曷云量己，其嗟可去，謝也可食，〔一〇〕誠則頑薄，實識其趣。但關節疢動，膝灸（塊）〔壞〕潰，〔一一〕請俟它日，乃奉其情。輒誦來貺，永以自慰。」遂去不顧。

〔一〕尊謂壹也，敬之故號爲尊。
〔二〕平，恕也。尊敬壹，故謂爲所天。
〔三〕詩曰：「高山仰止，景行行止。」法言曰：「希驥之馬，亦驥之乘；希顏之人，亦顏之徒。」希，慕也。
〔四〕懸心遲仰之。
〔五〕易曰：「以貴下賤，大得人也。」史記曰：「周公一沐三握髮，以接天下之士。」
〔六〕論語曰：「夫子恂恂然善誘人。」恂恂，恭順貌。
〔七〕易繫辭曰：「君子見機而作，不俟終日。」
〔八〕詩曰：「大夫夙退，無使君勞。」蓋斷章以取義。
〔九〕歷說謂孔丘也。論語孔子曰：「不怨天，不尤人，下學而上達，知我者其天乎！」馬融注云：「孔子不用於時，而不怨天；人不知己，亦不尤人也。」思士謂孟軻也。孟軻欲見魯平公，臧倉譖之。孟軻曰：「余之不遇魯侯，天也，臧氏之子焉能令余不遇哉？」見孟子。
〔一〇〕曷，何也。言區區之心，不量己而至君門。禮記曰：「齊大飢，黔敖爲食於路以待餓者，有蒙袂輯屨貿貿而來。曰：

『嗟來食。』曰：『余唯不食嗟來之食，以至於斯。』從而謝之，不食而死。仲尼曰：『其嗟也可去，其謝也可食。』」

〔二〕人有四關十二節。

州郡爭致禮命，十辟公府，並不就，終於家。初袁逢使善相者相壹，云「仕不過郡吏」，竟如其言。

著賦、頌、箴、誄、書、論及雜文十六篇。

劉梁字曼山，一名岑，東平寧陽人也。〔一〕梁宗室子孫，而少孤貧，賣書於市以自資。

〔一〕寧陽，縣，故城在今兗州龔丘縣南。

常疾世多利交，以邪曲相黨，乃著破羣論。時之覽者，以爲「仲尼作春秋，亂臣知懼，〔二〕今此論之作，俗士豈不愧心」。其文不存。

〔二〕孟子曰「孔子成春秋，亂臣賊子懼」也。

又著辯和同之論。其辭曰：

夫事有違而得道，有順而失義，有愛而爲害，有惡而爲美。其故何乎？蓋明智之所得，闇僞之所失也。是以君子之於事也，無適無莫，必考之以義焉。〔一〕

〔一〕論語曰：「君子之於天下也，無適也，無莫也，義之與比。」

得由和興，失由同起，故以可濟否謂之和，好惡不殊謂之同。春秋傳曰：「和如羹焉，酸苦以劑其味，〔一〕君子食之以平其心。同如水焉，若以水濟水，誰能食之？琴瑟之專一，誰能聽之？」〔二〕是以君子之行，周而不比，和而不同，〔三〕以救過爲正，以匡惡爲忠。經曰：「將順其美，匡救其惡，則上下和睦能相親也。」

〔一〕左傳「劑」作「齊」。爾雅曰：「劑，翦齊也。」音子隨反。今人相傳劑音在計反。

〔二〕左傳晏子對齊景公辭也。

〔三〕忠信爲周，阿黨爲比。

昔楚恭王有疾，召其大夫曰：「不穀不德，少主社稷。〔一〕失先君之緒，覆楚國之師，〔二〕不穀之罪也。若以宗廟之靈，得保首領以歿，請爲靈若厲。」大夫許諸。〔三〕及其卒也，子囊曰：「不然。〔四〕夫事君者，從其善，不從其過。赫赫楚國，而君臨之，撫正南海，訓及諸夏，其寵大矣。〔五〕有是寵也，而知其過，可不謂恭乎！」大夫從之。〔六〕此違而得道者也。及靈王驕淫，暴虐無度，芋尹申亥從王之欲，以殯於乾溪，殉之二女。此順而失義者也。〔七〕鄢陵之役，晉楚對戰，陽穀獻酒，子反以斃。此愛而害之者也。〔八〕臧武仲曰：「孟孫之惡我，藥石也；季孫之愛我，美疢也。疢毒滋厚，石猶生我。」此惡而爲美者也。〔九〕孔子曰：「智之難也！有臧武仲之智，而不容於魯國。抑有由也，作不順而施不恕也。」〔一〇〕蓋善其知義，譏其違道也。

〔一〕楚恭王名審。左傳楚王曰：「生十年而喪先君。」故云少主社稷。

〔二〕緒，業也。謂鄢陵之戰，爲晉所敗。

〔三〕謚法：「亂而不損曰靈，殺戮不辜曰厲。」左傳曰：「『大夫擇焉。』莫對，及五命，乃許之。」諸，之也。

〔四〕子囊，楚令尹，名（也）〔午〕。

〔五〕寵，榮也。

〔六〕謚法：「既過能改曰恭。」案：此楚語之文。

〔七〕國語楚靈王子圍爲章華之臺，伍舉對曰：「君爲此臺，國人罷焉，財用盡焉，年穀敗焉，數年乃成。」左傳芋尹申亥，申無宇之子也。乾溪之役，申亥曰：「吾父再干王命，王不誅，惠孰大焉。」乃求王，遇諸棘闈，以王歸。王縊，申亥以其二女殉而葬之也。

〔八〕淮南子云，楚恭王與晉人戰於鄢陵，戰酣，恭王傷。司馬子反渴而求飲，豎陽穀奉酒而進之。子反之爲人也，嗜酒，而甘之，不能絕於口，遂醉而臥。恭王欲復戰，使人召子反，子反辭以疾。王駕而往之，入幄中而聞酒臭，恭王大怒，斬子反以爲戮。

〔九〕武仲，臧孫紇也。左傳孟孫死，臧孫入哭甚哀，多涕。出，其御曰：「孟孫之惡子也而哀如是，季孫若死，其若之何？」臧孫曰：「季孫之愛我，疾疢也，孟孫之惡我，藥石也。美疢不如惡石。夫石猶生我，疢之美，其毒滋多。」言石能除己疾也。

〔一〇〕季武子無適子，公彌長，悼子少，武子愛悼子，欲立之。訪於申豐，曰：「不可。」訪於臧紇，曰：「飲我酒，吾爲子立之。」季氏飲大夫酒，臧紇爲客，既獻，臧孫命北面重席，新罇絜之，召悼子降逆之，大夫皆起，悼子乃立。季氏以公彌爲馬正。其後公彌立，孟孫羯與共構臧紇於季氏，臧紇奔齊。齊侯將與臧紇田，臧孫聞之，見齊侯，與之言伐晉。對曰：「多則多矣，抑君似鼠。鼠晝伏夜動，不穴於寢廟，畏人故也。今君聞晉之亂而後作焉，寧將事之，非鼠如何？」乃不與田。注曰「紇知齊侯將敗，不欲受其邑，故以比鼠，欲使怒而止」也。見左傳。

夫知而違之，僞也；不知而失之，闇也。闇與僞焉，其患一也。患之所在，非徒在智之不及，又在及而違之者矣。故曰「智及之仁不能守之，雖得之，必失之」也。〔一〕夏書曰：「念茲在茲，庶事恕施。」忠智之謂矣。〔二〕

〔一〕論語之文。

〔二〕茲，此也。念此事也，在此身也。言行事當常念如在己身也。庶，衆也。言衆事恕己而施行，斯可謂忠而有智矣。

故君子之行，動則思義，不爲利回，不爲義疚，〔一〕進退周旋，唯道是務。苟失其道，則兄弟不阿；苟得其義，雖仇讎不廢。故解狐蒙祁奚之薦，二叔被周公之害，〔二〕勃鞮以逆文爲成，〔三〕傳瑕以順厲爲敗，〔四〕管蘇以憎忤取進，申侯以愛從見退，考之以義也。〔五〕故曰：「不在逆順，以義爲斷；不在憎愛，以道爲貴。」禮記曰：「愛而知其惡，憎而知其善。」考義之謂也。

〔一〕左傳曰：「君子動則思禮，行則思義，不爲利回，不爲義疚。」杜預注云：「回，邪也。疚，病也。」

〔二〕左傳曰，晉祁奚請老，晉侯問嗣焉，稱解狐，其讎也。

〔三〕勃鞮，晉寺人，名披。左傳晉獻公使寺人披伐公子重耳於蒲，披斬其袪。及文公歸國，呂甥、郤芮將焚公宮而殺文公，寺人披以呂、郤之難告之。言初雖逆文公，後竟成之也。

〔四〕左傳言鄭厲公爲祭仲所逐，後侵鄭及大陵，獲鄭大夫傅瑕。傅瑕曰：「苟舍我，吾請納子。」厲公與之盟而赦之。傅瑕殺鄭子而納厲公，〔厲公〕遂殺傅瑕也。

〔五〕新序曰：「楚恭王有疾，告諸大夫曰：『管蘇犯我以義，違我以禮，與處不安，不見不思，然而有得焉。吾死之後，爵之於朝。申侯伯順吾所欲，行吾所樂，與處則安，不見則思，然未嘗有得焉。必速遣之。』」

桓帝時，舉孝廉，除北新城長。〔一〕告縣人曰：「昔文翁在蜀，道著巴漢，〔二〕庚桑瑣隸，風移碨磥。〔三〕吾雖小宰，猶有社稷，〔四〕苟赴期會，理文墨，豈本志乎！」乃更大作講舍，延聚生徒數百人，朝夕自往勸誡，身執經卷，試策殿最，儒化大行。此邑至後猶稱其教焉。

〔一〕北新城屬涿縣。

〔二〕前書文翁爲蜀郡太守，興起學校，比於〔齊〕、魯〔衞〕也。

〔三〕瑣，碎也。莊子曰：「老聃之〔後〕〔役〕有庚桑楚者，偏得老聃之道，以北居碨磥之山，居三年，碨壘大穰。碨壘之人相與言曰：『庚桑子之始來，吾洒然異之；今吾日計之不足，歲計之有餘，庶幾其聖人乎！』」碨音猥。磥音盧罪反。

〔四〕論語曰：「子路將使子羔爲費宰，曰：『有民人焉，有社稷焉。』」

特召入拜尚書郎，累遷。後爲野王令，未行。光和中，病卒。

孫楨，亦以文才知名。〔一〕

〔一〕魏志楨字公幹，爲司空軍謀祭酒，五官郎將文學，與徐幹、陳琳、阮瑀、應瑒俱以文章知名，轉爲平原侯庶子。

邊讓字文禮，陳留浚儀人也。少辯博，能屬文。作章華賦，雖多淫麗之辭，而終之以正，亦如相如之諷也。〔一〕其辭曰：

〔一〕章華臺，解見馮衍傳。楊雄曰：「詞人之賦麗以淫。」司馬相如作上林賦「發倉廩以救貧窮，補不足，恤鰥寡，存孤獨，出德號，省刑罰」，此爲諷也。

楚靈王既遊雲夢之澤，息於荆臺之上。前方淮之水，左洞庭之波，〔一〕右顧彭蠡之隩，南眺巫山之阿。〔二〕延目廣望，騁觀終日。顧謂左史倚相曰：「盛哉斯樂，可以遺老而忘死也！」〔三〕於是遂作章華之臺，築乾谿之室，〔四〕窮木土之技，單珍府之實，舉國營之，數年乃成。〔五〕設長夜之淫宴，作北里之新聲。〔六〕於是伍舉知夫陳、蔡之將生謀也。〔七〕乃作斯賦以諷之：

〔一〕洞庭湖在今岳州西南。

〔二〕說苑曰：「楚昭王欲之荆臺遊，司馬子綦進諫曰：『荆臺之遊，左洞庭之波，右彭蠡之水，南望獵山，下臨方淮，其地使人遺老而忘死也。王不可遊也。』」巫山在夔州巫山縣東。

〔三〕說苑，此並司馬子綦諫昭王之言。

〔四〕史記曰，靈王次於乾谿，樂乾谿不能去。

〔五〕技，巧也。單，盡也。國語楚靈王爲章華之臺，與伍舉升焉。曰：「臺美夫！」對曰：「國君安人以爲樂，今君爲此臺也，國人罷焉，財用盡焉，年穀敗焉，百姓煩焉，軍國苦之，數年乃成。」

〔六〕史記曰，紂爲酒池肉林，使男女倮而相逐其閒，爲長夜之飲。使師涓作新聲，北里之舞，靡靡之樂也。

〔七〕陳蔡二國，先爲楚所滅也。

胄高陽之苗胤兮，承聖祖之洪澤。〔一〕建列藩於南楚兮，等威靈於二伯。〔二〕超有商之大彭兮，越隆周之兩虢。〔三〕達皇佐之高勳兮，馳仁聲之顯赫。〔四〕惠風春施，神武電斷，華夏肅清，五服攸亂。〔五〕旦垂精於萬機兮，夕回輦於門館。設長夜之歡飲兮，展中情之嬿婉。〔六〕竭四海之妙珍兮，盡生人之秘玩。

〔一〕胄，胤也。高陽，帝顓頊也。帝系曰：「顓頊娶於滕隍氏女而生老童，是爲楚先。」楚詞曰：「帝高陽之苗裔兮。」

〔二〕老童之後鬻熊，事周文王，早卒。至孫熊繹，周成王時封於楚。其後子孫隆盛，與齊、晉〔爭〕強。二伯，齊桓、晉文也。

〔三〕國語曰：「商伯大彭、豕韋。」左傳曰「虢仲、虢叔，王季之穆」也。

〔四〕皇佐謂鬻熊佐文王也。左傳曰：「楚自克庸以來，其君無日不討國人而訓之，于人生之不易，禍至之無日，戒懼之不可以怠。」此馳仁聲也。

〔五〕謂靈王承先世仁惠之風，如春普施。神武威稜，如電雷之斷決也。五服，甸、侯、綏、要、荒也。亂，理也。

〔六〕嫵，安也。婉，美也。婉，協韻音於願反。

爾乃攜窈窕，從好仇，〔一〕徑肉林，登糟丘，〔二〕蘭肴山竦，椒酒淵流。〔三〕激玄醴於清池兮，靡微風而行舟。登瑤臺以回望兮，冀彌日而消憂。〔四〕於是招宓妃，命湘娥，〔五〕齊倡列，鄭女羅。〔六〕揚激楚之清宮兮，展新聲而長歌。〔七〕繁手超於北里，妙舞麗於陽阿。〔八〕金石類聚，絲竹羣分。被輕袿，曳華文，〔九〕羅衣飄颻，組綺繽紛。〔一〇〕縱輕軀以迅赴，若孤鵠之失羣；振華袂以逶迤，若遊龍之登雲。於是歡嬿既洽，長夜向半，琴瑟易調，繁手改彈，清聲發而響激，微音逝而流散。振弱支而紆繞兮，若緑繁之垂幹，忽飄颻以輕逝兮，似鸞飛於天漢。舞無常態，鼓無定節，尋聲響應，修短靡跌。〔一一〕長袖奮而生風，清氣激而繞結。〔一二〕爾乃妍媚遞進，巧弄相加，俯仰異容，忽兮神化。〔一三〕體迅輕鴻，榮曜春華，進如浮雲，退如激波。雖復柳惠，能不咨嗟！〔一四〕於是天河既回，淫樂未終，清籥發徵，激楚揚風。〔一五〕於是音氣發於絲竹兮，飛響軼於雲中。比目應節而雙躍兮，〔一六〕孤雌感聲而鳴雄。〔一七〕美繁手之輕妙兮，嘉新聲之彌隆。於是衆變已盡，羣樂既考。〔一八〕歸乎生風之廣夏兮，脩黃軒之要道。〔一九〕攜西子之弱腕兮，援毛嬙之素肘。〔二〇〕形便娟以嬋媛兮，若流風之靡草。〔二一〕美儀操之姣麗兮，忽遺生而忘老。

〔一〕窈窕，幽閑也。仇，匹也。毛詩曰：「窈窕淑女，君子好仇。」

〔二〕史記紂作糟丘酒池，懸肉以爲林也。

〔三〕蘭肴，芳若蘭也。椒酒，置椒酒中也。楚詞曰：「蕙肴兮蘭籍，桂酒兮椒漿。」

〔四〕彌，終也。楚辭曰：「望瑤臺而偃蹇。」

〔五〕宓妃，洛水之神女也。湘娥，堯之二女娥皇、女英，湘水之神也。

〔六〕楚辭曰：「二八齊容起鄭舞。」

〔七〕激楚，曲名也。淮南子曰：「激楚結風。」

〔八〕左傳曰：「繁手淫聲，慆堙心耳，乃忘和平。」陽阿，解見馬融傳。

〔九〕方言曰：「袿謂之裾。」釋名曰：「婦人上服謂之袿。」

〔一〇〕組，綬也。綺，綾也。

〔一一〕跌，蹉也。

〔二〕歌聲激發，縈繞纏結。

〔三〕化，協韻音花。

〔四〕柳下惠，展季也。家語曰：「柳下惠嫗不逮門之女，國人不稱其亂，言其貞也。」

〔五〕籥如笛，六孔。

〔六〕比目魚一名鰈，一名王餘，不比不行，今江東呼爲板魚。韓詩外傳曰：「伯牙鼓琴，游魚出聽。」

〔七〕枚乘七發曰：「暮則羈雌迷鳥宿焉。」羈雌，孤雌也。

〔八〕考，成也。

〔九〕黃帝軒轅氏得房中之術於玄女，握固吸氣，還精補腦，可以長生。說苑雍門周說孟嘗君曰：「廣夏邃房下，羅帷來清風。」

〔一〇〕西子，西施也。越絕書曰：「越王句踐得採薪二女西施、鄭旦，以獻吳王。」毛嬪，毛嬙也。莊子曰：「毛嬙麗姬，人之美者。」

〔一一〕淮南子曰：「今舞者便娟若秋葯被風。」葯，白芷也。

爾乃清夜晨，妙技單，收尊俎，徹鼓盤。〔一〕惘焉若酲，撫劒而歎。〔二〕慮理國之須才，悟稼穡之艱難。美呂尚之佐周，善管仲之輔桓。將超世而作理，焉沈湎於此歡！於是罷女樂，墮瑤臺。思夏禹之卑宮，慕有虞之土階。〔三〕舉英奇於仄陋，拔髦秀於蓬萊。〔四〕君明哲以知人，官隨任而處能。〔五〕百揆時敘，庶績咸熙。諸侯慕義，不召同期。〔六〕繼高陽之絕軌，崇成、莊之洪基。〔七〕雖齊桓之一匡，豈足方於大持？〔八〕爾乃育之以仁，臨之以明。致虔報於鬼神，盡肅恭乎上京。〔九〕馳淳化於黎元，永歷世而太平。

〔一〕張衡七盤賦曰「歷七盤而屣躡」也。

〔二〕酲，酒病也。

〔三〕墨子曰：「虞舜土階三尺，茅茨不剪。」

〔四〕蓬蒿草萊之閒也。爾雅曰：「髦，俊也。」

〔五〕能，協韻音乃來反。

〔六〕尚書武王伐紂，八百諸侯不期而至。

〔七〕史記楚成王布德施惠，結舊好於諸侯，使人獻於天子。莊王，成王孫也。納伍舉、蘇從之諫，罷淫樂，聽國政，所誅數百人，所進數百人，國人大悅。

〔八〕穀梁傳曰：「齊桓公爲陽穀之會，一匡天下。」匡，正也。

〔九〕言楚尊事周室。

大將軍何進聞讓才名，欲辟命之，恐不至，詭以軍事徵召。既到，署令史，〔一〕進以禮見之。讓善占（謝）〔射〕，能辭對，時賓客滿堂，莫不羨其風。府掾孔融、王朗並修刺候焉。〔二〕

〔一〕續漢志曰：「大將軍下有令史及御史屬三十一人。」

〔二〕朗字景興，魏志有傳。

議郎蔡邕深敬之，以爲讓宜處高任，乃薦於何進曰：「伏惟幕府初開，博選清英，華髮舊德，並爲元龜。〔一〕雖振鷺之集西雍，濟濟之在周庭，無以或加。〔二〕竊見令史陳留邊讓，天授逸才，聰明賢智。髫齔夙孤，不盡家訓。〔三〕及就學廬，便受大典。初涉諸經，見本知義，授者不能對其問，章句不能逮其意。心通性達，口辯辭長。非禮不動，非法不言。若處狐疑之論，定嫌審之分，經典交至，撿括參合，衆夫寂焉，莫之能奪也。使讓生在唐、虞，則元、凱之次，運值仲尼，則顏、冉之亞，豈徒俗之凡偶近器而已者哉！階級名位，亦宜超然。若復隨輩而進，非所以章瓌偉之高價，昭知人之絕明也。傳曰：『函牛之鼎以亨雞，多汁則淡而不可食，少汁則熬而不可熟。』〔四〕此言大器之於小用，固有所不宜也。邕竊悁邑，〔五〕怪此寶鼎未受犧牛大羹之和，久在煎熬臠割之閒。願明將軍回謀垂慮，裁加少納，貢之機密，展之力用。〔六〕若以年齒爲嫌，則顏回不得貫德行之首，子奇終無理阿之功。〔七〕苟堪其事，古今一也。」

〔一〕華髮，白首也。元龜所以知吉凶。尚書曰：「格人元龜。」

〔二〕韓詩曰：「振鷺于飛，于彼西雍。」薛君章句曰：「鷺，絜白之鳥也。西雍，文王（之）〔辟〕雍也。言文王之時，辟雍學士皆絜白之人也。」又曰：「濟濟多士，文王以寧。」

〔三〕髺，翦髮爲髺也。𠡍，毀齒也。

〔四〕莊子曰：「函牛之鼎沸，蟻不得措一足焉。」呂氏春秋曰，白圭對魏王曰「市丘之鼎以亨雞，多洎之則淡不可食，少洎之則焦而不熟」也。函，容也。洎，汁也。

〔五〕悁邑，憂憤也。

〔六〕展，陳也。

〔七〕說苑曰：「子奇年十八爲阿宰，有善績。」

讓後以高才擢進，屢遷，出爲九江太守，不以爲能也。初平中，王室大亂，讓去官還家。恃才氣，不屈曹操，多輕侮之言。建安中，其鄉人有搆讓於操，操告郡就殺之。文多遺失。

酈炎字文勝，范陽人，酈食其之後也。炎有文才，解音律，言論給捷，多服其能理。〔一〕靈帝時，州郡辟命，皆不就。有志氣，作詩二篇曰：

〔一〕給，敏也。

大道夷且長，窘路狹且促。脩翼無〈與〉〔卑〕棲，遠趾不步局。〔二〕舒吾陵霄羽，奮此千里足。超邁絕塵驅，倏忽誰能逐。賢愚豈常類，稟性在清濁。富貴有人籍，貧賤無天錄。〔二〕通塞苟由己，志士不相卜。〔三〕陳平敖里社，〔四〕韓信釣河曲。〔五〕終居天下宰，食此萬鍾祿。〔六〕德音流千載，功名重山岳。

〔一〕窘，迫也。

〔二〕富貴者爲人所載於典籍也，貧賤者不載於天錄。天錄謂若蕭、曹見名於圖書。

〔三〕言通塞苟若由己，則志士不須相卜也。故蔡澤謂唐舉曰：「富貴吾自取之，所不知者壽也。」

〔四〕陳平爲里社宰，分肉均。里中曰：「善哉陳孺子之爲宰也！」曰：「使平宰天下亦猶是。」見前書。

〔五〕韓信家貧無行，不得爲吏，釣於淮陰城下。河者，水之總名也。

〔六〕大斛四斗曰鍾。

靈芝生河洲，動搖因洪波。蘭榮一何晚，嚴霜瘁其柯。哀哉二芳草，不植太山阿。文質道所貴，遭時用有嘉。絳、灌臨衡宰，謂誼崇浮華。賢才抑不用，遠投荆南沙。〔一〕抱玉乘龍驥，不逢樂與和。〔二〕安得孔仲尼，爲世陳四科！〔三〕

〔一〕賈誼欲革漢士德，改定律令，絳侯周勃及灌嬰共毁之，文帝以誼爲長沙太傅。見前書。

〔二〕伯樂、卞和。

〔三〕謂德行、政事、文學、言語也。

炎後風病恍忽。性至孝，遭母憂，病甚發動。妻始產而驚死，妻家訟之，收繫獄。炎病不能理對，熹平六年，遂死獄中，時年二十八。尚書盧植爲之誄讚，以昭其懿德。

侯瑾字子瑜，敦煌人也。少孤貧，依宗人居。性篤學，恆傭作爲資，暮還輒爇柴以讀書。〔一〕常以禮自牧，〔二〕獨處一房，如對嚴賓焉。州郡累召，公車有道徵，並稱疾不到。作矯世論以譏切當時。而徙入山中，覃思著述。〔三〕以莫知於世，故作應賓難以自寄。又案漢記撰中興以後行事，爲皇德傳三十篇，行於世。餘所作雜文數十篇，多亡失。〔四〕河〔西〕人敬其才而不敢名之，皆稱爲侯君云。

〔一〕爇，古「然」字。

〔二〕易曰：「卑以自牧。」牧，養也。

〔三〕覃，靜也。

高彪字義方，吳郡無錫人也。〔一〕家本單寒，至彪爲諸生，遊太學。有雅才而訥於言。嘗從馬融欲訪大義，融疾不獲見，乃覆刺遺融書曰：「承服風問，從來有年，〔二〕故不待介者而謁大君子之門，冀一見龍光，以敍腹心之願。〔三〕不圖遭疾，幽閉莫啓。昔周公旦父文兄武，九命作伯，以尹華夏，猶揮沐吐餐，垂接白屋，〔四〕故周道以隆，天下歸德。公今養痾傲士，故其宜也。」融省書慙，追謝還之，彪逝而不顧。

〔一〕無錫，今常州縣。

〔二〕風問，風猷令問。

〔三〕毛詩曰：「既見君子，爲龍爲光。」龍，寵也。

〔四〕白屋，匹夫也。

後郡舉孝廉，試經第一，除郎中，校書東觀，數奏賦、頌、奇文，因事諷諫，靈帝異之。

時京兆第五永爲督軍御史，使督幽州，百官大會，祖餞於長樂觀。議郎蔡邕等皆賦詩，彪乃獨作箴曰：「文武將墜，乃俾俊臣。〔一〕整我皇綱，董此不虔。〔二〕古之君子，卽戎忘身。〔三〕明其果毅，尙其桓桓。〔四〕呂尙七十，氣冠三軍，詩人作歌，如鷹如鸇。〔五〕天有太一，五將三門；〔六〕地有九變，丘陵山川；〔七〕人有計策，六奇五閒：〔八〕總兹三事，謀則咨詢。〔九〕無曰己能，務在求賢，淮陰之勇，廣野是尊。〔一〇〕周公大聖，石碏純臣，以威克愛，以義滅親。〔一一〕勿謂時險，不正其身。勿謂無人，莫識己眞。忘富遺貴，福祿乃存。枉道依合，復無所觀。〔一二〕先公高節，越可永遵。佩藏斯戒，以厲終身。」邕等甚美其文，以爲莫尙也。

〔一〕俾，使也。

〔二〕董，正也。

〔三〕易曰：「不利即戎。」司馬穰苴曰：「將受命之日忘其家，援枹鼓即忘其身。」

〔四〕左傳曰：「殺敵爲果，致果爲毅。」尚書曰：「勖哉夫子，尚桓桓。」桓桓，武貌。

〔五〕太公年七十遇文王。毛詩曰：「惟師尚父，時惟鷹揚。」

〔六〕太一式：「凡舉事皆欲發三門，順五將。」發三門者，開門、休門、生門。五將者，天目、文昌等。

〔七〕孫子九變篇曰：「用兵有散地，有輕地，有爭地，有交地，有衢地，有重地，有氾地，有圍地，有死地。諸侯自戰其地，爲散地。入人之地而不深，爲輕地。我得則利，彼得亦利者，爲爭地。我可以往，彼可以來，爲交地。諸侯之地三屬，先至而得衆，爲衢地。入人地深，倍城邑多，爲重地。行山林，阻沮澤，難行之道，爲氾地。所由入者隘，所從歸者少，彼寡可以擊吾衆者，爲圍地。疾戰則存，不疾戰則亡，爲死地。通九變之利，知用兵矣。」

〔八〕陳平凡六出奇策。孫子曰：「用閒有五，有因閒，有內閒，有反閒，有死閒，有生閒。五閒俱起，莫知其道，是謂神紀，人君之寶也。因閒者，因其鄉人而用之也。內閒者，因其官人而用之也。反閒者，因其敵閒而用之也。死閒者，爲誑事於外，令吾閒知之而得於敵者也。生閒者，反報者也。」

〔九〕總天、地、人之事而詢謀於衆。

〔一〇〕臣賢案：前書韓信破趙，得廣武君李左車，解其縛而師事之。而此作「廣野」。案廣野君酈食其，無韓信師事處，蓋誤也。

〔一一〕周公誅管、蔡，石碏殺其子厚也。剋，勝也。前書孫寶曰：「周公上聖，召公大賢。」尚書曰：「威克厥愛，允濟。」

左傳曰：「石碏純臣也。大義滅親，其是之謂乎！」

〔三〕曲道以合時者，不足觀也。

後遷(內)〔外〕黃令，帝勑同僚臨送，祖於上東門，〔一〕詔東觀畫彪像以勸學者。彪到官，有德政，上書薦縣人申徒蟠等。病卒於官，文章多亡。

〔一〕洛陽城東面北頭門。

子岱，亦知名。

張超字子並，河閒鄚人也，〔一〕留侯良之後也。有文才。靈帝時，從車騎將軍朱儁征黃巾，爲別部司馬。著賦、頌、碑文、薦、檄、牋、書、謁文、嘲，凡十九篇。超又善於草書，妙絕時人，世共傳之。

〔一〕今瀛州鄚縣。

禰衡字正平，平原般人也。〔一〕少有才辯，而尚氣剛傲，好矯時慢物。興平中，避難荆州。建安初，來遊許下。始達潁川，乃陰懷一刺，既而無所之適，至於刺字漫滅。是時許都新建，賢士大夫四方來集。或問衡曰：「盍從陳長文、司馬伯達乎？」〔二〕對曰：「吾焉能從屠沽兒耶！」又問：「荀文若、趙稚長云何？」〔三〕衡曰：「文若可借面弔喪，稚長可使監厨請客。」〔四〕唯善魯國孔融及弘農楊脩。常稱曰：「大兒孔文舉，小兒楊德祖。餘子碌碌，莫足數也。」融亦深愛其才。

〔一〕般，縣，故城在今德州平昌縣東。般音卜滿反。

〔二〕陳羣字長文。司馬朗字伯達，河內溫人。

〔三〕趙爲盪寇將軍，見魏志。

〔四〕典略曰：「衡見荀儀容但有貌耳，故可弔喪。趙有腹大，健噉肉，故可監厨也。」

衡始弱冠，而融年四十，遂與爲交友。上疏薦之曰：「臣聞洪水橫流，帝思俾乂，〔一〕旁求四方，以招賢俊。〔二〕昔孝武繼統，將弘祖業，疇咨熙載，羣士響臻。〔三〕陛下叡聖，纂承基緒，遭遇厄運，勞謙日昃。〔四〕惟岳降神，異人並出。〔五〕竊見處士平原禰衡，年二十四，字正平，淑質貞亮，英才卓礫。初涉蓺文，升堂覩奧，目所一見，輒誦於口，耳所瞥聞，不忘於心。性與道合，思若有神。〔六〕弘羊潛計，安世默識，以衡準之，誠不足怪。〔七〕忠果正直，志懷霜雪，見善若驚，疾惡若讎。〔八〕任座抗行，史魚厲節，殆無以過也。〔九〕鷙鳥累伯，不如一鶚。〔一〇〕使衡立朝，必有可觀。飛辯騁辭，溢氣坌涌，解疑釋結，臨敵有餘。昔賈誼求試屬國，詭係單于；〔一一〕終軍欲以長纓，牽致勁越。〔一二〕弱冠慷慨，前世美之。近日路粹、嚴象，亦用異才擢拜臺郎，衡宜與爲比。如得龍躍天衢，振翼雲漢，揚聲紫微，垂光虹蜺，足以昭近署之多士，增四門之穆穆。〔一三〕鈞天廣樂，必有奇麗之觀；〔一四〕帝室皇居，必蓄非常之寶。若衡等輩，不可多得。激楚、楊阿，至妙之容，臺牧者之所貪；〔一五〕飛兔、騕褭，絕足奔放，良、樂之所急。〔一六〕臣等區區，敢不以聞。」

〔一〕孟子曰：「堯時洪水橫流，氾濫於天下。」尚書帝曰：「咨，湯湯洪水方割，有能俾乂。」俾，使也。乂，理也。

〔二〕尚書曰：「旁求天下。」

〔三〕尚書帝堯曰：「疇咨若時登庸。」又曰：「有能奮庸熙帝之載。」疇，誰也。熙，廣也。載，事也。

〔四〕易曰：「勞謙君子有終吉。」尚書敍文王德曰：「自朝至于日中昃，不遑〔暇〕食。」言不敢懈怠也。

〔五〕毛詩曰：「惟岳降神，生甫及申。」公孫弘傳贊曰：「異人並出。」

〔六〕淮南子曰：「所謂眞人者，性合於道也。」

〔七〕前書曰：「桑弘羊，雒陽賈人子，以心計，年十三爲侍中。」又曰：「張安世字子孺，爲郎。上行幸河東，嘗亡書三篋，詔問莫能知，唯安世識之，具作其事。後購求得書，以相校，無所遺失。」

〔八〕國語楚藍尹亹謂子西曰：「夫闔廬，聞一善言若驚，得一士若賞。」

〔九〕呂氏春秋魏文侯飲，問諸大夫曰：「寡人何如主也？」任座曰：「君不肖君也。克中山，不以封君之弟，而以封君之子，是以知君不肯君也。」論語孔子曰「直哉史魚，邦有道如矢，邦無道如矢」也。

〔一〇〕鄒陽上書之言也。鶚，大鵰也。

〔一一〕前書賈誼曰：「何不試以臣為屬國之官，以主匈奴。行臣之計，請必繫單于之頸而制其命。」

〔一二〕前書終軍曰「願受長纓，必羈南越王而致之闕下」也。

〔一三〕尚書曰：「賓於四門，四門穆穆。」

〔一四〕史記曰，趙簡子疾，五日不知人，大夫皆懼。醫扁鵲曰：「血脈理也。昔秦穆公如此，七日寤，寤而曰：『我之帝所甚樂。』今主君之疾與之同，不出三日必閒，閒必有言也。」居二日，果寤，語大夫曰「我之帝所甚樂，與百神遊於鈞天，廣樂九奏，其聲動心」也。

〔一五〕諸本並作「臺牧」，未詳其義。融集作「掌伎」。

〔一六〕呂氏春秋曰：「飛兔、騕褭，古駿馬也。」高誘注曰：「日行萬里。」王良、伯樂，善御人也。

融既愛衡才，數稱述於曹操。操欲見之，而衡素相輕疾，自稱狂病，不肯往，而數有恣言。操懷忿，而以其才名，不欲殺之。聞衡善擊鼓，乃召為鼓史，因大會賓客，閱試音節。諸史過者，皆令脫其故衣，更著岑牟單絞之服。〔一〕次至衡，衡方為漁陽參撾，蹀𨄅而前，〔二〕容態有異，聲節悲壯，聽者莫不慷慨。衡進至操前而止，吏訶之曰：「鼓史何不改裝，而輕敢進乎？」衡曰：「諾。」於是先解衵衣，〔三〕次釋餘服，裸身而立，徐取岑牟、單絞而著之，畢，復參撾而去，顏色不怍。〔四〕操笑曰：「本欲辱衡，衡反辱孤。」

〔一〕文士傳曰：「魏太祖欲辱衡，乃令人錄用爲鼓史。後至八月朝，普天閱試鼓節，作三重閣，列坐賓客，以帛絹制作衣，一岑牟，一單絞及小褌。」通史志曰：「岑牟，鼓角士胄也。」鄭玄注禮記曰：「絞，蒼黃之色也。」

〔二〕文士傳曰：「衡擊鼓作漁陽參搥，蹋地來前，躡馺足脚，容態不常，鼓聲甚悲，易衣畢，復擊鼓參搥而去。至今有漁陽參搥，自衡始也。」臣賢案：搥及撾並擊鼓杖也。參撾是擊鼓之法，而王僧孺詩云：「散度廣陵音，參寫漁陽曲。」而於其詩自音云：「參音七紺反。」後諸文人多同用之。據此詩意，則參曲奏之名，則撾字入於下句，全不成文。下云「復參撾而去」，足知「參撾」二字當相連而讀。參字音爲去聲，不知何所憑也。參七甘反。

〔三〕杜預注左傳曰：「衵，近身衣也。」音女一反。

〔四〕怍，羞也。

孔融退而數之曰：「正平大雅，固當爾邪？」〔一〕因宣操區區之意。衡許往。融復見操，說衡狂疾，今求得自謝。操喜，勑門者有客便通，待之極晏。衡乃著布單衣、疎巾，手持三尺梲杖，〔二〕坐大營門，以杖捶地大罵。吏白：「外有狂生，坐於營門，言語悖逆，請收案罪。」操怒，謂融曰：「禰衡豎子，孤殺之猶雀鼠耳。顧此人素有虛名，遠近將謂孤不能容之，今送與劉表，視當何如。」於是遣人騎送之。臨發，衆人爲之祖道，先供設於城南，乃更相戒曰：「禰衡勃虐無禮，今因其後到，咸當以不起折之也。」及衡至，衆人莫肯興，衡坐而大號。衆問其故，衡曰：「坐者爲冢，臥者爲屍，屍冢之閒，能不悲乎！」

〔一〕雅，正也。言大雅君子不當爾。

〔三〕說文曰：「棁，大杖也。」音佗結反。

劉表及荆州士大夫先服其才名，甚賓禮之，文章言議，非衡不定。表嘗與諸文人共草章奏，並極其才思。時衡出，還見之，開省未周，因毀以抵地。〔一〕表憮然爲駭。〔二〕衡乃從求筆札，須臾立成，辭義可觀。表大悅，益重之。

〔一〕抵，擲也。

〔二〕憮然，怪之也，音撫。

後復侮慢於表，表恥不能容，以江夏太守黃祖性急，故送衡與之，祖亦善待焉。衡爲作書記，輕重疎密，各得體宜。祖持其手曰：「處士，此正得祖意，如祖腹中之所欲言也。」祖長子射〔一〕爲章陵太守，尤善於衡。嘗與衡俱遊，共讀蔡邕所作碑文，射愛其辭，還恨不繕寫。衡曰：「吾雖一覽，猶能識之，〔二〕唯其中石缺二字爲不明耳。」因書出之，射馳使寫碑還校，如衡所書，莫不歎伏。射時大會賓客，人有獻鸚鵡者，射舉卮於衡曰：「願先生賦之，以娛嘉賓。」衡(覽)〔攬〕筆而作，文無加點，辭采甚麗。

〔一〕射音亦。

〔二〕識，記也，音志。

後黃祖在蒙衝船上，〔一〕大會賓客，而衡言不遜順，祖慙，乃訶之，衡更熟視曰：「死公！云等道？」〔一〕祖大怒，令五百將出，〔二〕欲加箠，衡方大罵，祖恚，遂令殺之。祖主簿素疾衡，卽時殺焉。射徒跣來救，不及。祖亦悔之，乃厚加棺斂。衡時年二十六，其文章多亡云。

〔一〕釋名曰：「外狹而長曰蒙衝，以衝突敵船。」

〔二〕死公，罵言也。等道，猶今言何勿語也。

〔三〕五百猶今之問事也。解見宦者傳。

贊曰：情志旣動，篇辭爲貴。〔一〕抽心呈貌，非彫非蔚。〔二〕殊狀共體，同聲異氣。言觀麗則，永監淫費。〔三〕

〔一〕毛詩序云：「情發於中而形於言。詩者志之所之，故情志動而篇辭作，斯文章之爲貴。」

〔二〕彫，斲也。易曰：「君子豹變，其文蔚。」

〔三〕楊雄曰：「詩人之賦麗以則，辭人之賦麗以淫。」禮記曰：「不辭費。」

校勘記

二六三七頁三行　富平侯放之孫也　按：集解引洪亮吉說，謂案升傳，升以黨錮事誅，年四十九，以升生年計之，放卒已一百三十餘年，范言升放之孫，未識何據。又引李賡芸說，謂「孫」上疑有脫字。

二六二七頁二行　手足異門而出　殿本「手」作「首」。王先謙謂「手」字誤，當依注作「首」。今按：史記孔子世家云「手足異處」，與穀梁傳異。

二六二八頁三行　兩君就壇　汲本、殿本此下有「兩相相揖」四字。今按：注引經傳多删節，此或後人據穀梁傳補也。

二六二九頁二行　後見軀者　按：集解引惠棟說，謂「見」集作「逼」。

二六二九頁一二行　羿子彀左　按：集解引惠棟說，謂「羿子」集作「羿弓」。

二六二九頁一五行　小而柄長謂之畢　按：「畢」原譌「罩」，逕改正。

二六三二頁三行　是時司徒袁逢受計　按：集解引洪頤煊說，謂靈帝紀光和元年二月，光祿勳袁滂爲司徒，二年三月，司徒袁滂免，元年受計者非袁逢也。

二六三三頁四行　下郡計（史）〔吏〕而揖三公　據汲本、殿本改。

二六三三頁一四行　實望仁兄　按：刊誤謂「兄」當作「君」。兩漢未嘗相呼爲「仁兄」，下文亦有「仁君」。

二六三四頁四行　膝灸（塊）〔壞〕潰　據汲本改。按：「灸」原譌「炙」，逕改正。

二六三四頁一四行　臧倉譖之　按：「倉」原譌「蒼」，逕據汲本、殿本改正。

二六三五頁六行　一名岑　按：集解引何焯說，謂魏志注中作「一名恭」。

二六三六頁一三行　芋尹申亥　汲本「芋」作「芊」，注同。按：校補引柳從辰說，謂此字左傳注疏本作「芋」，郝在田金壺字攷云「芊音千，芊尹，複姓也」。案芊、芉、芋三字形近易譌，以音求形，作「芋」爲是。至郝氏作「芊」，以芊尹爲複姓，則汲本之從千，可知亦別有所據，自不妨兩存之。

二六三七頁六行　子囊楚令尹名(也)〔午〕　據殿本改。

二六三七頁九行　楚靈王子圍　按：刊誤謂案文多一「子」字。

二六三九頁四行　伐公子重耳於蒲　按：「蒲」原譌「蒱」，逕據汲本、殿本改正。

二六三九頁七行　傅瑕殺鄭子而納厲公〔厲公〕遂殺傅瑕也　王先謙謂「遂」上當更有「厲公」二字。今據補。

二六三九頁一四行　比於〔齊〕魯(衞)也　按：集解引惠棟說，謂依前書「魯衞」當作「齊魯」。今據改。

二六三九頁一五行　老聃之(後)〔役〕有庚桑楚者　據汲本改。

二六四一頁一三行　馳仁聲之顯赫　按：集解引王補說，謂文選曹植贈丁儀王粲詩注「馳」作「飛」。

二六四一頁一六行　與齊晉〔爭〕強　據刊誤補。

二六四二頁三行　楚自克庸以來　按：「庸」原譌「廣」，逕改正。

二六四二頁一一行　若孤鵠之失羣　按：集解引王補說，謂文選洛神賦注「孤」作「離」。

二六四二頁一三行　忽飄飆以輕逝兮　按：集解引王補說，謂文選陸機日出東南隅行注「飄飆」作「飄然」。

二六四三頁一行　淫樂未終　按：集解引王補說，謂文選謝惠連詠牛女詩注「淫」作「歡」。

二六四三頁一三行　慆堙心耳　按：「慆」原譌「惂」，逕改正。

二六四四頁五行　游魚出聽　按：「游」原譌「淫」，逕改正。

二六四四頁八行　說苑　按：「苑」原譌「宛」，逕改正。

二六四五頁一五行　讓善占(謝)〔射〕　據殿本改。

二六四六頁四行　不盡家訓　按：集解引惠棟說，謂「盡」邕集作「隳」。

二六四六頁五行　章句不能逮其意　按：集解引惠棟說，謂「逮」邕集作「遂」。

二六四六頁七行　豈徒俗之凡偶近器而已者哉　按：刊誤謂案文多一「者」字。

二六四六頁七行　若復隨輩而進　按：集解引惠棟說，謂邕集云「若復從此郡選舉」云云。

二六四六頁一〇行　願明將軍回謀垂慮裁加少納　按：集解引惠棟說，謂邕集云「願明將軍回謀守慮，思垂采納」。又引蘇輿說，謂「裁加少納」疑當作「少加裁納」。

二六四六頁一四行　文王(之)〔辟〕雍也　據殿本改。

二六四七頁一三行　脩翼無(與)〔卑〕栖　據汲本、殿本改。

二六四九頁五行　(西)河〔西〕人敬其才　集解引陳景雲說，謂「西河」當作「河西」。瑾敦煌人，河西四郡之一也。今據改。

二六五〇頁九行　祖餞於長樂觀　按：集解引惠棟說，謂「長樂」當作「平樂」。

二六五一頁三行　援枹鼓卽忘其身　按：「枹」原譌「抱」，逕改正。

二六五一頁七行　有汜地　按：刊誤謂案孫子「汜」當作「圮」。

二六五二頁三行　後遷(內)〔外〕黃令　按：集解引錢大昕說，謂「內黃」當作「外黃」，惠棟說同，今據改。

按：御覽一七九引亦作「外黃」。

二六五二頁八行　妙絕時人　按：「時」原譌「府」，逕據汲本、殿本改正。

二六五三頁六行　般音卜滿反　按：「卜」原譌「十」，逕改正。

二六五三頁九行　趙有腹大　刊誤謂「腹大」舊作「腹尺」。按：魏志荀彧傳裴注引典略作「腹尺」。

二六五三頁一一行　昔孝武繼統　按：校補謂文選「孝武」作「世宗」，此皆章懷避改。

二六五三頁一二行　英才卓礫　按：文選「礫」作「躒」，校補謂作「躒」是。

二六五三頁一三行　耳所瞥聞　按：文選「瞥」作「暫」，校補謂作「暫」是。

二六五三頁一五行　鷙鳥累伯　汲本「伯」作「百」。按：古伯百通用。

二六五四頁五行　激楚楊阿　汲本、殿本「楊」作「揚」，文選作「陽」。按：作「陽」是。

二六五四頁五行　臺牧者之所貪　按：集解引錢大昕說，謂文選載此表作「掌技」。

二六五四頁一〇行　不遑〔暇〕食　據汲本、殿本補。

二六五五頁九行　融集作掌伎　「掌伎」汲本作「掌收」，殿本作「堂收」。按：皆「掌伎」之譌。

二六五六頁一行　後至八月朝普天閱試鼓節　按：校補謂「朝普天」語不明。魏志注引文士傳作「後至八月朝大宴賓客並會」，疑即「朝會大宴」四字之譌脫。

二六五七頁一三行　衡〔覽〕〔攬〕筆而作　據汲本改。

二六五八頁一二行　楊雄曰　按：「楊」原作「揚」，逕據汲本、殿本改。

後漢書卷八十一

獨行列傳第七十一

孔子曰：「與其不得中庸，必也狂狷乎！」〔一〕又云：「狂者進取，狷者有所不爲也。」〔二〕

此蓋失於周全之道,而取諸偏至之端者也。然則有所不爲，亦將有所必爲者矣；既云進取，亦將有所不取者矣。如此，性尚分流，爲否異適矣。〔三〕

〔一〕庸，常也。中和可常行之道，謂之中庸。言若不得中庸之人與之居，必也須得狂狷之人。

〔二〕此是錄論語者，因夫子之言而釋狂狷之人也。

〔三〕人之好尚不同，或爲或否，各有所適。

中世偏行一介之夫，能成名立方者，蓋亦衆也。或志剛金石，而剋扞於強禦。〔一〕或意嚴冬霜，而甘心於小諒。〔二〕亦有結朋協好，幽明共心；〔三〕蹈義陵險，死生等節。〔四〕雖事非通圓，良其風軌有足懷者。而情迹殊雜，難爲條品；片辭特趣，不足區別。措之則事或有遺，〔五〕載之則貫序無統。以其名體雖殊，而操行俱絕，故總爲獨行篇焉。庶備諸闕文，紀志漏脫云爾。

〔一〕謂劉茂、衞福也。

〔二〕戴就、陸續也。

〔三〕范式、張劭也。

〔四〕繆肜、李善也。

〔五〕措，置也。

譙玄字君黃，巴郡閬中人也。少好學，能說易、春秋。仕於州郡。成帝永始二年，有日食之災，乃詔舉敦樸遜讓有行義者各一人。州舉玄，詣公車，對策高第，拜議郎。

帝始作期門，數爲微行。〔一〕立趙飛燕爲皇后，后專寵懷忌，皇（太）子多橫夭。玄上書諫曰：「臣聞王者承天，繼宗統極，保業延祚，莫急胤嗣，故易有幹蠱之義，詩詠衆多之福。〔二〕今陛下聖嗣未立，天下屬望，而不惟社稷之計，專念微行之事，愛幸用於所惑，曲意留於非正。竊聞後宮皇子產而不育。〔三〕臣聞之怛然，痛心傷剝，竊懷憂國，不忘須臾。夫警衞不脩，則患生非常。忽有醉酒狂夫，分爭道路，既無尊嚴之儀，豈識上下之別。此爲胡狄起於轂下，而賊亂發於左右也。願陛下念天下之至重，愛金玉之身，均九女之施，〔四〕存無窮之福，天下幸甚。」

〔一〕前書武帝微行，常與侍中、常侍、武騎及待詔北地良家子能騎射者期諸殿門，故有期門之號，自此始也。成帝微行亦然，故言始也。

〔二〕易曰：「幹父之蠱。」注云：「蠱，事也。」毛詩曰：「螽斯，后妃之德也。后妃不妬忌，則子孫衆多也。」其詩曰：「螽斯羽，詵詵兮，宜爾子孫，振振兮。」

〔三〕前書成帝宮人曹偉能及許美人皆生子，趙昭儀皆令殺之。

〔四〕九女，解見崔琦傳。

時數有災異，玄輒陳其變。既不省納，故久稽郎官。後遷太常丞，以弟服去職。平帝元始元年，日食，又詔公卿舉敦朴直言。大鴻臚左咸舉玄詣公車對策，復拜議郎，遷中散大夫。四年，選明達政事能班化風俗者八人。時並舉玄，爲繡衣使者，〔一〕持節，與太僕(任)〔王〕惲等分行天下，觀覽風俗，所至專行誅賞。事未及終，而王莽居攝，玄於是縱使者車，〔二〕變易姓名，閒竄歸家，〔三〕因以隱遁。

〔一〕前書御史大夫領繡衣直指，出討姦猾，理大獄。武帝所制，不常置。

〔二〕縱，捨也。

〔三〕閒，私也。

後公孫述僭號於蜀，連聘不詣。述乃遣使者備禮徵之；若玄不肯起，（使陽）〔便賜〕以毒藥。太守乃自齎璽書至玄廬，曰：「君高節已著，朝廷垂意，誠不宜復辭，自招凶禍。」玄仰天歎曰：「唐堯大聖，許由恥仕；周武至德，伯夷守餓。彼獨何人，我亦何人。保志全高，死亦奚恨！」遂受毒藥。玄子瑛泣血叩頭於太守曰：「方今國家東有嚴敵，兵師四出，國用軍資或不常充足，願奉家錢千萬，以贖父死。」太守爲請，述聽許之。玄遂隱藏田野，終述之世。

時兵戈累年，莫能脩尚學業，玄獨訓諸子勤習經書。建武十一年卒。明年，天下平定，玄弟慶以狀詣闕自陳。光武美之，策詔本郡祠以中牢，勑所在還玄家錢。

時亦有犍爲費貽，不肯仕述，乃漆身爲厲，陽狂以避之，退藏山藪十餘年。述破後，仕至合浦太守。

瑛善說易，以授顯宗，爲北宮衞士令。〔一〕

〔一〕漢官儀曰：「北宮衞士令一人，秩六百石。」

李業字巨游，廣漢梓潼人也。少有志操，介特。習魯詩，師博士許晃。元始中，舉明經，

除爲郎。〔一〕

〔一〕元始，平帝年也。

會王莽居攝，業以病去官，杜門不應州郡之命。太守劉咸强召之，業乃載病詣門。咸怒，出教曰：「賢者不避害，譬猶(彀)〔殼〕弩射市，薄命者先死。聞業名稱，故欲與之爲治，而反託疾乎？」令詣獄養病，欲殺之。客有說咸曰：「趙殺鳴犢，孔子臨河而逝。〔一〕未聞求賢而脅以牢獄者也。」咸乃出之，因舉方正。王莽以業爲酒士，〔二〕病不之官，遂隱藏山谷，絕匿名迹，終莽之世。

〔一〕史記曰「孔子既不得用於衞，將西見趙簡子。至於河而聞竇鳴犢、舜華之死也，臨河而歎曰：『美哉河水，洋洋乎！丘之不濟，命也夫！』子貢進曰：『敢問何謂也？』孔子曰：『竇鳴犢，舜華，晉國之賢大夫也。趙簡子未得志之時，須此兩人而後從政。丘聞之也，刳胎殺夭則騏驎不至，竭澤而漁則蛟龍不合陰陽，覆巢毁卵則鳳皇不翔。何則？君子諱傷其類。夫鳥獸之於不義也，尙知避之，而况乎丘哉！』乃還」也。

〔二〕王莽時官酤酒，故置酒士也。

及公孫述僭號，素聞業賢，徵之，欲以爲博士，業固疾不起。數年，述羞不致之，乃使大鴻臚尹融持毒酒奉詔命以劫業：若起，則受公侯之位；不起，賜之以藥。融譬旨曰：「方今天下分崩，孰知是非，而以區區之身，試於不測之淵乎！朝廷貪慕名德，曠官缺位，于今七年，四時珍御，不以忘君。宜上奉知己，下爲子孫，身名俱全，不亦優乎！今數年不起，猜疑寇心，凶禍立加，非計之得者也。」業乃歎曰：「危國不入，亂國不居。〔一〕親於其身爲不善者，義所不從。君子見危授命，〔二〕何乃誘以高位重餌哉？」融見業辭志不屈，復曰：「宜呼室家計之。」業曰：「丈夫斷之於心久矣，何妻子之爲？」遂飲毒而死。述聞業死，大驚，又恥有殺賢之名，乃遣使弔祠，賻贈百匹。業子翬逃辭不受。

〔一〕論語孔子曰：「危邦不入，亂邦不居。天下有道則見，無道則隱。」

〔二〕論語曰：「親於其身爲不善者，君子不入。」又曰：「君子見危授命，見得思義。」

蜀平，光武下詔表其閭，益部紀載其高節，圖畫形象。

初，平帝時，蜀郡王皓爲美陽令，王嘉爲郎。王莽篡位，並弃官西歸。及公孫述稱帝，遣使徵皓、嘉，恐不至，遂先繫其妻子。使者謂嘉曰：「速裝，妻子可全。」對曰：「犬馬猶識主，況於人乎！」王皓先自刎，以首付使者。述怒，遂誅皓家屬。王嘉聞而歎曰：「後之哉！」乃對使者伏劒而死。

是時犍爲任永(君)〔及〕業同郡馮信，並好學博古。公孫述連徵命，待以高位，皆託青盲以避世難。永妻淫於前，匿情無言；見子入井，忍而不救。信侍婢亦對信姦通。及聞述誅，皆盥洗更視曰：「世適平，目即清。」淫者自殺。光武聞而徵之，並會病卒。

劉茂字子衞，太原晉陽人也。少孤，獨侍母居。家貧，以筋力致養，孝行著於鄉里。及長，能習禮經，教授常數百人。哀帝時，察孝廉，再遷五原屬國候，遭母憂去官。服竟後爲沮陽令。〔一〕會王莽篡位，茂弃官，避世弘農山中教授。

〔一〕沮陽，縣，屬上谷郡，故城在今嬀州東。沮音阻。

建武二年，歸，爲郡門下掾。時赤眉二十餘萬衆攻郡縣，殺長吏及府掾史。茂負太守孫福踰牆藏空穴中，得免。其暮，俱奔盂縣。〔一〕晝則逃隱，夜求糧食。積百餘日，賊去，乃得歸府。明年，詔書求天下義士。福言茂曰：「臣前爲赤眉所攻，吏民壞亂，奔走趣山，臣爲賊所圍，命如絲髮，賴茂負臣踰城，出保盂縣。茂與弟觸冒兵刃，緣山負食，臣及妻子得度死命，節義尤高。宜蒙表擢，以厲義士。」詔書即徵茂拜議郎，遷宗正丞。〔二〕後拜侍中，卒官。

〔一〕今幷州盂縣也。

〔二〕續漢書宗正丞一人，比千石也。

（元初）〔延平〕中，鮮卑數百餘騎寇漁陽，太守張顯率吏士追出塞，遙望虜營烟火，急趣之。兵馬掾嚴授慮有伏兵，苦諫止，不聽。顯蹙令進，授不獲已，前戰，伏兵發，授身被十創，歿於陣。顯拔刃追散兵，不能制，虜射中顯，主簿衞福、功曹徐咸遽（起）〔赴〕之，顯遂墮馬，福以身擁蔽，虜幷殺之。朝廷愍授等節，詔書襃歎，厚加賞賜，各除子一人爲郎中。

永初二年，劇賊畢豪等入平原界，縣令劉雄將吏士乘船追之。至厭次河，〔一〕與賊合戰。雄敗，執雄，以矛刺之。時小吏所輔〔二〕前叩頭求哀，願以身代雄。豪等縱雄而刺輔，貫心洞背卽死。東郡太守捕得豪等，具以狀上。詔書追傷之，賜錢二十萬，除父奉爲郎中。

〔一〕厭次縣之河也。

〔二〕所，姓也。風俗通曰：「宋大夫華所事之後也。漢有所忠，爲諫大夫。」

溫序字次房，太原祁人也。仕州從事。建武二年，騎都尉弓里戍〔一〕將兵平定北州，到太原，歷訪英俊大人，問以策謀。戍見序奇之，上疏薦焉。於是徵爲侍御史，遷武陵都尉，病免官。

〔一〕弓里，姓也。

六年，拜謁者，遷護羌校尉。序行部至襄武，爲隗囂別將苟宇所拘劫。宇謂序曰：「子若與我并威同力，天下可圖也。」序曰：「受國重任，分當效死，義不貪生苟背恩德。」宇等復曉譬之。序素有氣力，大怒，叱宇等曰：「虜何敢迫脅漢將！」因以節檛殺數人。賊衆爭欲殺之。宇止之曰：「此義士死節，可賜以劍。」序受劍，銜鬚於口，顧左右曰：「既爲賊所迫殺，無令鬚汙土。」遂伏劍而死。

序主簿韓遵、從事王忠持尸歸斂。光武聞而憐之，命忠送喪到洛陽，賜城傍爲冢地，賻穀千斛、縑五百匹，除三子爲郎中。長子壽，服竟爲鄒平侯相。夢序告之曰：「久客思鄉里。」壽卽弃官，上書乞骸骨歸葬。帝許之，乃反舊塋焉。〔一〕

〔一〕序墓在今并州祁縣西北。

彭脩字子陽，會稽毗陵人也。〔一〕年十五時，父爲郡吏，得休，〔二〕與脩俱歸，道爲盜所劫，脩困迫，乃拔佩刀前持盜帥曰：「父辱子死，卿不顧死邪？」盜相謂曰：「此童子義士也，不宜逼之。」遂辭謝而去。鄉黨稱其名。

〔一〕毗陵，今常州晉陵縣也。吳地記曰：「本名延陵，吳王諸樊封季札。漢改曰毗陵。」

〔二〕休，假也。

後仕郡爲功曹。時西部都尉宰鼂行太守事，〔一〕以微過收吳縣獄吏，將殺之，主簿鍾離意爭諫甚切，鼂怒，使收縛意，欲案之，掾（吏）〔史〕莫敢諫。脩排閤直入，拜於庭，曰：「明府發雷霆於主簿，請聞其過。」鼂曰：「受教三日，初不奉行，廢命不忠，豈非過邪？」脩因拜曰：「昔任座面折文侯，〔二〕朱雲攀毀欄檻，〔三〕自非賢君，焉得忠臣？今慶明府爲賢君，主簿爲忠臣。」鼂遂原意罰，貰獄吏罪。

〔一〕應劭漢官曰：「都尉，秦官也。本名郡尉。掌佐太守典其武職，秩比二千石。孝景時更名都尉。」

〔二〕解見文苑禰衡傳。

〔三〕前書成帝時，朱雲上書，請以尚方斬馬劒斬張禹。上欲殺之，雲攀折殿檻。西京雜記云：「攀折玉檻。」

後州辟從事。時賊張子林等數百人作亂，郡言州，請脩守吳令。脩與太守俱出討賊，賊望見車馬，競交射之，飛矢雨集。脩障扞太守，而爲流矢所中死，太守得全。賊素聞其恩信，卽殺弩中脩者，餘悉降散。言曰：「自爲彭君故降，不爲太守服也。」

索盧放字君陽，〔一〕東郡人也。以尚書敎授千餘人。初署郡門下掾。更始時，使者督行郡國，太守有事，當就斬刑。放前言曰：「今天下所以苦毒王氏，歸心皇漢者，實以聖政寬仁故也。而傳車所過，未聞恩澤。太守受誅，誠不敢言，但恐天下惶懼，各生疑變。夫使功者不如使過，〔三〕願以身代太守之命。」遂前就斬。使者義而赦之，由是顯名。

〔一〕索盧，姓也。

〔三〕若秦穆赦孟明而用之，霸西戎。

建武六年，徵爲洛陽令，政有能名。以病乞身，徙諫議大夫，數納忠言，後以疾去。建武末，復徵不起，光武使人輿之，見於南宮雲臺，賜穀二千斛，遣歸，除子爲太子中庶子。卒於家。〔一〕

〔一〕續漢書曰：「太子中庶子，秩六百石。」

周嘉字惠文，汝南安城人也。高祖父燕，宣帝時爲郡決曹掾。太守欲枉殺人，燕諫不聽，遂殺囚而黜燕。囚家守闕稱冤，詔遣覆考，燕見太守曰：「願謹定文書，皆著燕名，府君但言時病而已。」出謂掾史曰：「諸君被問，悉當以罪推燕。如有一言及於府君，燕手劒相刃。」使〔者〕乃收燕繫獄。屢被掠楚，辭無屈橈。當下蠶室，乃歎曰：「我平王之後，正公玄孫，〔一〕豈可以刀鋸之餘下見先君？」遂不食而死。燕有五子，皆至刺史、太守。

〔一〕謝承書曰：「燕字少卿，其先出自周平王之後。漢興，紹嗣封爲正公，食采於汝墳」也。

嘉仕郡爲主簿。王莽末，羣賊入汝陽城，嘉從太守何敞討賊，敞爲流矢所中，郡兵奔北，賊圍繞數十重，白刃交集，嘉乃擁敞，以身扞之。因呵賊曰：「卿曹皆人隸也。爲賊既逆，豈有還害其君者邪？嘉請以死贖君命。」因仰天號泣。羣賊於是兩兩相視，曰：「此義士也！」給其車馬，遣送之。

後太守寇恂舉爲孝廉，拜尚書侍郎。光武引見，問以遭難之事。嘉對曰：「太守被傷，命懸寇手，臣實駑怯，不能死難。」帝曰：「此長者也。」詔嘉尚公主，嘉稱病篤，不肯當。稍遷零陵太守，視事七年，卒，零陵頌其遺愛，吏民爲立祠焉。

嘉從弟暢，字伯持，性仁慈，爲河南尹。永初二年，夏旱，久禱無應，暢因收葬洛城傍客死骸骨凡萬餘人，應時澍雨，歲乃豐稔。位至光祿勳。

范式字巨卿，山陽金鄉人也，一名氾。少遊太學，爲諸生，與汝南張劭爲友。劭字元伯。二人並告歸鄉里。式謂元伯曰：「後二年當還，將過拜尊親，見孺子焉。」〔一〕乃共剋期日。後期方至，元伯具以白母，請設饌以候之。母曰：「二年之別，千里結言，爾何相信之審邪？」對曰：「巨卿信士，必不乖違。」母曰：「若然，當爲爾醞酒。」至其日，巨卿果到，升堂拜飲，盡歡而別。

〔一〕見其子也。孺子，稚子也。

式仕爲郡功曹。後元伯寢疾篤，同郡郅君章、殷子徵晨夜省視之。元伯臨盡，歎曰：「恨不見吾死友！」子徵曰：「吾與君章盡心於子，是非死友，復欲誰求？」元伯曰：「若二子者，吾生友耳。山陽范巨卿，所謂死友也。」尋而卒。式忽夢見元伯玄冕垂纓屣履而呼曰：「巨卿，吾以某日死，當以爾時葬，永歸黃泉。子未我忘，豈能相及？」式怳然覺寤，悲歎泣下，具告太守，請往奔喪。太守雖心不信而重違其情，許之。式便服朋友之服，〔一〕投其葬日，馳往赴之。式未及到，而喪已發引，既至壙，將窆，〔二〕而柩不肯進。其母撫之曰：「元伯，豈有望邪？」遂停柩移時，乃見有素車白馬，號哭而來。其母望之曰：「是必范巨卿也。」巨卿既至，叩喪言曰：「行矣元伯！死生路異，永從此辭。」會葬者千人，咸爲揮涕。式因執紼而引，柩於是乃前。式遂留止冢次，爲脩墳樹，然後乃去。

〔一〕儀禮喪服記曰：「朋友在他國，袒免，歸則已。」注云：「謂無親者爲之主喪服。」又曰：「朋友麻。」注云：「朋友雖無親，有同道之恩，相爲服緦之經帶。」

〔二〕窆，下棺也。

後到京師，受業太學。時諸生長沙陳平子亦同在學，與式未相見，而平子被病將亡，謂其妻曰：「吾聞山陽范巨卿，烈士也，可以託死。吾歿後，但以屍埋巨卿戶前。」乃裂素爲書，以遺巨卿。既終，妻從其言。時式出行適還，省書見瘞，愴然感之，向墳揖哭，以爲死友。乃營護平子妻兒，身自送喪於臨湘。未至四五里，乃委素書於柩上，哭別而去。其兄弟聞之，尋求不復見。長沙上計掾史到京師，上書表式行狀，三府並辟，不應。

舉州茂才，四遷荆州刺史。友人南陽孔嵩，家貧親老，乃變名姓，傭爲新野縣阿里街卒。〔一〕式行部到新野，而縣選嵩爲導騎迎式。〔二〕式見而識之，呼嵩，把臂謂曰：「子非孔仲山邪？」對之歎息，語及平生。曰：「昔與子俱曳長裾，遊(集)〔息〕帝學，吾蒙國恩，致位牧伯，而子懷道隱身，處於卒伍，不亦惜乎！」嵩曰：「侯嬴長守於賤業，〔三〕晨門肆志於抱關。〔四〕子欲居九夷，不患其陋。〔五〕貧者士之宜，豈爲鄙哉！」式勑縣代嵩，嵩以爲先傭未竟，不肯去。

〔一〕阿里，里名也。

〔二〕導引之騎。

〔三〕史記曰，侯嬴年七十，家貧，爲大梁夷門卒。魏公子聞之，往請，欲厚遺之，不肯受，曰：「臣脩身潔行數十年，終不以監門困故受公子財。」

〔四〕解見張晧傳也。

〔五〕論語曰：「孔子欲居九夷。或曰：『陋，如之何？』子曰：『君子居之，何陋之有。』」

嵩在阿里，正身厲行，街中子弟皆服其訓化。遂辟公府。之京師，道宿下亭，盜共竊其馬，尋問知其嵩也，乃相責讓曰：「孔仲山善士，豈宜侵盜乎！」於是送馬謝之。嵩官至南海太守。

式後遷廬江太守，有威名，卒於官。

李善字次孫，南陽淯陽人，本同縣李元蒼頭也。建武中疫疾，元家相繼死沒，唯孤兒續始生數旬，而貲財千萬，諸奴婢私共計議，欲謀殺續，分其財產。善深傷李氏而力不能制，乃潛負續逃去，隱山陽瑕丘界中，親自哺養，乳爲生湩，〔一〕推燥居溼，備嘗艱勤。續雖在孩抱，奉之不異長君，有事輒長跪請白，然後行之。閭里感其行，皆相率脩義。續年十歲，善與歸本縣，脩理舊業。告奴婢於長吏，悉收殺之。時鍾離意爲瑕丘令，上書薦善行狀。光武詔拜善及續並爲太子舍人。

〔一〕湩，乳汁也。音竹用反。

善，顯宗時辟公府，以能理劇，再遷日南太守。從京師之官，道經淯陽，過李元冢。未至一里，乃脫朝服，持鉏去草。及拜墓，哭泣甚悲，身自炊爨，執鼎俎以脩祭祀。垂泣曰：「君夫人，善在此。」盡哀，數日乃去。到官，以愛惠爲政，懷來異俗。遷九江太守，未至，道病卒。

續至河閒相。

王忳字少林，〔一〕廣漢新都人也。忳嘗詣京師，於空舍中見一書生疾困，愍而視之。書生謂忳曰：「我當到洛陽，而被病，命在須臾，署下有金十斤，願以相贈，死後乞藏骸骨。」未及問姓名而絕。忳卽鬻金一斤，營其殯葬，餘金悉置棺下，人無知者。後歸數年，縣署忳大度亭長。初到之日，有馬馳入亭中而止。其日，大風飄一繡被，復墮忳前，卽言之於縣，縣以歸忳。忳後乘馬到雒縣，馬遂奔走，牽忳入它舍。主人見之喜曰：「今禽盜矣。」問忳所由得馬，忳具說其狀，并及繡被。主人悵然良久，乃曰：「被隨旋風與馬俱亡，卿何陰德而致此二物？」忳自念有葬書生事，因說之，并道書生形貌及埋金處。主人大驚號曰：「是我子也。姓金名彥。前往京師，不知所在，何意卿乃葬之。大恩久不報，天以此章卿德耳。」忳悉以被馬還之，彥父不取，又厚遺忳，忳辭讓而去。時彥父爲州從事，因告新都令，假忳休，自與俱迎彥喪，餘金俱存。忳由是顯名。

〔一〕忳音純。

仕郡功曹，州治中從事。舉茂才，除郿令。到官，至斄亭。〔一〕亭長曰：「亭有鬼，數殺過客，不可宿也。」忳曰：「仁勝凶邪，德除不祥，何鬼之避！」卽入亭止宿。夜中聞有女子稱冤之聲。忳呪曰：「有何枉狀，可前求理乎？」女子曰：「無衣，不敢進。」忳便投衣與之。女子乃前訴曰：「妾夫爲涪令，之官過宿此亭，亭長無狀，賊殺妾家十餘口，埋在樓下，悉取財貨。」忳問亭長姓名。女子曰：「卽今門下游徼者也。」忳曰：「汝何故數殺過客？」對曰：「妾不得白日自訴，每夜陳冤，客輒眠不見應，不勝感恚，故殺之。」忳曰：「當爲汝理此冤，勿復殺良善也。」因解衣於地，忽然不見。明旦召游徼詰問，具服罪，卽收繫，及同謀十餘人悉伏辜，遣吏送其喪歸鄉里，於是亭遂清安。

〔一〕斄音台。

張武者，吳郡由拳人也。〔一〕父業，郡門下掾，送太守妻子還鄉里，至河內亭，盜夜劫之，業與賊戰死，遂亡〔失〕屍〔骸〕。武時年幼，不及識父。後之太學受業，每節，常持父遺劒，至亡處祭醊，〔泣〕而還。太守第五倫嘉其行，舉孝廉。遭母喪過毀，傷父魂靈不返，因哀慟絕命。

〔一〕由拳，縣，故城在今蘇州嘉興縣南。

陸續字智初，會稽吳人也。世爲族姓。祖父閎，字子春，建武中爲尚書令。美姿貌，喜著越布單衣，光武見而好之，自是常勑會稽郡獻越布。

續幼孤，仕郡戶曹史。時歲荒民飢，太守尹興使續於都亭賦民饘粥。續悉簡閱其民，訊以名氏。事畢，興問所食幾何？續因口說六百餘人，皆分別姓字，無有差謬。興異之，刺史行部，見續，辟爲別駕從事。以病去，還爲郡門下掾。

是時楚王英謀反，陰疏天下善士，及楚事覺，顯宗得其錄，有尹興名，乃徵興詣廷尉獄。續與主簿梁宏、功曹史駟勳及掾史五百餘人詣洛陽詔獄就考，諸吏不堪痛楚，死者大半，唯續、宏、勳掠考五毒，肌肉消爛，終無異辭。續母遠至京師，覘候消息，獄事特急，無緣與續相聞，母但作饋食，付門卒以進之。續雖見考苦毒，而辭色慷慨，未嘗易容，唯對食悲泣，不能自勝。使者怪而問其故。續曰：「母來不得相見，故泣耳。」使者大怒，以爲門卒通傳意氣，召將案之。續曰：「因食餉羹，識母所自調和，故知來耳，非人告也。」使者問：「何以知母所作乎？」續曰：「母嘗截肉未嘗不方，斷葱以寸爲度，是以知之。」使者問諸謁舍，〔一〕續母果來，於是陰嘉之，上書說續行狀。帝卽赦興等事，還鄉里，禁錮終身。續以老病卒。

〔一〕謁舍（所）謂〔所〕停主人之舍也。

長子稠，廣陵太守，有理名。中子逢，樂安太守。少子褒，力行好學，不慕榮名，連徵不就。褒子康，已見前傳。

戴封字平仲，濟北剛人也。〔一〕年十五，詣太學，師事鄮令東海申君。申君卒，送喪到東海，道當經其家。父母以封當還，豫爲娶妻。封暫過拜親，不宿而去。還京師卒業。時同學石敬平溫病卒，封養視殯斂，以所齎糧市小棺，送喪到家。家更斂，見敬平行時書物皆在棺中，乃大異之。封後遇賊，財物悉被略奪，唯餘縑七匹，賊不知處，封乃追以與之，曰：「知諸君乏，故送相遺。」賊驚曰：「此賢人也。」盡還其器物。

〔一〕剛，縣，故城在今兗州龔丘縣東北。

後舉孝廉，光祿主事，遭伯父喪去官。詔書求賢良方正直言之士，有至行能消災伏異者，公卿郡守各舉一人。郡及大司農俱舉封。公車徵，陛見，對策第一，擢拜議郎。遷西華令。時汝、潁有蝗災，獨不入西華界。時督郵行縣，蝗忽大至，督郵其日即去，蝗亦頓除，一境奇之。其年大旱，封禱請無獲，乃積薪坐其上以自焚。火起而大雨暴至，於是遠近歎服。

遷中山相。時諸縣囚四百餘人，辭狀已定，當行刑。封哀之，皆遣歸家，與剋期日，皆無違者。詔書策美焉。

永元十二年，徵拜太常，卒官。

李充字大遜，陳留人也。家貧，兄弟六人同食遞衣。妻竊謂充曰：「今貧居如此，難以久安，妾有私財，願思分異。」充偽酬之曰：「如欲別居，當醞酒具會，請呼鄉里內外，共議其事。」婦從充置酒讌客。充於坐中前跪白母曰：「此婦無狀，而教充離閒母兄，罪合遣斥。」便呵叱其婦，逐令出門，婦銜涕而去。坐中驚肅，因遂罷散。充後遭母喪，行服墓次，人有盜其墓樹者，充手自殺之。服闋，立精舍講授。

太守魯平請署功曹，不就。平怒，乃援充以捐溝中，因謫署縣都亭長。不得已，起親職役。後和帝公車徵，不行。延平中，詔公卿、中二千石各舉隱士大儒，務取高行，以勸後進，特徵充爲博士。時魯平亦爲博士，每與集會，常歎服焉。

充遷侍中。大將軍鄧騭貴戚傾時，無所下借，〔一〕以充高節，每卑敬之。嘗置酒請充，賓客滿堂，酒酣，騭跪曰：「幸託椒房，位列上將，幕府初開，欲辟天下奇偉，以匡不逮，惟諸君博求其器。」充乃爲陳海內隱居懷道之士，頗有不合。騭欲絕其說，以肉啖之。充抵肉於地，曰：「說士猶甘於肉！」遂出，徑去。騭甚望之。同坐汝南張孟舉往讓充曰：「一日聞足下與鄧將軍說士未究，〔二〕激刺面折，不由中和，出言之責，非所以光祚子孫者也。」充曰：「大丈夫居世，貴行其意，何能遠爲子孫計哉！」由是見非於貴戚。

〔一〕下音假。借音子夜反。

〔二〕一日猶昨日也。

遷左中郎將，年八十八，爲國三老。安帝常特進見，賜以几杖。卒於家。

繆肜字豫公，汝南召陵人也。少孤，兄弟四人，皆同財業。及各娶妻，諸婦遂求分異，又數有鬭爭之言。彤深懷憤歎，乃掩戶自撾曰：「繆彤，汝脩身謹行，學聖人之法，將以齊整風俗，柰何不能正其家乎！」弟及諸婦聞之，悉叩頭謝罪，遂更爲敦睦之行。

仕縣爲主簿。時縣令被章見考，吏皆畏懼自誣，而彤獨證據其事，掠考苦毒，至乃體生蟲蛆，因復傳換五獄，踰涉四年，令卒以自免。

太守隴西梁湛召爲決曹史。安帝初，湛病卒官，彤送喪還隴西。始葬，會西羌反叛，湛妻子悉避亂它郡，彤獨留不去，爲起墳冢，乃潛穿井旁以爲窟室，晝則隱竄，夜則負土，及賊平而墳已立。其妻子意彤已死，還見大驚。關西咸稱傳之，共給車馬衣資，彤不受而歸鄉里。

辟公府，舉尤異，遷中牟令。縣近京師，多權豪，彤到，誅諸姦吏及託名貴戚賓客者百有餘人，威名遂行。卒於官。

陳重字景公，豫章宜春人也。〔一〕少與同郡雷義爲友，俱學魯詩、顏氏春秋。太守張雲舉重孝廉，重以讓義，前後十餘通記，〔二〕雲不聽。義明年舉孝廉，重與俱在郎署。

〔一〕宜春，今袁州縣。

〔三〕記，書也。

有同署郎負息錢數十萬，責主日至，詭求無已，〔一〕重乃密以錢代還。郎後覺知而厚辭謝之。重曰：「非我之爲，將有同姓名者。」終不言惠。又同舍郎有告歸寧者，誤持隣舍郎絝以去。主疑重所取，重不自申說，而市絝以償之。後寧喪者歸，以絝還主，其事乃顯。

〔一〕說文曰：「詭，責也。」

重後與義俱拜尚書郎，義代同時人受罪，以此黜退，重見義去，亦以病免。後舉茂才，除細陽令。政有異化，舉尤異，當遷爲會稽太守，遭姊憂去官。後爲司徒所辟，拜侍御史，卒。

雷義字仲公，豫章鄱陽人也。〔一〕初爲郡功曹，（皆）〔嘗〕擢舉善人，不伐其功。義嘗濟人死罪，罪者後以金二斤謝之，義不受，金主伺義不在，默投金於承塵上。後葺理屋宇，乃得之，金主已死，無所復還，義乃以付縣曹。

〔一〕鄱陽，縣，城在今饒州鄱陽縣東。

後舉孝廉，拜尚書侍郎，有同時郎坐事當居刑作，義默自表取其罪，以此論司寇。同臺郎覺之，委位自上，乞贖義罪。順帝詔皆除刑。義歸，舉茂才，讓於陳重，刺史不聽，義遂陽狂被髮走，不應命。鄉里爲之語曰：「膠漆自謂堅，不如雷與陳。」三府同時俱辟二人。義遂爲守灌謁者。〔一〕使持節督郡國行風俗，太守令長坐者凡七十人。旋拜侍御史，除南頓令，卒官。

〔一〕漢官儀曰：「謁者三十五人，以郎中秩滿歲稱給事，未滿歲稱灌謁者。」胡廣云：「明章二帝服勤園陵，謁者灌桓，後遂稱云。」馬融以爲「灌者，習所職也」。應奉云：「如胡公之言，則吉凶異制。馬云『灌，習也』，字又非也。高祖承秦，灌嬰服事七年，號大謁者，後人掌之，以姓灌章，豈其然乎？」

子授，官至蒼梧太守。

范冉字史雲，〔一〕陳留外黃人也。少爲縣小吏，年十八，奉檄迎督郵，冉恥之，乃遁去。到南陽，受業於樊英。又遊三輔，就馬融通經，歷年乃還。

〔一〕「冉」或作「丹」。

冉好違時絕俗，爲激詭之行。常慕梁伯鸞、閔仲叔之爲人。與漢中李固、河內王奐親善，而鄙賈偉節、郭林宗焉。〔一〕奐後爲考城令，境接外黃，屢遣書請冉，冉不至。及奐遷漢陽太守，將行，冉乃與弟協步齎麥酒，於道側設壇以待之。冉見奐車徒駱驛，遂不自聞，惟與弟共辯論於路。奐識其聲，即下車與相揖對。奐曰：「行路倉卒，非陳〔契〕闊之所，可共到前亭宿息，以敍分隔。」冉曰：「子前在考城，思欲相從，以賤質自絕豪友耳。今子遠適千里，會面無期，故輕行相候，以展訣別。如其相追，將有慕貴之譏矣。」便起告違，拂衣而去。奐瞻望弗及，冉長逝不顧。

〔一〕謝承書曰：「奐字子昌，河內武德人。明五經，負笈追業，常賃灌園，恥交勢利。爲考城令，遷漢陽太守，徵拜議郎，卒。」

桓帝時，以冉爲萊蕪長，〔一〕遭母憂，不到官。後辟太尉府，以狷急不能從俗，常佩韋於朝。〔二〕議者欲以爲侍御史，因遁身逃命於梁沛之閒，徒行敝服，賣卜於市。

〔一〕萊蕪，縣，屬泰山郡，故城在今淄川縣東南。

〔二〕史記曰，西門豹性急，佩韋以自緩。

遭黨人禁錮，遂推鹿車，載妻子，捃拾自資，〔一〕或寓息客廬，或依宿樹蔭。如此十餘年，乃結草室而居焉。所止單陋，有時粮粒盡，窮居自若，言貌無改，閭里歌之曰：「甑中生塵范史雲，釜中生魚范萊蕪。」

〔一〕袁山松書曰：「冉去官，嘗使兒捃麥，得五斛。鄰人尹臺遺之一斛，囑兒莫道。冉後知，即令并送六斛，言麥已雜矣，遂誓不敢受。」

及黨禁解，爲三府所辟，乃應司空命。是時西羌反叛，黃巾作難，制諸府掾屬不得妄有去就。〔一〕冉首自劾退，詔書特原不理罪。又辟太尉府，以疾不行。

〔一〕制，制書也。

中平二年，年七十四，卒於家。臨命遺令勑其子曰：「吾生於昏闇之世，值乎淫侈之俗，生不得匡世濟時，死何忍自同於世！氣絕便斂，斂以時服，衣足蔽形，棺足周身，斂畢便穿，穿畢便埋。其明堂之奠，〔一〕干飯寒水，飲食之物，勿有所下。墳封高下，令足自隱。〔二〕知我心者李子堅、王子炳也。〔三〕今皆不在，制之在爾，勿令鄉人宗親有所加也。」於是三府各遣令史奔弔。大將軍何進移書陳留太守，累行論謚，僉曰宜爲貞節先生。〔四〕會葬者二千餘人，刺史郡守各爲立碑表墓焉。

〔一〕禮送死者衣曰明衣，器曰明器。鄭玄注云：「明者，神明之也。」此言明堂，亦神明之堂，謂壙中也。

〔二〕前書劉向曰：「延陵季子葬子，其高可隱。」音義云：「謂人立可隱肘也。」隱音於靳反。

〔三〕李子堅，李固也。

〔四〕謚法「清白守節曰貞，好廉自剋曰節」也。

戴就字景成，會稽上虞人也。仕郡倉曹掾，楊州刺史歐陽參奏太守成公浮臧罪，遣部從事薛安案倉庫簿領，收就於錢唐縣獄。幽囚考掠，五毒參至。就慷慨直辭，色不變容。又燒鋘斧，使就挾於肘腋。〔一〕就語獄卒：「可熟燒斧，勿令冷。」每上彭考，〔二〕因止飯食不肯下，肉焦毁墯地者，掇而食之。〔三〕主者窮竭酷慘，無復餘方，乃臥就覆船下，以馬通薰之。〔四〕一夜二日，皆謂已死，發船視之，就方張眼大罵曰：「何不益火，而使滅絶！」又復燒地，以大鍼刺指爪中，使以把土，爪悉墯落。主者以狀白安，安呼見就，謂曰：「太守罪穢狼藉，受命考實，君何故以骨肉拒扞邪？」就據地荅言：「太守剖符大臣，當以死報國。卿雖銜命，固宜申斷冤毒，柰何誣枉忠良，強相掠理，令臣謗其君，子證其父！薛安庸騃，忸行無義，〔五〕就考死之日，當白之於天，與羣鬼殺汝於亭中。如蒙生全，當手刃相裂！」安深奇其壯節，即解械，更與美談，表其言辭，解釋郡事。徵浮還京師，免歸鄉里。

〔一〕鋘從「吳」。毛詩云：「不吳不敖。」何承天纂文曰：「鋘，今之鋘也。」張揖字詁云：「鋘，刃也。」鋘音華。案說文、字林、三蒼並無「鋘」字。

〔二〕彭卽（搒）〔篣〕也。

〔三〕掇，拾也，丁活反。

〔四〕本草經曰：「馬通，馬矢也。」

〔五〕忸，忕也，猶言慣習。䭾音吾楷反。

太守劉寵舉就孝廉，光祿主事，病卒。〔一〕

〔一〕風俗通曰：「光祿奉盼上就爲主事。」

趙苞字威豪，甘陵東武城人。〔一〕從兄忠，爲中常侍，苞深恥其門族有宦官名埶，不與忠交通。

〔一〕今貝州武城縣。

初仕州郡，舉孝廉，再遷廣陵令。視事三年，政教清明，郡表其狀，遷遼西太守。抗厲威嚴，名振邊俗。以到官明年，遣使迎母及妻子，垂當到郡，道經柳城，〔一〕值鮮卑萬餘人入塞寇鈔，苞母及妻子遂爲所劫質，載以擊郡。苞率步騎二萬，與賊對陣。賊出母以示苞，苞悲號謂母曰：「爲子無狀，欲以微祿奉養朝夕，不圖爲母作禍。昔爲母子，今爲王臣，義不得顧私恩，毀忠節，唯當萬死，無以塞罪。」母遙謂曰：「威豪，人各有命，何得相顧，以虧忠義！昔王陵母對漢使伏劒，以固其志，爾其勉之。」苞卽時進戰，賊悉摧破，其母妻皆爲所害。

苞殯斂母畢，自上歸葬。靈帝遣策弔慰，封鄃侯。〔二〕

〔一〕柳城，縣，屬遼西郡，故城在今營州南。

〔二〕鄃，今貝州縣也，音式揄反。

苞葬訖，謂鄉人曰：「食祿而避難，非忠也；殺母以全義，非孝也。如是，有何面目立於天下！」遂歐血而死。

向栩字甫興，河內朝歌人，向長之後也。〔一〕少爲書生，性卓詭不倫。恆讀老子，狀如學道。又似狂生，好被髮，著絳綃頭。〔二〕常於竈北坐板牀上，如是積久，板乃有膝踝足指之處。不好語言而喜長嘯。賓客從就，輒伏而不視。有弟子，名爲「顏淵」、「子貢」、「季路」、「冉有」之輩。或騎驢入市，乞匄於人。或悉要諸乞兒俱歸止宿，爲設酒食。時人莫能測之。郡禮請辟，舉孝廉、賢良方正、有道，公府辟，皆不到。又與彭城姜肱、京兆韋著並徵，栩不應。

〔一〕高士傳向長，「向」字作「尙」也。

〔二〕說文：「綃，生絲也，從糸肖聲。」音消。案：此字當作「幧」，音此消反，其字從「巾」。古詩云：「少年見羅敷，脫巾著幓頭。」鄭玄注儀禮云：「如今著幓頭，自項中而前，交額上，却繞髻也。」

後特徵，到，拜趙相。及之官，時人謂其必當脫素從儉，〔一〕而栩更乘鮮車，御良馬，世疑其始僞。及到官，略不視文書，舍中生蒿萊。

〔一〕脫易簡素。

徵拜侍中，每朝廷大事，侃然正色，百官憚之。會張角作亂，栩上便宜，頗譏刺左右，不欲國家興兵，但遣將於河上北向讀孝經，賊自當消滅。中常侍張讓讒栩不欲令國家命將出師，疑與角同心，欲爲內應。收送黃門北寺獄，殺之。

諒輔字漢儒，廣漢新都人也。仕郡爲五官掾。〔一〕時夏大旱，太守自出祈禱山川，連日而無所降。輔乃自暴庭中，慷慨呪曰：「輔爲股肱，不能進諫納忠，薦賢退惡，和調陰陽，承順天意，至令天地否隔，萬物焦枯，百姓喁喁，無所訴告，咎盡在輔。今郡太守改服責己，爲民祈福，精誠懇到，未有感徹。輔今敢自祈請，若至〔日〕中不雨，乞以身塞無狀。」於是積薪柴聚茭茅以自環，〔二〕搆火其傍，將自焚焉。未及日中時，而天雲晦合，須臾澍雨，一郡沾潤。世以此稱其至誠。

〔一〕百官志曰：「每州皆置諸曹掾史。有功曹史，主選署功勞。有五官掾，署功曹及諸曹事。」

〔二〕茭，乾草也。

劉翊字子相，潁川潁陰人也。家世豐產，常能周施而不有其惠。曾行於汝南界中，有陳國張季禮遠赴師喪，遇寒冰車毁，頓滯道路。翊見而謂曰：「君慎終赴義，行宜速達。」卽下車與之，不告姓名，自策馬而去。季禮意其子相也，後故到潁陰，還所假乘。翊閉門辭行，不與相見。

常守志臥疾，不屈聘命。河南种拂臨郡，引爲功曹，翊以拂名公之子，〔一〕乃爲起焉。拂以其擇時而仕，甚敬任之。陽翟黃綱恃程夫人權力，求占山澤以自營植。拂召翊問曰：「程氏貴盛，在帝左右，不聽則恐見怨，與之則奪民利，爲之柰何？」翊曰：「名山大澤不以封，蓋爲民也。〔二〕明府聽之，則被佞倖之名矣。若以此獲禍，貴子申甫，則自以不孤也。」〔三〕拂從翊言，遂不與之。乃舉翊爲孝廉，不就。

〔一〕拂，暠之子也。

〔二〕禮記曰：「名山大澤不以封。」

〔三〕申甫，拂之子。

後黃巾賊起，郡縣飢荒，翊救給乏絕，資其食者數百人。鄉族貧者，死亡則爲具殯葬，嫠獨則助營妻娶。〔一〕

〔一〕寡婦爲嫠，無夫曰獨。

獻帝遷都西京，翊舉上計掾。是時寇賊興起，道路隔絕，使驛稀有達者。翊夜行晝伏，乃到長安。詔書嘉其忠勤，特拜議郎，遷陳留太守。翊散所握珍玩，唯餘車馬，自載東歸。出關數百里，見士大夫病亡道次，翊以馬易棺，脫衣斂之。又逢知故困餒於路，不忍委去，因殺所駕牛，以救其乏。衆人止之，翊曰：「視沒不救，非志士也。」遂俱餓死。

王烈字彥方，〔一〕太原人也。少師事陳寔，以義行稱。鄉里有盜牛者，主得之，盜請罪曰：「刑戮是甘，乞不使王彥方知也。」烈聞而使人謝之，遺布一端。或問其故，烈曰：「盜懼吾聞其過，是有恥惡之心。既懷恥惡，必能改善，故以此激之。」後有老父遺劍於路，行道一人見而守之，至暮，老父還，尋得劍，怪而問其姓名，以事告烈。烈使推求，乃先盜牛者也。諸有爭訟曲直，將質之於烈，或至塗而反，或望廬而還。其以德感人若此。

〔一〕魏志烈字彥考。

察孝廉，三府並辟，皆不就。遭黃巾、董卓之亂，乃避地遼東，夷人尊奉之。太守公孫度接以昆弟之禮，〔二〕訪酬政事。欲以爲長史，烈乃爲商賈自穢，得免。曹操聞烈高名，遣徵不至。建安二十四年，終於遼東，年七十八。

〔二〕魏志曰：「公孫度字（叔）〔升〕濟，本遼東襄平人。度父延，避吏居玄菟，任爲郡吏。時玄菟太守公孫（域）〔琙〕子豹，年十八，早死，度少時名豹，又與（域）〔琙〕子同年，（域）〔琙〕見親哀之，遣就師學，爲娶妻。後舉有道，除尚書郎，遼東太守。」

贊曰：乘方不忒，臨義罔惑。〔一〕惟此剛絜，果行育德。〔二〕

〔一〕忒，差也。言獨行之人，乘履方正，不差二也。

〔二〕易蒙卦象曰「君子以果行育德」也。

校勘記

二六九五頁六行 庸常也　按：「常」原譌「當」，逕據汲本、殿本改正。

二六九六頁九行 皇（太）子多橫夭　集解引何焯說，謂案文當作「皇子」，衍「太」字。今據刪。

二六六七頁一一行　遷中散大夫　按：集解引惠棟說，謂華陽國志作「太中大夫」。

二六六七頁一二行　持節與太僕（任）〔王〕惲等分行天下　前書平帝紀、恩澤侯表、王莽傳並作「王惲」，今據改。按：沈家本謂「王惲」作「任惲」，乃傳寫之譌。

二六六八頁一行　（使陽）〔便賜〕以毒藥　據汲本、殿本改。

二六六八頁九行　時亦有犍爲費貽不肯仕述　按：刊誤謂案文「亦」字乃合在「不」字上。

二六七〇頁一行　猜疑寇心　按：集解引沈欽韓說，謂袁紀作「阻疑衆心」。

二六七〇頁一三行　犍爲任永（君）〔及〕業同郡馮信　殿本「君」作「及」，校補謂作「及」非。今按：永字君業，范書名與字常並舉，故校補云然。然下云「同郡馮信」，信字季誠，何不與「任永君業」同例，作「馮信季誠」？且馮信廣漢郪人，與李業同郡，足證「君」當作「及」，校補說非也。今據殿本改。

二六七一頁一三行　（元初）〔延平〕中鮮卑數百餘騎寇漁陽　集解引錢大昭說，謂「元初」應依鮮卑傳作「延平」。又引錢大昕說，謂本紀此事亦載於延平元年。今按：下文稱「永初二年」，永初在延平後，元初前，則二錢之說是，今據改。

二六七二頁二行　功曹徐咸遽（起）〔赴〕之　據殿本改。

二六七二頁五行　小吏所輔　按：何焯謂「小吏」疑當作「小史」。

二六七二頁一三行　弖里姓也　按：「里」原譌「理」，逕據汲本、殿本改正。

二六七三頁一三行　遷護羌校尉　按：通鑑止作「校尉」。考異謂檢西羌傳，建武九年方置護羌校尉，牛邯爲之，邯卒卽省，温序無緣作「護羌」，今但云「校尉」。

二六七四頁二行　掾（吏）〔史〕莫敢諫　據汲本、殿本改。

二六七五頁一三行　使〔者〕乃收燕繫獄　刊誤謂「使」下少一「者」字。今據補。

二六七六頁二行　一名氾　按：「氾」原譌「汜」，逕據殿本、集解本改正。

二六七七頁一行　升堂拜飲　按：御覽四三〇引作「升堂拜母」。

二六七八頁八行　遊（集）〔息〕帝學　殿本「集」作「息」。集解引惠棟說，謂禮學記「息焉遊焉」，當作「息」。今據改。

二六七九頁七行　本同縣李元蒼頭也　按：李慈銘謂案日本新出琱玉集引孝子傳，「李元」作「李文」。

二六八〇頁一〇行　牽忳入它舍　按：集解引惠棟說，謂華陽國志「它舍」作「宅舍」。

二六八一頁一行　假忳休　按：殿本「休」下有「息」字。

二六八一頁七行　賊殺妾家十餘口　汲本無「賊」字，殿本「賊」作「枉」。按：集解引惠棟說，謂華陽國志云「大小二十口」。

二六八二頁一行　遂亡（失）屍（骸）　據汲本、殿本補。

二六八二頁二行　至亡處祭醊〔泣〕而還　據殿本補。

二六八二頁七行　時歲荒民飢　按：汲本、殿本「飢」下有「困」字。

二六八二頁八行　皆分別姓字　按：「姓字」汲本作「姓氏」，殿本作「姓名」。

二六八二頁一三行　獄事特急　殿本「特」作「持」。按：作「持」義較長。

二六八三頁一行　以爲門卒通傳意氣　按：殿本「門卒」作「獄門吏卒」。

二六八三頁三行　母嘗截肉未嘗不方　刊誤謂案文上「嘗」字當作「常」。今按：上「嘗」字當衍。

二六八三頁四行　帝卽赦興等事　按：王先謙謂「事」字下疑奪文。

二六八三頁五行　謁舍(所)謂〔所〕停主人之舍也　集解王先謙謂「所謂」當作「謂所」。今據改。

二六八四頁八行　永元十二年徵拜太常　按：集解引惠棟說，謂水經注云「十三年」。

二六八四頁九行　兄弟六人同食遞衣　按：御覽四八四、五一五、五二一引，並作「同衣遞食」。

二六八五頁一行　太守魯平　集解引惠棟說，謂平，魯恭弟，本傳作「丕」。按：沈家本謂下云延平中，特徵充爲博士，時魯平亦爲博士。據魯丕傳，延平中丕不在朝，安得與李充同爲博士，恐此傳魯平別是一人。

二六八五頁七行　張孟舉　按：集解引惠棟說，謂袁宏紀云「侍中張孟」。

二六八五頁一三行　年八十八爲國三老　按：汲本作「年八十八以爲國三老」，殿本作「年八十以爲國三老」。校補謂據袁紀載充卒年亦無八十八，則下「八」字或衍。

二六八七頁九行　雷義字仲公　按：張熷讀史舉正謂「仲公」文選廣絕交論注引作「仲預」。又按：御覽四二〇引作「仲翁」。

二六八七頁九行　（皆）〔嘗〕擢舉善人　據汲本、殿本改。

二六八七頁九行　義嘗濟人死罪　按：校補謂案文「義」當作「又」，疑「又」譌「乂」，「乂」復譌「義」。

二六八八頁五行　謁者灌桓　按：「桓」汲本作「曰」。校補謂「灌曰」「灌桓」皆無義可詮，且應奉謂吉凶異制，疑本作「灌神」，墓祭非吉祭，朝夕上食，不灌也。

二六八八頁六行　字又非也　按：汲本、殿本「又」作「義」。

二六八九頁二行　非陳〔契〕闊之所　據汲本、殿本補。

二六九〇頁七行　干飯寒水　按：御覽五五四引「干」作「盂」。

二六九一頁三行　彭即（旁）〔蒡〕也　據汲本改。

二六九三頁六行　向栩字甫興　按：御覽六一〇引「甫興」作「輔興」。

二六九四頁二行　若至〔日〕中不雨　據殿本補。

二六九五頁七行　引爲功曹　按：集解引惠棟說，謂「功曹」謝承書作「主簿」。

二六九六頁四行　無夫曰獨　按：集解引周壽昌說，謂「夫」當作「妻」。校補謂「夫」當作「子」。

二六九七頁五行　公孫度字(叔)〔升〕濟　據集解引惠棟說改，與魏志合。

二六九七頁五行　公孫(域)〔瑊〕　據集解引惠棟說改，與魏志合。